D1641374

DA HISTÓRIA DO MUNDO

GUIA POLITICAMENTE INCORRETO

Copyright © Leandro Narloch, 2013

Diretor editorial PASCOAL SOTO

Editora TAINÃ BISPO

Diretor de produção gráfica MARCOS ROCHA

Gerente de produção gráfica FÁBIO MENEZES

Coordenação de produção CAROCHINHA EDITORIAL

Preparação de textos CAMILA LÉRCO E JUMI OLIVEIRA

Revisão de provas ALÍCIA TOFFANI, JUMI OLIVEIRA E LUIZA THEBAS

Índice SIMONE OLIVEIRA, TATIANE GODOY, LUIZA THEBAS E

  MAIARA GOUVEIA | CAROCHINHA EDITORIAL

Projeto gráfico ANA CAROLINA MESQUITA

Diagramação CAROLINE FERNANDES, MAYARA MENEZES DO MOINHO

  E THAÍS GAAL RUPEIKA | CAROCHINHA EDITORIAL

Ilustrações de capa e miolo GILMAR FRAGA

Apuração FABIO FLORENCE, MARINA SCHNOOR E FLAVIO MORGENSTERN

Checagem SIMONE COSTA E FÁBIO MARTON

Dados Internacionais de Catalogação na Publicação (CIP)
Ficha catalográfica elaborada por Angélica Ilacqua CRB-8/7057

Narloch. Leandro
    Guia politicamente incorreto do mundo / Leandro Narloch.
– São Paulo : Leya. 2013.
    352 p.

ISBN 978-85-8044-840-5

1. História Universal 2. História Política I. Título

13-0538   CDD 909

2013

Todos os direitos desta edição reservados à

TEXTO EDITORES LTDA.

[Uma editora do grupo Leya]

Rua Desembargador Paulo Passaláqua, 86

01248-010 – Pacaembu – São Paulo, SP – Brasil

www.leya.com.br

In

GUIA POLITICAMENTE INCORRETO DA HISTÓRIA DO MUNDO

LEANDRO NARLOCH

Leu,

Feliz Aniversário,

Saibos que torço muito para que tudo que almejas nesse vida se torne realidade, e tenho certeza de que se depender de ti esses coisas se tornarão reais.

Espera que se divirtas um 3ª reimpressão pouco com esse livro.

Com carinho,

Felipe Llameda

Março de 2015

Para a Gisela,
porque o amor
é a melhor parte
de qualquer livro.

Imagina tu, leitor, uma redução dos séculos, e um desfilar de todos eles, as raças todas, todas as paixões, o tumulto dos impérios, a guerra dos apetites e dos ódios, a destruição recíproca dos seres e das coisas. Tal era o espetáculo.

MACHADO DE ASSIS, *MEMÓRIAS PÓSTUMAS DE BRÁS CUBAS*

SUMÁRIO

IMPÉRIO

RO
MA
NO

DUAS TRAGÉDIAS ROMANAS

A capital do Império Romano foi imortalizada por seus monumentos e palácios grandiosos, como o Coliseu, local de apresentações de teatro e lutas entre gladiadores, ou o Circo Máximo, onde mais de 200 mil pessoas assistiam às corridas de bigas, os carros de combate da época. No entanto, a rotina dos romanos comuns acontecia num cenário bem diferente. A experiência de caminhar pelos bairros de Roma no século 1 lembraria, hoje, a visita a um cortiço instalado em um movimentado mercado árabe.

Criada por Júlio César em 59 a.C., a lei previa exceções: oficiais do governo, ╴ sacerdotes e carroças utilizadas em obras de prédios públicos podiam rodar o dia todo. Como não havia um acordo sobre a mão das ruas, era comum o motorista mandar um assistente correr na frente, até o fim da rua, para segurar o tráfego.

A maior parte dos quase um milhão de romanos passava o dia em ruelas estreitas de pedra batida onde carroças circulavam com dificuldade. Havia em Roma uma lei muito parecida à que recentemente restringiu os caminhões em São Paulo: para não engarrafar as vielas, carroças só podiam **entregar mercadorias à noite**. Escravos e cidadãos livres viviam em casas de madeira ou em "ínsulas", pequenos prédios de tijolos que chegavam a quatro andares. No térreo, lojas de vinhos, ervas, azeite e calçados exibiam os produtos do lado de fora; cabeleireiros e barbeiros atendiam os fregueses em banquinhos na calçada, trabalhando enquanto conversavam com quem passava.[1]

O número de casas de banho, padarias e tabernas provavelmente chegava aos milhares – em Pompeia, cidade com 2% da população de Roma, foram encontrados 20 bares e 40 padarias. O segundo andar de algumas tabernas abrigava bordéis – que anunciavam seu serviço, sem muita sutileza, em placas de madeira com imagens de pênis eretos.[2] Nessa enorme cidade-mercado, a moda dirigia o **consumo**, o que, como ocorre hoje, irritava intelectuais. "Repare quantas coisas nós compramos só porque os outros já compraram ou porque estão em todas as casas",[3] escreveu Sêneca, um dos principais filósofos do estoicismo.

No ano 64, porém, quase tudo isso foi tomado pelo fogo. Pelo menos é o que conta o historiador Tácito, uma das principais fontes sobre aquele período. Segundo ele, o "grande incêndio de Roma" atingiu dez dos 14 bairros da cidade – quatro deles foram totalmente destruídos durante seis dias de labaredas, que também chegaram a palácios e anfiteatros. "Mulheres assustadas, os muitos velhos e crianças, e a imensa gente, que corria para salvar-se e salvar os outros se viam cercados por diante e pelos lados, e se tinham a lembrança de passar aos bairros vizinhos já também os achavam envolvidos em chamas",[4] contou o historiador, que adicionou um detalhe revoltante: o fogo não teria sido acidental, mas provocado por ninguém menos que Nero, o imperador da época. De acordo com Tácito, moradores comentaram, após o incêndio, que Nero

Também havia em Roma o equivalente a shopping centers, como a Basílica Emilia. Com 100 metros de comprimento, três andares e dezenas de arcos de mármore, o edifício era ocupado por empresas de maior porte, como joalheiros, banqueiros, importadores de especiarias e revendas de vinhos finos.

mandou seus homens atearem fogo à cidade porque queria abrir espaço para a Domus Aurea, a "Casa Dourada", construída depois do desastre. Pior ainda: do alto de seu palácio, o imperador teria apreciado o incêndio com prazer, praticando lira enquanto a cidade queimava. Sim, lira, aquela harpa portátil que inevitavelmente dá um toque ridículo a quem se aventura a tocá-la.

Nero, um injustiçado

O incêndio em Roma é só um entre tantos atos sórdidos atribuídos a Nero. Tácito, Suetônio e Dião Cássio, os três escritores que mais falaram sobre ele, retrataram-no como um jovem mais excêntrico e cruel que vilões de novela. De acordo com eles, em seu curto reinado (Nero assumiu o trono em 54, quando tinha 16 anos, e liderou Roma até se suicidar, aos 30), o imperador matou a mãe, Agripina, o meio-irmão, Britânico, a primeira mulher, Claudia Otavia, e provavelmente a segunda, Popeia (assim mesmo, sem o "m"). Executou adversários, aliados e suspeitos de conspirarem contra ele. E ainda seria adepto de costumes gregos que incomodavam os romanos tradicionais. O principal deles era a homossexualidade **passiva**, um ato que os gregos consideravam normal, mas era vergonhoso para os romanos. Segundo os biógrafos, Nero chegou a participar de uma festa de casamento com o liberto **Pitágoras** na qual apareceu vestido de noiva.

Suetônio, o autor mais crítico a Nero, escreveu cinco décadas depois do suicídio do imperador, sem ter mais fontes ou referências que os relatos de Tácito. Mesmo assim, incluiu

Autores romanos falam com desprezo dos *cinaedi*, jovens efeminados que se vestiam com cores vivas e usavam perfumes adocicados, como o bálsamo. Também raspavam os pelos do corpo todo para parecerem mais jovens. "Eles se espalham como uma epidemia", escreveu Juvenal nas *Sátiras*.

Não é o autor do Teorema de Pitágoras: este viveu bem antes, no século 6 a.C.

adjetivos e detalhes estarrecedores. Segundo ele, Nero era um jovem entregue "à petulância, à libertinagem, ao luxo, à avareza e à crueldade", que "surrava as pessoas quando elas retornavam do jantar e, se resistissem, as feria e as afogava em esgotos". Também violentava virgens e praticava "libertinagens com mulheres casadas e homens livres".[5] Suetônio lembra as mais repugnantes peças do diretor Zé Celso Martinez Corrêa ao descrever o desejo sexual de Nero:

> Seu corpo ficou de tal forma prostituído que, maculados quase todos os membros, ele se cobria com uma espécie de pele de fera e se encerrava em uma jaula, de onde se lançava, ao sair, às virilhas de homens e mulheres atados a um poste.[6]

É pouco frutífero tentar descobrir o que é mito e o que é realidade nessa história. Os autores antigos não ligavam para a verdade objetiva como fazemos hoje – provavelmente esticaram o lado perverso de Nero e acrescentaram detalhes dramáticos para fazer seus leitores sentar no meio-fio e chorar, como sugeria o escritor Nelson Rodrigues. Mas defender o homem considerado a encarnação do demônio, o anticristo, o grande canalha da história do mundo é irresistível.

Hoje está claro que Nero foi duas vezes vítima dos historiadores. Primeiro, dos autores clássicos. Além do toque de literatura, Tácito e Suetônio tinham ressentimentos políticos com Nero e os demais líderes da sua dinastia (Augusto, Tibério, Calígula e Cláudio), a linhagem que pôs fim à República romana e deu início ao império. "Esses autores pertenciam à aristocracia senatorial que, em troca de estabilidade e prosperidade após décadas de guerra civil no final da

República, cederam sua liberdade política em favor do imperador. Construíram, então, uma espécie de narrativa do ressentimento", diz o historiador Rafael da Costa Campos. "Calígula e Nero foram os principais alvos dessa tendência provavelmente por serem explícitos demais em sua demonstração de poder, o que incomodava os senadores."[7]

Depois, Nero foi injustiçado pelos cristãos. Entre os crimes atribuídos a ele está o de ter executado milhares deles por culpá-los pelo incêndio na cidade. "Para desviar as suspeitas, Nero procurou achar culpados, e castigou com as penas mais horrorosas a certos homens que, já dantes odiados por seus crimes, o vulgo chamava cristãos", escreveu Tácito.[8] Dois dos fundadores da Igreja, os apóstolos Pedro e Paulo, são frequentemente apontados como vítimas da crueldade de Nero. Não é de espantar que os escritores católicos, vitoriosos no fim do Império Romano, não tenham sido lá muito simpáticos com o jovem imperador.

Teólogos e escritores católicos não só atestaram os contos sobre Nero como aumentaram alguns pontos. Tertuliano, teólogo nascido no século 2 que provavelmente criou o dogma da santíssima trindade ("Pai, filho e espírito santo"), apontou Nero como o primeiro imperador romano a perseguir os cristãos. Na mesma época, a Ascensão de Isaías, um texto apócrifo, dizia que Nero era ninguém menos que o anticristo. No século 3, Lactâncio (tutor do filho de Constantino, o primeiro imperador a se dizer cristão) reproduziu a ideia de que Nero era o anticristo e ainda avisou que ele estava prestes a retornar à Terra para vingar-se de seus inimigos.

No meio de tantas histórias mal contadas, é possível absolver Nero de pelo menos uma acusação: a de que ele provocou e se divertiu com o incêndio em Roma.

Basta voltar ao cotidiano da cidade para perceber que Roma não precisava de uma personalidade facinorosa para ser destruída pelo fogo. Seus bairros apinhados reuniam todas as condições para uma grande fogueira: milhares de velas, lareiras, fornos de cozinha e de oficinas no meio de quilômetros contínuos de madeira seca com bom fluxo de oxigênio. Para piorar, donos de imóveis costumavam tocar fogo nos prédios para expulsar inquilinos e erguer blocos de apartamentos menores e mais numerosos. Registros mostram que em Antioquia, uma das principais cidades do leste do Mediterrâneo, onde hoje fica Antakya, na Turquia, dois homens foram condenados por provocar um incêndio que destruiu um quinto da cidade. Tratava-se de um dos mais antigos casos de queima de arquivo: eles pretendiam destruir os registros de dívidas nos arquivos municipais.[9]

Com tantas condições favoráveis, incêndios que destruíam cidades inteiras ou boa parte delas aconteceram durante todo o Império Romano ou nos **milênios seguintes**. Se os moradores não entravam num acordo para reservar espaços vazios entre as casas, o vento podia levar as chamas para bairros inteiros. O primeiro corpo de bombeiros de Roma surgiu dois séculos antes de Nero: tratava-se de um grupo de funcionários privados, que negociava o valor do serviço enquanto as casas queimavam. O serviço foi estatizado por Júlio César, que instituiu um corpo de vigias urbanos. O salário deles vinha de um imposto sobre a venda de escravos. E a tarefa era dar o alarme de focos de incêndio e tentar apagá-los com baldes e panos molhados.

Foi provavelmente por causa dessa frequência de incidentes que, no dia 19 de julho de 64, ao saber que havia um

Além de Roma. Londres, Copenhague, Moscou e Constantinopla, entre muitas outras cidades antigas e medievais, foram destruídas pelo fogo.

foco de incêndio perto do Circo Máximo, Nero deu pouca atenção à concorrência. Como a responsabilidade pelo combate ao fogo era de Sabino, o prefeito de Roma na época, o imperador continuou tocando lira e cantando na cidade em Âncio, o retiro de praia a 60 quilômetros de Roma onde costumava descansar. Só foi dar atenção ao incidente ao saber que o fogo havia consumido lojas ao redor do Circo Máximo, prédios, mercados, templos e palácios. De volta à cidade, Nero ficou chocado com a destruição. Tentativas de apagar o fogo com baldes de água ou derrubando prédios para ilhar as labaredas foram frustradas, pois o vento agiu mais rápido.

Até mesmo os historiadores antigos que tanto hostilizaram Nero deixam passar um lado generoso do imperador. Tácito relata que, como galpões inteiros de grãos haviam sido queimados, Nero organizou uma força-tarefa para arrecadar grãos nas cidades vizinhas. Também mandou baixar o preço do trigo, abriu seus palácios para os desabrigados, estabeleceu um fundo de socorro, proibiu saques e levou soldados, vigias e escravos para limpar os escombros. Em vez de permitir a reconstrução das casas sobre as ruínas, Nero mandou jogar todos os escombros nos banhados do porto de Óstia, ligado a Roma pelo rio Tibre.

Com a ajuda de Severo, um arquiteto com um nome adequado, o governo impôs regras de urbanismo para prevenir incêndios. Os novos prédios não poderiam dividir paredes entre si, e o primeiro andar de todos eles deveria ser construído em pedra, sem madeiras. Também passou a ser obrigatória a construção de pórticos na frente dos edifícios e pátios abertos no interior dos blocos, aonde chegaria a água vinda dos **aquedutos**. Como era muito mais caro construir pórticos que casas de tijolos, Nero prome-

Não parece ter dado certo: Roma passou por outros dois grandes incêndios logo depois da morte de Nero: no ano 69 e em 80.

teu pagar alguns deles com o próprio bolso. Para agilizar a reconstrução da cidade, o imperador montou um esquema de recompensas: quem agilizasse as obras e as concluísse dentro das metas ganhava prêmios em dinheiro. Apesar desses esforços, a culpa de Nero pela tragédia ganhou mais ressonância.

São dois mitos num só. O primeiro é o de que Nero provocou o incêndio. Como ele aproveitou a devastação para remodelar a cidade, ficou mais fácil acreditar que havia encomendado o desastre. "Parecia que Nero aspirava à glória de edificar uma nova cidade, e de lhe dar seu nome", escreveu Tácito.[10] Mas o próprio Tácito adverte que nada foi provado contra Nero: "se foi casual ou obra da malícia de Nero ainda hoje não é fato certo", diz ele nos *Anais*.[11] Apesar dessa falta de provas, Suetônio não só cravou Nero como o perverso incendiário como citou funcionários que teriam atravessado a cidade com tochas para criar diversos focos de incêndio. "Descontente com a feiura dos antigos edifícios, com a estreiteza e tortuosidade das ruas, incendiou a cidade de forma tão acintosa que a maior parte dos consulares não ousou prender os criados surpreendidos em suas casas com estopas e tochas."[12] Como sempre, a versão mais dramática perdurou.

Também virou verdade pétrea o mito, o mais teatral de todos, de que Nero observou o incêndio tocando lira. Essa imagem surgiu 165 anos depois do grande incêndio de Roma. O primeiro a botá-la no papel – pelo menos nos papéis que chegaram aos dias de hoje – foi Dião Cássio, senador, cônsul e governador de várias províncias que escreveu 80 volumes sobre a história do Império Romano. Dião afirmou que "Nero ascendeu ao telhado de seu palácio, onde poderia ter uma visão melhor da maior parte do desastre, vestiu os trajes de tocador de lira e cantou 'A captura de Troia', que seus inimigos interpretaram como a captura de Roma".[13] A versão de Dião Cássio renderia picos de audiência num último capítulo de novela, mas tem falhas. O escritor afirma que Nero assistiu ao incêndio do alto de seu palácio. Mas de acordo com os outros autores, as chamas já tinham alcançado essa região quando Nero chegou a Roma. Não há outras pistas que confirmem essa história dramática – apesar disso, ela se disseminou nos séculos seguintes.

Essa defesa à reputação de Nero seria bem-sucedida não fosse por um detalhe. Os autores romanos contam que, apesar dos atos de tirania, Nero era bem-visto pelo povo. De acordo com Tácito, enquanto os senadores, soldados, generais e as principais famílias comemoraram o suicídio do imperador, no ano 68, a população mais pobre, os escravos e os frequentadores da arena e do teatro "apresentaram sinais de depressão e ficaram ansiosos por notícias".[14] Em províncias distantes, como na atual Armênia, a tristeza foi ainda maior. Os cidadãos dali deviam eterna lealdade a Nero porque, no começo de seu reinado, ele manteve o controle romano contra invasores vindos da Pérsia. Dião Cássio conta que Nero costumava "receber coroas de louros por suas vitórias militares" na Armênia e era querido e saudado pelo povo local. Líder adorado pelos pobres e moradores de províncias distantes? E ainda pela turma do teatro? Não, não pode ser coisa boa. Diante dessa informação, é melhor rever toda essa argumentação. É preferível concordar com os detratores de Nero. O homem era de fato o anticristo. Violentava virgens e mulheres casadas. Mandou incendiarem Roma. Tocou lira enquanto a cidade ardia.

Os arcos e as límpidas colunas de mármore de Roma nos remetem aos valores mais elevados da cultura clássica e do conhecimento humano. Na verdade, as colunas, paredes e muros não só não eram brancos – mas coloridos de amarelos, vermelhos e laranjas fortíssimos, que se perderam com a ação do tempo – como exibiam pichações e rabiscos com frases tão vulgares quanto as de banheiros públicos hoje em dia.

Sabe-se disso porque, no dia 24 de agosto de 79, o vulcão Vesúvio irrompeu sobre Pompeia, na época uma cidade com cerca de 20 mil moradores. A explosão do vulcão criou uma chuva de pedras e uma avalanche de cinzas, gases e rochas incandescentes que cobriu a cidade. Todo esse material formou um manto que, para deleite dos arqueólogos, se solidificou, preservando o cotidiano de uma cidade romana do século 1. Os estudiosos tiveram acesso, assim, aos milhares de avisos, anúncios e rabiscos que inundavam as paredes da cidade e hoje são a principal fonte sobre o cotidiano da época.

Só de propaganda política encontrou-se em Pompeia mais de 3 mil anúncios. Os moradores escolhiam todo ano os homens que administrariam as finanças da província, a justiça e o dia a dia da cidade. A propaganda política era simples e direta: nome do candidato mais o nome do apoiador, seguido de elogios como "um homem bom", "digno da vida pública", "rogo que o elejas". Algumas se limitavam ao nome do candidato e a sigla O. V. F. (*oro vos faciatis*, "por favor vote nele"). Os candidatos com mais dinheiro poderiam contratar marqueteiros profissionais, que tinham uma caligrafia melhor e incluíam retratos. Júlio Políbio, um dos homens mais ricos da cidade e candidato a administrador municipal, bancou um mural em que aparece distribuindo pão ao povo.[15]

Outros grafites de Pompeia parecem anúncios de prostituição, mas talvez sejam tentativas de difamar conhecidos. "Quem sentar aqui deve ler isso antes de qualquer coisa: se quiser uma trepada, pergunte por Ática. O preço é 16 asses." Outra: "Rômula chupa o homem dela aqui e em todos os lugares". Há casos similares sugerindo garotos de programa: "Glicão lambe vaginas em troca de 2 asses", diz um rabisco. "Aceito virgens", informa outro.[16]

DE POMPEIA AO BANHEIRO DO BAR

Os grafites também revelam que existia amor em Pompeia. Na parede de um bar, um vizinho zomba do rapaz que não é correspondido pela amada. "Sucesso, o tecelão, ama uma garçonete chamada Íris, que não gosta dele; e quanto mais ele implora, menos ela gosta."[17] Uma mensagem tenta consolar uma mulher traída. "Agora a ira é recente, é necessário que passe o tempo. Quando a dor for embora, acredita, o amor voltará."[18] Um viajante que passou por Pompeia anotou no seu quarto, provavelmente antes de dormir: "Víbio Restituto aqui dormiu sozinho e lembrou-se ardentemente de sua amada Urbana."[19] Na parede de um teatro, um jovem suplica: "Se você conhece a força do nosso amor, e a natureza humana, tenha pena de mim, conceda-me os teus favores."[20] Não só os pórticos e colunas romanas, também as mais doídas músicas sertanejas têm uma tradição milenar.

O fim do Império Romano foi, sim, uma catástrofe

Em 410, três séculos e meio após o grande incêndio supostamente provocado por Nero, Roma viveu uma tragédia muito mais decisiva: a invasão de guerreiros comandados por Alarico, o rei dos visigodos. Em três dias de ataques, os bárbaros derrubaram estátuas, atearam fogo em casas e palácios, reviraram urnas com cinzas de imperadores nos mausoléus e levaram crianças e mulheres como escravas. A invasão à cidade, a primeira **em oito séculos**, era mais uma prova de que o Império Romano não ia bem. Seus territórios na Europa haviam se despedaçado de repente – em dez anos, Inglaterra, Gália, toda a Península Ibérica e o norte da Itália escaparam do controle imperial. Roma ficaria sob domínio indireto dos bárbaros até 476, quando um novo saque depôs o imperador Rômulo Augusto e pôs fim ao mundo clássico. Com a queda de Roma, ficou a pergunta: como hordas de bárbaros conseguiram pôr abaixo uma das civilizações mais poderosas da história?

Há muitas respostas – muitas mesmo: o historiador alemão Alexander Demandt já catalogou 210 delas, como terremotos, desarmamento, tristeza, emancipação feminina e até falta de vergonha.[21] Quase sempre, a explicação para o fim do Império Romano varia de acordo com ideologia de quem se arrisca a entrar na conversa. Nacionalistas alemães do século 19 diziam que os bárbaros germânicos eram superiores e teriam renovado a decadente cultura clássica. Já os franceses da mesma época apostavam no contrário: o lento contato entre romanos e bárbaros teria provocado uma degeneração racial que arruinou a civilização. Puritanos mira-

Os gauleses saquearam Roma em 387 a.C. Dois séculos depois, os cartagineses invadiram a Itália, mas não conseguiram tomar a cidade.

A inflação do século 2 teve as mesmas causas que a do Brasil nos anos 80. Para poder gastar mais, o governo imprimiu dinheiro sem lastro (no caso, diminuiu a porcentagem de prata nas moedas), provocando a desvalorização da moeda. Em 301, o imperador Diocleciano, como José Sarney em 1986, impôs um congelamento de preços que, também como no Brasil, fez desaparecer as mercadorias do comércio.

Os romanos cozinhavam o mosto da uva em caldeirões de chumbo, o que resultava num líquido extremamente doce, o *defrutum*, adicionado ao vinho. O processo criava acetato de chumbo, o primeiro – e venenoso – adoçante artificial. Mas a contaminação não era suficiente para dar fim a todo o Império Romano.

ram na luxúria e na devassidão sexual dos romanos; socialistas, na opressão dos escravos e pobres; os liberais expõem números da inflação e dos altos impostos para provar que os romanos fugiram das cidades para escapar do controle do estado. Há até ambientalistas a acreditar que o motivo foi a devastação ambiental e uma contaminação por chumbo usado em jarras, copos e na fabricação de vinho.

Também é ideológico o relato mais influente de todos, o livro *Declínio e Queda do Império Romano*, publicado pelo britânico Edward Gibbon, a partir de 1776. Vem de Gibbon a imagem da queda de Roma como uma catástrofe que pôs fim ao brilho da cultura clássica e levou a Europa a mergulhar em mil anos de escuridão. Iluminista, Gibbon afirmou que os romanos perderam o poder militar por influência do clero católico, que segundo ele "pregava com êxito as doutrinas da paciência e da pusilanimidade", desencorajando "as virtudes ativas da sociedade" e sepultando "os últimos vestígios do espírito militar".[22] Em vez de lutar contra os bárbaros, os romanos teriam preferido ingressar em monastérios.

A resposta de Gibbon e boa parte das outras 209 se baseiam na ideia de que o Império Romano já estava em decadência quando as invasões bárbaras o despedaçaram. Poucos historiadores acreditam nisso. Estudos arqueológicos das últimas décadas mostram que, na média das províncias, a agricultura estava em alta no fim do século 4, logo antes do império virar freguês dos bárbaros. Isso contraria a tese de que a inflação e o congelamento de preços destruíram para sempre a economia romana (sorry, amigos liberais). O exército tampouco dava sinais claros de desgaste – na verdade, até o finzinho do século 4, era Roma quem mais mandava ajuda

Constantinopla era a capital do Império Romano do Oriente, ou Império Bizantino, de "Bizâncio", nome anterior da cidade. Depois de Roma, o império oriental manteve a mesma ciência, filosofia, tecnologia, arquitetura e religião dos romanos. A maior diferença é que os bizantinos falavam grego em vez de latim.

militar a **Constantinopla**, e não o contrário.[23] Apesar disso, na virada do século 5, os territórios sob domínio de Roma se desfizeram de repente; já a cambaleante capital do Império Romano do Oriente seguiu por mais mil anos — foi tomada pelos muçulmanos só em 1453. (A propósito, Gibbon não explicou por que Constantinopla se manteve por tanto tempo apesar de ser tão cristã quanto Roma.)

Uma nova leva de respostas surgiu na década de 1970. Depois que o irlandês Peter Brown publicou o livro *O Fim do Mundo Clássico*, os historiadores passaram a ver a desintegração do Império Romano com mais simpatia. Em vez dos ataques sangrentos que destruíram a civilização clássica, eles retrataram um processo gradual, mais pacífico do que se imaginava e que não necessariamente resultou numa "idade das trevas" para todos os súditos. De acordo com essa nova corrente, a causa da desintegração do império não foi tanto a guerra entre bárbaros e romanos, mas a paz entre eles. O convívio em regiões da fronteira teria levado os dois povos a se assimilar, criando identidades e alianças locais. "Entre o ano 200 e o 400, a ideia de fronteira mudou. De uma região defensiva, que mantinha romanos e bárbaros separados, ela se tornou uma 'terra do meio', em que as duas sociedades conviviam. A Idade Média começa não com uma dramática 'queda de Roma', mas como uma absorção mal percebida e irreversível, pelos bárbaros, dessa terra do meio", diz o historiador Peter Brown.[24]

A transição não teria envolvido um declínio, mas uma transformação com inovações positivas. O historiador inglês Christopher Wickham chega a afirmar que mesmo em regiões da Europa a vida dos camponeses teve melhoras, pois eles se viram livres dos impostos que mantinham as legiões romanas e engordavam o caixa dos aristocratas.[25] Dentro dessa tendência, ganharam destaque os estudos que viraram o olhar para o Egito e outras regiões do leste do Mediterrâneo controladas por Constantinopla onde as artes e as condições de vida seguiram em alta depois da queda de Roma.

Com a disseminação dos novos estudos, termos como "ruína", "declínio", "crise", "queda" e "fim da civilização" saíram de moda nas universidades. Foram substituídos por palavras com menos juízo de valor: "transformação", "transição", "mudança" ou "acomodação".[26] Conflitos e ataques entre bárbaros e romanos ficaram menos atraentes que episódios de acomodação e assimilação. A ideia da "queda de Roma" deu lugar a um período de transição mais longo, a "Antiguidade Tardia". E quem seguiu na linha do britânico Edward Gibbon, ressaltando as crises provocadas pelo fim do império, ganhou o rótulo de "catastrofista".

A nova tendência estava para virar consenso quando alguns historiadores perceberam que ela também era resultado de crenças e ideologias de época. Quando surgiu, nos anos 70, países pobres da África e da Ásia se tornavam independentes do imperialismo europeu. E a Europa vivia uma ressaca da Segunda Guerra e do Holocausto: não era um bom momento para considerar uma cultura ou uma época superior a outra. Nesse ambiente político, ganhava mais sorrisos das alunas o professor que deixava de lado as grandes civilizações para olhar com generosidade os povos exóticos – principalmente aqueles que derrubavam os poderosos imperialistas. A derrota do Império Romano pelos bárbaros precisava deixar, então, de ser um evento negativo. "A visão da Antiguidade Tardia como repleta de realizações positivas tem raízes óbvias em posturas modernas sobre o mundo", diz o historiador Bryan Ward-Perkins, o principal opositor à ideia de transição cultural.[27]

A invasão politicamente correta nos estudos sobre a queda de Roma acabou embaralhando verdades óbvias sobre a época: a de que o Império Romano foi uma civilização excepcional e o seu fim foi um desastre total para os europeus. A prova mais evidente dessa decadência é o fato de não haver na Europa, no começo da Idade Média, monumentos, palácios, obras literárias e cerâmicas tão sofisticadas quanto as do auge do Império Romano. Mas há muitas outras. A Itália do século 5, arrasada por guerras civis romanas e ataques estrangeiros, foi quase abandonada pela população – em Roma o número de habitantes passou de cerca de 800 mil habitantes no ano 400 para 30 mil em 550. Talvez não seja correto falar em abandono, já que a população diminuiu também nas áreas rurais: muitos desses habitantes devem ter se mudado não para outra cidade, mas para um mundo melhor. Sem poder contar com as redes de comércio que o Império Romano propiciava, muita gente teve que retornar à agricultura de subsistência. E agricultura de subsistência é aquela coisa: fome. Comparações feitas por arqueólogos mostram que até bois e vacas sofreram de fome no começo da Idade Média. A altura média do gado, que era de 120 centímetros durante o Império Romano, caiu para 112 centímetros no começo da Idade Média, menos que os 115 centímetros dos bois da Idade do Bronze.[28]

Vestígios de vasos, facas e ânforas com azeite e vinho, comuns até mesmo nos assentamentos menos afortunados dos tempos do império, sumiram das vilas logo após a queda de Roma. Telhas deram lugar a telhados de palha; nas casas dos nobres, azulejos e pisos de mosaico também desapareceram. Saber escrever, uma habilidade que no Império Romano era comum o bastante para as pessoas criarem anúncios de rua e grafites como os de Pompeia, se tornou raro até entre reis medievais. O imperador Carlos Magno (742-814), por exemplo, aprendia a escrever antes de dormir, tentando desenhar letras em placas de cera, mas morreu antes de dominar a técnica.

"O domínio romano, e sobretudo a paz romana, trouxe níveis de conforto e sofisticação para o Ocidente que não foram vistos antes nem seriam vistos nos séculos seguintes",[29] diz o historiador Ward-Perkins. Um dos poucos casos em que aquilo que aprendemos nas aulas de história da escola está correto, o começo da Idade Média foi mesmo um declínio da civilização. Mas esse tempo de trevas, como mostra o próximo capítulo, acabou muito antes do que se imagina.

NOTAS

1 Stephen Dando-Collins, *The Great Fire of Rome: The Fall of the Emperor Nero and His City*, Da Capo Press, 2010, página 33.

2 Stephen Dando-Collins, página 32.

3 Stephen Dando-Collins, página 33.

4 Tácito, *Anais*, Jackson, 1970, página 405.

5 Suetônio, *A Vida dos Doze Césares*, Martin Claret, 2004, página 297.

6 Suetônio, páginas 298 e 299.

7 Entrevista com o historiador realizada em 24 de junho de 2013.

8 Tácito, página 406.

9 Stephen Dando-Collins, página 100.

10 Tácito, página 406.

11 Tácito, página 405.

12 Suetônio, página 309.

13 Cassius Dio, "Epitome of book LXII", *Roman History*, disponível em http://penelope.uchicago.edu/Thayer/E/Roman/Texts/Cassius_Dio/62*.html#16.

14 W. Hamilton Fyfe, *Tacitus – The Histories*, disponível em www.gutenberg.org/files/16927/16927-h/i.html#PREFACE.

15 Alex Butterworth e Ray Laurence, *Pompeia: A Cidade Viva*, Record, 2007, página 95.

16 Alex Butterworth e Ray Laurence, página 166.

17 Alex Butterworth e Ray Laurence, página 161.

18 Lourdes Conde Feitosa, *Amor e Sexualidade: O Masculino e o Feminino em Grafites de Pompeia*, Annablume, 2005, página 114.

19 Lourdes Conde Feitosa, página 116.

20 Lourdes Conde Feitosa, página 118.

21 Bryan Ward-Perkins, *The Fall of Rome*, Oxford University Press, 2005, página 32.

22 Edward Gibbon, *Declínio e Queda do Império Romano*, Companhia das Letras, 2005, página 539.

23 Bryan Ward-Perkins, página 59.

24 Peter Brown, *The Rise of Western Christendom: Triumph and Diversity, A.D. 200-1000*, Wiley-Blackwell, 2012, posição 2427.

25 Chris Wickham, *Framing the Early Middle Ages: Europe and the Mediterranean, 400-800*, Oxford University Press, 2005, página 12.

26 Bryan Ward-Perkins, página 4.

27 Bryan Ward-Perkins, página 175.

28 Bryan Ward-Perkins, página 145.

29 Bryan Ward-Perkins, página 176.

IDADE

MÉDIA

SEIS MITOS DAS TREVAS

A imagem que temos da Idade Média não é baseada no que as pessoas da época registraram, mas no que foi escrito alguns séculos depois dela. Durante o Iluminismo, quando a razão e o pensamento científico seduziam o mundo, os filósofos se esforçaram para retratar a era medieval como um tempo de ignorância e fanatismo, dominado pelos fantasmas obscurantistas da Igreja, que deixavam as pessoas aterrorizadas com a possibilidade de ir para o inferno. Montesquieu, Diderot e, principalmente, Voltaire ressaltaram o que o período parecia ter de execrável e deram aval às lendas sombrias de injustiça e repressão. Ajudaram a criar, assim, o que o historiador Jacques Barzun chamou de "uma invencionice contrária aos hábitos medievais de pensamento".[1]

É mais adequado dizer que, nos quase mil anos medievais, houve épocas, como logo após a queda de Roma, em que a sobrevivência à fome e às pestes era o único assunto possível, mas houve também períodos de efervescência intelectual poucas vezes vistos na história do mundo. Esse outro lado se revela ao derrubarmos alguns mitos e mal-entendidos frequentemente repetidos sobre a Idade Média.

Mito 1: "As mulheres dos cavaleiros usavam cintos de castidade"

Os cintos de castidade estão para a Idade Média assim como a loira do banheiro e as balas com cocaína estão para os anos 80. São pura lenda urbana, mas de um tipo que durou séculos e pegou até grandes historiadores.

— Mas eu já vi fotos de cintos de castidade e até observei um deles num museu da Europa!

Pois saiba, caro leitor, que todos os cintos de castidade, muitos ainda em exposição, são "relíquias medievais" feitas séculos depois do fim da Idade Média. O Museu Britânico exibiu por 150 anos um cinto de chapas de ferro que todos pensavam ter vindo do século 12. Em 1996, o material foi retirado da vitrine: segundo um curador, era uma falsificação fabricada provavelmente no século 19.[2] No Museu de Cluny, localizado no centro de Paris, o cinto em exposição seria mais recente — teria pertencido a Catarina de Médici, do século 16, e tinha as chapas de ferro cobertas por um arco de veludo. Também nos anos 90, foi retirado do catálogo: era fraude.

A lenda mais comum reza que os cavaleiros medievais, ao sair para as Cruzadas contra os árabes, passavam a chave na esposa para prevenir visitas indesejadas. Caso o marido não voltasse, a solução era pedir ajuda a um ferreiro (em inglês, *blacksmith*), o que explicaria a profusão do sobrenome Smith na Inglaterra. A piada é boa, mas a história não confere.

Até o século 15, quase duzentos anos depois da última grande Cruzada, não existe nenhum registro inequívoco de que o cinto de castidade foi alguma vez usado. Sequer há alguma referência sobre ele. Cintos que simbolizavam a castidade eram, esses sim, usados por padres e freiras – mas sobre a roupa e um pouco longe das partes íntimas. Já aquela horrenda carapaça de ferro com cadeado em forma de quadril feminino, ninguém sabe de onde veio. Não se fala dela nem mesmo nos livros medievais mais eróticos. *O Decamerão*, de 1353, e a *História de Dois Amantes*, de 1444, dois clássicos da literatura de sacanagem medieval, não têm nada, nada de cinto de castidade. E olha que esses livros davam tantos detalhes que, em estados americanos, eles foram proibidos até o século 20.

A lenda do cinto de castidade foi reempacotada em 1931, com um livro do britânico Eric Dingwall. Esse antropólogo se apoiou em duas obras literárias medievais para defender a existência dos acessórios. Na primeira, um poema do francês Guillaume de Machaut, do século 14, uma mulher dá ao amante uma chave, "a chave do meu tesouro", diz ela. O rapaz, em retribuição, dá a ela um anel, símbolo de sua fidelidade. Era a chave de um cinto de castidade ou apenas a chave de seu coração, um presente poético? Provavelmente a última.[3]

A outra história é o poema narrativo "Guigemar", de Marie de France, século 12. A personagem Marie, ao se despedir do cavaleiro Guigemar, faz um nó na camisa do namorado, que por sua vez amarra um cinto nos quadris dela. Os dois combinam que ele só poderá ceder à tentação com a sortuda que conseguir desfazer o nó da camisa, e ela, com quem conseguir abrir a fivela do cinto. "Eventos subsequentes no poema revelam que os nós dos amantes servem apenas como um símbolo de seu voto de fidelidade", afirma a historiadora Linda Migl Keyser, especialista em medicina medieval.[4]

Só em 1405 é que aparece o primeiro registro conclusivo de cinto de castidade. O *Bellifortis*, primeiro manual ilustrado sobre equipamentos bélicos, exibe um desenho do acessório e informa que ele era usado em Florença na defesa pessoal das mulheres: elas o utilizavam durante invasões de exércitos estrangeiros para evitar estupros. Não seria, então, um ícone da opressão machista, mas uma **defesa** contra ela.

Um século depois, começam a brotar diversos relatos sobre o uso do cinto de castidade em sátiras e histórias cômicas. Em *As Damas Galantes*, de Pierre de Brantôme, em *Pantagruel*, de François Rabelais, o marido que apela para o cinto de castidade é retratado como um esquisitão. Apesar do ciúme doentio e da precaução, acaba traído pela esposa do mesmo jeito. Esse padrão sugere que o costume de usar cintos de castidade não era comum – sequer era visto com seriedade. Como diz a historiadora Linda Migl Keyser, "alguns estudiosos têm sugerido que os cintos são uma espécie de lenda urbana do passado, invenção dos sátiros da Renascença e tema de escritores burlescos".[5]

Em vez do cinto de castidade, é mais sensato acreditar que as mulheres medievais usavam um vistoso consolo enquanto o marido viajava. Se a interpretação puritana da Bíblia toma o prazer solitário como um pecado capital,

Ainda hoje existem cintos com essa finalidade, em regiões de alta frequência de estupros na África do Sul.

Médicos medievais acreditavam que as mulheres também produziam sêmen, tão necessário à fecundação quanto o esperma. O prazer feminino, portanto, era visto como necessário à procriação.

diversos manuais medievais de medicina diziam o oposto: não fazia bem à saúde das mulheres ficar tempo demais sem **orgasmo**, por isso era importante que se masturbassem com as mãos ou usando objetos. Um compêndio escrito por Arnaud de Villeneuve, alquimista e médico da Faculdade de Medicina de Montpellier no século 13, conta, como um bom exemplo a ser seguido, o caso de mulheres de mercadores italianos que se divertiam com um pênis de madeira enquanto o marido estava fora. Assim evitavam o risco de arranjar um amante e engravidar. "Acreditava-se que virgens ou viúvas, mulheres que não tinham um parceiro sexual legítimo, poderiam adoecer por causa da falta de orgasmo", diz a historiadora Ruth Mazo Karras.[6] Parece a revista *Nova*, mas é pura Idade Média.

Mito 2: "O **desejo sexual** nunca foi **tão reprimido** quanto na **Idade Média**"

A lenda do cinto de castidade é parte de um mito maior sobre todos os costumes sexuais da Idade Média cristã. À primeira vista, o sexo medieval é assunto tão interessante quanto o programa espacial português ou a arte contemporânea mato-grossense. A Igreja exigia abstinência nos domingos, nos dias santos, na Quaresma e durante a menstruação. Somando outras restrições, sobrava menos da metade do ano para o entretenimento conjugal. Os senhores feudais negavam a maioria dos divórcios e, na Inglaterra, mulheres foram multadas por fazer sexo antes do casamento. Tudo isso para fazer valer o sexto mandamento da Bíblia, aquele que pede aos cristãos evitar a fornicação.

"Fornicar" inclui praticar incesto, requisitar prostitutas, sexo fora do casamento e masturbação.

Essas eram as regras, mas, na Idade Média, havia uma boa distância entre a norma e a realidade. Na verdade, nunca o mandamento de não pecar contra a castidade foi tão desobedecido quanto nesse período essencialmente católico. Diante de algumas cenas de alcova da época, é difícil evitar a impressão de que os medievais tinham menos pudores e paranoias que atualmente. Veja por itens:

SEXO FORA DO CASAMENTO

Assim como hoje, casais de camponeses medievais decidiam morar juntos e só oficializavam a relação quando a menstruação teimava em não aparecer. Registros de paróquias inglesas do século 15 mostram que entre 10% e 30% das noivas casavam grávidas. "Em muitas comunidades medievais, o sexo era uma costumeira, e quase rotineira, preparação ao casamento", diz a historiadora Ruth Mazo Karras.[7] Em muitas dessas famílias, filhos legítimos e bastardos viviam juntos. Era muito comum, em testamentos medievais e do começo da Idade Moderna, o marido pedir à esposa que cuidasse bem de seus filhos bastardos.

NUDEZ

Numa época em que o individualismo valia pouco, não havia tanta privacidade em ações que hoje consideramos íntimas, como fazer sexo, tomar banho ou ficar nu diante dos outros. Pijamas eram raridade – fora dos conventos e monastérios, as pessoas dormiam peladas. O receio de tirar a roupa despertava a "suspeita de que a pessoa pudesse ter algum defeito corporal".[8] Como descreveu o sociólogo Norbert Elias, a vergonha e a intimidade são sentimentos que cresceram com o individualismo e as regras de etiqueta da corte a partir do século 16. Na Idade Média, as pessoas tinham um **comportamento** mais ingênuo ou infantil. Um relato do século 12 mostra uma cena que lembra uma comunidade hippie:

Veja mais sobre o comportamento medieval no capítulo "Paz mundial".

> É muito frequente ver o pai, nada mais usando que calções, acompanhado da esposa e dos filhos nus, correr pelas ruas de sua casa para os banhos. Quantas vezes vi mocinhas de 10, 12, 14, 16 e 18 anos nuas, exceto por uma curta bata, muitas vezes rasgada, e um traje de banho esmolambado, na frente e atrás [...] correndo de suas casas ao meio-dia pelas longas ruas em direção ao **banho**.[9]

INCESTO

Essa desinibição tinha consequências não tão divertidas. Dormir também não era um ato tão íntimo e privado como hoje. As casas, principalmente a dos camponeses, não tinham divisões e quartos separados. As crianças dormiam na mesma cama, facilitando a realização das primeiras relações entre irmãos, meios-irmãos e primos. Nos primeiros séculos da Idade Média, a Igreja considerava pecado até mesmo as relações entre pessoas com menos de sete graus de parentesco, mas pouca gente perdia tempo contando. Entre os nobres, havia mais uma razão para as relações incestuosas: ter parentes como noivos era uma tática para manter propriedades na mesma família.

Eis outro mito: o de que as pessoas na Idade Média não tomavam banho. Seguindo a tradição romana, havia em Paris, no começo do século 13, 32 estabelecimentos de banhos públicos. "O banho era, na verdade, um local onde homens e mulheres conversavam, comiam e brincavam em alegre companhia", diz o historiador Jean Gimpel.[10]

PROSTITUIÇÃO

Assim como hoje, a prostituição era comum e às vezes **reprimida**, às vezes tolerada. A partir do século 14, algumas cidades europeias não só legalizaram a venda de sexo como organizaram o negócio. Bordéis dirigidos pelo governo municipal apareceram em toda a Europa Continental. Supervisores estipulavam os locais e as horas de prostituição e cobravam impostos das mulheres e dos cafetões. O mais famoso desses bordéis, o Casteletto, criado em Veneza por volta de 1350, atraía turistas sexuais de toda a **Europa**. Essa tolerância com a prostituição tem uma raiz teológica. Dois dos principais alicerces do pensamento cristão, Santo Agostinho e São Tomás de Aquino defenderam que a Igreja deveria parar de se incomodar com os prostíbulos porque eles seriam essenciais à ordem pública. "Se proibirem a prostituição, o mundo será convulsionado pela luxúria",[12] escreveu Santo Agostinho ainda no fim do Império Romano. São Tomás de Aquino, em sua obra-prima, a *Suma Teológica*, do século 13, tem um raciocínio parecido. Ele concorda que a prostituição é um pecado capital, mas acha melhor deixar esse tipo de vício para o julgamento divino, pois a lei humana não deve controlar a intimidade do homem.[13]

Donos de bordéis, ao lado de banqueiros, foram por muito tempo proibidos de entrar em igrejas. A mulher desses profissionais só poderia frequentar a casa de Deus se admitisse, em público, que execrava a profissão do marido.

De acordo com um relato de 1509, havia em Veneza 11 mil prostitutas, o que correspondia a 10% da população da cidade. O número é certamente um exagero, mas mostra a percepção da época quanto à popularidade da profissão.[11]

CRIANÇAS

As crianças participavam dessa falta de pudor. Não se escondia delas o que se fazia nos bordéis, e os pais falavam abertamente com os filhos sobre proezas sexuais. Essa desinibição sobreviveu no início da Idade Moderna. Relatos e diários do fim do século 16 mostram que as babás da corte francesa faziam coisas que hoje seriam um escândalo grava-do com câmera escondida pelo *Jornal Nacional*. É o caso do diário do médico do rei Henrique IV, que descreve o dia a dia do príncipe Luís a partir de seu primeiro ano de vida. "Ele dá gargalhadas quando sua ama lhe sacode o pênis com a ponta dos dedos", diz o médico. Um ano depois, a criança mostra o pênis para todos que aparecem na sala, avisa sempre que o órgão está ereto e imagina brincadeiras:

> Ao se levantar de manhã, o príncipe não quis nem por nada vestir a camisa e disse: camisa não, primeiro quero dar a todo o mundo um pouco de leite do meu pênis; as pessoas estenderam a mão e ele fingiu que tirava leite, fazendo pss... pss...; deu leite a todos e só então deixou que lhe pusessem a camisa.[14]

PALAVRÕES

Nos séculos 12 e 13, o uso de sobrenomes ainda não estava estabelecido, por isso marias e josés se diferenciavam por **apelidos e nomes compostos**. Apesar de a fornicação ser proibida também para homens, muitos deles não só desprezavam o mandamento como exibiam suas proezas nos apelidos. Alguns aparecem em documentos oficiais da época. Exemplos: *John Balloc* ("testículos", derivado do inglês medieval), *Assbollock* ("testículos de jumento"), *Daubedame* (do francês medieval, "sedutor de damas"), *Levelaunce* ("lança erguida"), *Grantamur* ("grande amor"), **Wytepintell** ("pênis branco"), *Silverpintil* ("pênis de prata") ou *Luvelady* ("amadamas").[16]

Também era assim com o nome de ruas. Em Paris, a *Beaubourg*, hoje uma avenida movimentada do centro da cidade, se chamava *rue Trousse-Nonain* ("Rua da Freira

Os sobrenomes surgiram de qualidades físicas (como Klein, que vem de "pequeno" e Jung, "jovem"); de profissões, como Ferreira, Machado, Fisher ("pescador" em inglês), Schumacher (do alemão "sapateiro"); do lugar de origem (da Costa, de Lisboa, Setúbal, Braga); e de plantas (Silva, Oliveira, Pereira).

No inglês medieval, *pintel* significava "pênis" – daí vieram palavras modernas como *pintle*, "pino que serve de eixo". Não se sabe se o termo português "pinto", com o mesmo significado, tem a mesma raiz etimológica ou se é apenas uma coincidência.[15]

Trepadora"). Bordéis parisienses costumavam dar nome ao logradouro em que estavam instalados, por isso há nos mapas antigos de Paris endereços do tipo *rue Petit et du Gros-Cul* ("Rua da Pequena e Grande Bunda"), *Gratte-cul* ("Coçador de bunda"), *Poil-au-Com* ("Boceta cabeluda"). Séculos depois, esses nomes foram trocados para formas mais pudicas, mas muitos deles mantiveram a fonética original. A rua *Pute-y-Muse* ("Onde a prostituta circula"), por exemplo, se tornou *rue du Petit Musc*.[17]

As pessoas pecavam tanto e eram tão grosseiras numa época tão religiosa porque, na concepção de mundo medieval, o homem é, em essência, imperfeito e condenado. Pureza e perfeição eram coisas de santos, não de homens. "Só quem conhece a Idade Média pelo cinema acredita que os mecanismos de controle daquela época eram maiores", diz o filósofo Luiz Felipe Pondé. O rigor de conduta ganhou força só no século 16, quando a Reforma Protestante fez da pureza cotidiana um ideal – adotado também pelos católicos a partir de sua reação, a Contrarreforma. Na década de 1540, moradores de Genebra, sob a influência de Calvino, já denunciavam quem faltava aos cultos e iam até a casa de adúlteros e malcomportados para adverti-los do pecado. Surgiu ali o costume moderno de encaminhar às autoridades civis aqueles que teimavam em desviar-se do "caminho correto".[18] Por influência dessas novas ideias, a partir de 1539 autoridades de saúde pública de Veneza proibiram a entrada das prostitutas vindas de outras cidades. No mesmo século virou costume dormir de pijamas. O declínio da tolerância medieval teve outra consequência: a partir do século 15, se tornaram frequentes as fogueiras contra bruxas e hereges – um fenômeno que, pura ironia, ficaria para a história como marcas da Idade Média.

Com o Iluminismo, no século 18, predominou a ideia de que um sistema racional e científico poderia aprimorar a natureza humana e quem sabe levar o homem à perfeição. Foi Rousseau, filósofo nascido na Genebra calvinista, quem cunhou o termo "perfectibilidade". Surgiu assim uma justificativa a mais à cultura da disciplina e ordenamento dos desejos. No século 19, a moda do camisolão "assinala uma época em que a vergonha e o embaraço no tocante à exposição do corpo eram tão intensos e internalizados que as formas corporais tinham que ser inteiramente cobertas, mesmo que o indivíduo estivesse sozinho ou no círculo familiar mais íntimo".[19] O cerco à masturbação foi crescendo a tal ponto que, no começo do século 20, foram criados cintos de castidade para evitar que rapazes americanos se masturbassem. Em 1860, quando o Barão de Haussmann criou o sistema de bulevares racionais e modernos em Paris, os nomes vulgares das ruas foram trocados por outros que não ofendiam a nova ideia de decência. Mas os bordéis que existiam ali permaneceram – pouca gente discordava de São Tomás de Aquino e de Santo Agostinho quanto à importância dessas casas.

O costume mais terrível que se atribui à Idade Média é o "direito de pernada", a possibilidade de o senhor feudal passar a noite com camponesas virgens que estavam sob seu domínio. A imagem de um pobre camponês tendo que entregar sua noiva imaculada para o desfrute de um senhor arrogante e com dentes horríveis provoca uma indignação instantânea. Não existe exemplo melhor para mostrar os horrores e as injustiças que o feudalismo impunha aos pobres medievais. Mas a revolta é em vão: trata-se de mais um mito que toda hora se repete sobre a Idade Média.

MITO 3: "NOIVAS ERAM OBRIGADAS A PASSAR A PRIMEIRA NOITE COM O SENHOR FEUDAL"

A lenda surgiu de um mal-entendido. Em muitos feudos, os senhores autorizavam o casamento dos servos com um gesto simbólico, colocando a mão ou a perna na cama dos noivos – a tal "pernada". Citações a essa tradição foram mal interpretadas por historiadores, que acharam ter encontrado provas da exploração sexual das camponesas. "É um exemplo impressionante de certas interpretações baseadas apenas em jogos de palavras", escreveu a historiadora Régine Pernoud.

Apesar do pouco fundamento, a história é poderosa e duradoura. "O conteúdo sexual do direito de pernada faz com que ele se prenda na memória", diz o historiador francês Alain Boureau, que dedicou um livro inteiro a derrubar esse mito. "É uma história que fascina por sua total alteridade; por alimentar a fantasia de um consentimento institucional e até jurídico à violência".[20] Por causa desse enorme poder de provocar indignação, o direito de pernada é uma ótima ferramenta para quem pretende mostrar como era detestável e bárbaro um povo ou seu líder. Tanto que é usado muito antes da Idade Média. É o caso da *Epopeia de Gilgamesh*, uma das primeiras obras literárias da história do mundo, escrita na Mesopotâmia há 4 mil anos. Gilgamesh é um rei opressor cuja "luxúria não poupa uma só virgem para seu amado; nem a filha do guerreiro nem a mulher do nobre". No século 5 a.C., o grego Heródoto, "o pai da História", conta que na tribo dos adyrmachidae, da Líbia, todas as noivas eram enviadas ao rei, que escolhia aquelas com quem gostaria de passar a noite.

Até mesmo os cristãos medievais, hoje vítimas da lenda, a reproduziram. Diziam que o costume era praticado pelos povos bárbaros além das fronteiras cristãs. O fato de se referirem ao direito à primeira noite como algo aviltante é mais um indício de que não o consideravam normal ou rotineiro, muito menos que consentiriam com tal costume. Apesar disso, durante o Iluminismo, o filósofo Voltaire, interessado em retratar a Idade Média como a época do obscurantismo e da opressão, escreveu uma peça sobre o suposto costume medieval. A credibilidade de Voltaire deu força ao mito, que sobrevive. No filme *Coração Valente* (1995), o guerreiro escocês William Wallace, vivido por Mel Gibson, casa-se em segredo para evitar a violação de sua noiva pelo detestável senhor feudal.

Mito 4: "Ao vencer as Cruzadas, Saladino se tornou um herói muçulmano"

Até o século 19, poucos muçulmanos ligavam para as Cruzadas. Os últimos ataques dos cavaleiros cristãos à Terra Santa aconteceram havia 600 anos: eram um assunto distante, por isso "pouquíssimos escritores do mundo islâmico fizeram mais do que mencionar as Cruzadas em poucas linhas", como afirma o historiador britânico Jonathan Riley-Smith.[21] Do mesmo modo, o sultão do Egito, Saladino, que reconquistou Jerusalém em 1187 e manteve o controle da cidade durante a Terceira Cruzada, era um personagem de segundo escalão na galeria de heróis muçulmanos. Seu mausoléu em Damasco ficou por muito tempo em ruínas, escondido por um jardim. Esse estado refletia, como diz o historiador egípcio Abdul Rahman Azzam, "o fato de Saladino ter sido negligenciado pelos muçulmanos por vários séculos".[22]

Até que, no fim de 1898, um visitante especial apareceu na Terra Santa: o kaiser Guilherme II. O imperador da Alemanha chegou a Jerusalém montado num cavalo negro, em perfeito uniforme prussiano e com um véu de peregrino atado ao chapéu. Dentro de sua política de aproximar a Alemanha do Império Otomano, o kaiser não poupou simpatia aos líderes muçulmanos que encontrou. Em Damasco, o kaiser, acompanhado do imperador otomano, o sultão Adbul Hamid, pediu para visitar o mausoléu de Saladino, a quem chamou de "um dos mais cavalheirescos sultões de todos os tempos, um cavaleiro sem medo e sem mancha".[23] Ao perceber o péssimo estado do mausoléu, avisou a todos que bancaria a reforma "com o mais fino mármore". "Com esse teatro dramático, o kaiser reapresentou Saladino aos muçulmanos, que tinham quase se esquecido dele", diz Riley-Smith. Dois meses depois da visita, o poeta egípcio Ahmad Shawqi escreveu um poema perguntando: como os muçulmanos poderiam ter ignorado por tanto tempo um herói tão importante?

Foi assim que os árabes descobriram as Cruzadas e seus protagonistas: ao perceber a importância que os europeus davam a elas.

Na Europa, a memória das Cruzadas havia sido reavivada pelo escocês Walter Scott, autor de romances históricos ambientados na Idade Média, como *Ivanhoé* e *O Talismã*. Como um típico europeu do começo do século 19, Scott tinha um pé no romantismo. Retratou os cavaleiros cristãos como homens corajosos porém infantis e ambiciosos, enquanto os muçulmanos eram quase sempre esclarecidos e civilizados. Em *O Talismã*, o príncipe inglês Ricardo Coração de Leão vai a Jerusalém conquistar a cidade, mas acaba travando amizade com seu inimigo, Saladino. Segundo Scott, "o estilo guerreiro de Ricardo, selvagem e generoso, com todas suas extravagantes virtudes e não menos absurdos erros" contrastava com "a prudência e a profundidade" do sultão, um honrado guardião dos princípios da cavalaria medieval. Lançado em 1825, *O Talismã* se tornou um best-seller na Europa. Inspirou dezenas de pintores, ganhou traduções e peças de teatro e fez de Saladino uma celebridade europeia.[24]

Com o imperialismo europeu no Oriente Médio, o sultão virou uma figura essencial para a resistência árabe e para a ideia da Guerra Santa contra o Ocidente. De repente apareceu no árabe o termo *al-Hurub al-Salibiyya* ("a guerra das cruzes"), emprestado do nome que os europeus davam aos conflitos.[25] "O Saladino que os muçulmanos elevariam a um status quase messiânico no século 20 tinha uma semelhança muito maior com o imaginário popular europeu do século 19 do que com qualquer personagem histórico", diz o historiador Abdul Rahman Azzam.[26] Eis um ótimo exemplo de como, dependendo do ânimo e dos ressentimentos de uma época, o passado muda, ganha personagens, enredos e novas razões para as pessoas se sentirem magoadas com a história.

Mito 5: "A Igreja baniu a ciência na Idade Média"

Poucos dos milhões de turistas que visitam a Catedral de Notre-Dame de Paris sabem que existe na França uma igreja gótica tão grande, antiga e com tantos ornamentos e vitrais como a apinhada atração turística parisiense. Trata-se da Catedral de Notre-Dame de Chartres, a 90 quilômetros de Paris, que tem um detalhe a torná-la especial. Entre as centenas de imagens de santos, teólogos e personagens bíblicos que adornam as fachadas, há sete esculturas de grandes nomes da filosofia e da ciência clássica, quase todos eles pagãos: Prisciano, Boécio, Cícero, Euclides, Aristóteles, Ptolomeu e Pitágoras.

As esculturas da Catedral de Chartres são a prova mais interessante da proximidade entre ciência e religião na Idade Média. Nos quase mil anos que vão da queda de Roma à queda de Constantinopla, a Igreja preservou e recuperou clássicos da Antiguidade, criou instituições de ensino que frequentamos até hoje e instituiu uma tradição de indagação científica que resultou nas grandes descobertas do Renascimento.

Quando foi construída, entre os séculos 11 e 13, a igreja abrigava uma das mais famosas escolas da época. Os sete pensadores retratados na fachada representam as sete artes liberais ensinadas na escola – gramática, aritmética, retórica, geometria, lógica, astronomia e música. Os padres de Chartres os admiravam tanto que decidiram imortalizá-los na fachada. "Nosso objetivo é descobrir a razão de cada coisa", escreveu Guilherme de Conches, um dos mais entusiasmados professores daquela instituição. No início, as aulas aconteciam no próprio salão da igreja e eram destinadas a filhos de nobres que pretendiam seguir a carreira religiosa. Aos poucos, as escolas de catedrais europeias ganharam salas adjacentes e novos edifícios. No século 12, deram origem a uma instituição que ainda hoje significa conhecimento: a universidade. Criadas e dirigidas por padres em Oxford, Cambridge, Paris e Bolonha, as primeiras universidades do mundo ensinavam direito, filosofia natural, medicina ou teologia e, como atualmente, qualificavam os estudantes com diplomas de bacharel, mestre e doutor.

O traço mais importante das universidades medievais é que, embora a teologia fosse o curso com maior status, os dogmas cristãos nem sempre se impunham nas outras áreas de pesquisa. "Exigia-se dos filósofos naturais das faculdades de artes que se abstivessem de introduzir teologia e temas de fé na filosofia natural", afirmou o historiador americano Edward Grant, um dos principais especialistas em educação medieval.[27] Entre crenças mágicas e dogmas religiosos, começou nas escolas de catedral e nas universidades a tradição de explicar os fenômenos físicos por meio da matemática e da experiência. Como escreveu, 350 anos antes de Galileu, o frade franciscano Roger Bacon, professor da Universidade de Paris:

> Sem experiência nada se pode saber suficientemente. Há duas maneiras de adquirir o conhecimento: pelo raciocínio ou pela experiência. Raciocinar leva-nos a tirar uma conclusão que temos por certa, mas não elimina a dúvida. E o espírito não repousará na luz da verdade se não a adquirir através da experiência.[28]

Os livros usados nas escolas de catedrais também eram fruto do trabalho dos sacerdotes. Com a queda de Roma, em 476, e as invasões em cidades europeias, coube aos monges copistas proteger obras clássicas da Antiguidade contra saqueadores e reproduzi-las à mão. No século 12, depois da reconquista da maior parte dos territórios árabes da Espanha, os monges traduziram para o latim obras gregas que os árabes haviam assimilado. "Na Espanha, em Toledo, equipes de eruditos cristãos, judeus e árabes traduziam textos gregos e árabes que tratavam de medicina, astronomia, aritmética, álgebra e trigonometria", diz o historiador Jean Gimpel.[29] Assim, apareceram na Europa edições em latim de Ptolomeu, Aristóteles, Hipócrates, Arquimedes e Galeno, além de obras de pensadores árabes, como o persa Avicena e o andaluz Averróis. A chegada desses livros animou estudantes e criou o que os historiadores chamam de **Renascença do século 12**. "Não se passa das trevas da ignorância à luz da ciência se não forem relidas com amor cada vez mais vivo as obras dos Antigos", escreveu o poeta e diplomata Pierre

Também contribuiu para a Renascença do século 12 uma série de descobertas tecnológicas. A partir desse século surgiram, na Europa, os moinhos de vento, os óculos, o sistema numérico hindu-arábico, a fabricação de papel. Outra novidade fez tanto sucesso que o casal Abelardo e Heloísa se inspirou nela ao dar o nome do filho: Astrolábio.

de Blois, que foi aluno da escola da catedral de Paris. "Para eles serão todos os meus cuidados e a aurora me encontrará todos os dias a estudá-los."

Não é à toa que, hoje, 35 crateras da Lua levem o nome de matemáticos e astrônomos religiosos. "Durante mais de seis séculos, da recuperação dos antigos conhecimentos astronômicos durante a Idade Média até o Iluminismo, a Igreja deu mais ajuda financeira e suporte social ao estudo da astronomia que qualquer outra instituição, e provavelmente mais do que todas as outras juntas", escreveu o historiador de ciência John Heilbron, da Universidade da Califórnia.[30] Há frutos curiosos dessa tradição, como o sacerdote francês Jean Buridan, que viveu entre 1300 e 1358. Ao tentar explicar os movimentos dos astros, Buridan imaginou uma mecânica única: os planetas e as estrelas estariam submetidos às mesmas leis de pequenos objetos na Terra. Também acreditava que o movimento dos astros era contínuo porque no espaço não havia atrito e nenhuma outra força a agir contra sua velocidade. Lembram as leis de Newton, não?

Não se sabe se Newton tomou conhecimento das ideias de Buridan, mas é certo que se baseou em outros sacerdotes astrônomos. Um deles foi o jesuíta checo Valentin Stansel, que veio ao Brasil depois de ordenado e ficou por aqui até morrer, em 1705. As observações de Stansel sobre o céu da Bahia e a descoberta de um cometa em 1668 renderam três páginas de *Princípios Matemáticos da Filosofia Natural*, de Newton. O fato de a obra fundadora da ciência moderna citar estudos de um missionário cristão da Bahia não é uma incoerência, e sim o atestado de uma longa tradição.[31]

Apesar dessa tradição, a Igreja medieval foi imortalizada pelos filósofos iluministas como instrumento de obscurantismo. Os casos de cerco à ciência, como a proibição das
ideias de Copérnico e a condenação de Galileu (*veja no próximo capítulo*) ganharam muito mais ressonância. Essa injustiça
levou a uma situação curiosa. Durante a Revolução Francesa,
rebeldes invadiram e saquearam a Catedral de Chartres.
Pensaram em explodi-la, mas um arquiteto da cidade lem-
brou que os escombros de uma eventual explosão engoliriam
toda a cidade por meses. Caso destruíssem a igreja, os revolucionários botariam abaixo também as estátuas de grandes
mestres da razão, pela qual eles diziam lutar.

Não foi preciso convencer ninguém: na época de Colombo e mesmo milênios antes, quase todos os europeus acreditavam que a Terra é uma esfera. Sabia-se disso desde os gregos, no século 6 a.C. Quase todos os grandes pensadores gregos, como Euclides, Aristóteles, Platão, Arquimedes e Ptolomeu tinham perfeita noção do formato da Terra, conhecimento que se espalhou pela Pérsia e, séculos depois, pelo mundo islâmico e cristão. Há dezenas de textos e imagens datados do fim do Império Romano e referências medievais provando que diversos papas, reis e pensadores sabiam que a Terra é uma esfera. Entre eles, Marco Polo, Dante Alighieri, Tomás de Aquino, Roger Bacon, Santo Alberto Magno, Santo Agostinho, Santo Ambrósio.[32]

MITO 6: "COLOMBO CONVENCEU A TODOS QUE A TERRA É REDONDA"

Em muitas universidades europeias, o *Tratado da Esfera*, escrito por volta de 1230 pelo astrônomo Johannes de Sacrobosco, era leitura obrigatória. Um exemplar desse livro fazia parte da biblioteca do próprio Cristóvão Colombo. O que o célebre navegador queria provar não era a esfericidade da Terra, mas a viabilidade da viagem do Ocidente ao Oriente. Ele acreditava que o mar entre a Espanha e a Índia era facilmente navegável. "A resistência ao seu plano veio não da ideia de que a Terra é plana, mas da suspeita de seus patrocinadores de que a viagem era longa demais para ter êxito", diz a historiadora Louise M. Bishop.[33] Os patrocinadores estavam certos. A largura daquele mar não só era gigantesca como havia um enorme continente no meio dele.

NOTAS

1   Jacques Barzun, *Da Alvorada à Decadência: A História da Cultura Ocidental de 1500 aos nossos Dias,* Campus, 2002, página 259.

2   The British Museum, "Forgery/ Chastity-belt", disponível em www.britishmuseum.org/research/search_the_collection_database/ search_object_details.aspx?objectId=41046&partId=1&searchTerm=si r&orig=%2Fresearch%2Fsearch_the_collection_database%2Fsearch_ results_provenance.aspx&numpages=10&personId=87913&current Page=1.

3   Linda Migl Keyser, "The medieval chastity belt unbuckled", em Stephen J. Harris e Bryon L. Grigsby, *Misconceptions about the Middle Ages,* Routhledge, 2008, página 255.

4   Linda Migl Keyser, página 254.

5   Linda Migl Keyser, página 257.

6   Ruth Mazo Karras, *Sexuality in Medieval Europe: Doing Unto Others,* Routledge Taylor & Francis Group, 2012, página 3571.

7   Ruth Mazo Karras, página 2835.

8   Norbert Elias, *O Processo Civilizador,* Zahar, 2011, página 160.

9   Idem.

10   Jean Gimpel, *A Revolução Industrial da Idade Média,* Zahar, 1977, página 84.

11   Melissa Hope Ditmore, *Encyclopedia of Prostitution and Sex Work: A-N,* volume 1, Greenwood, 2006, página 515.

12   Melissa Hope Ditmore, página 299.

13   Vincent M. Dever, "Aquinas on the practice of prostitution", *Essays in Medieval Studies,* volume 13, disponível em www.illinoismedieval. org/ems/VOL13/13ch4.html.

14   Philippe Ariès, *História Social da Criança e da Família,* 2ª edição, LTC, 1981, páginas 126.

15   Caetano Galindo, tradutor e professor de linguística da Universidade Federal do Paraná, entrevista concedida por e-mail em 10 de maio de 2013.

16 Ruth Mazo Karras, página 4056.

17 Andrew Hussey, *A História Secreta de Paris*, Amarilys, 2011, página 214. Agradeço a verificação da tradução ao amigo Pierre-Emmanuel Beau.

18 Jacques Barzun, página 58.

19 Norbert Elias, página 162.

20 Alain Boureau, *The Lord's First Night: The Myth of the Droit de Cuissage*, The University of Chicago Press, 1998, página 4.

21 Jonathan Riley-Smith, *The Crusades, Christianity, and Islam*, Columbia University Press, 2011, página 70.

22 Abdul Rahman Azzam, *Saladin*, Pearson Longman, 2009, página 5.

23 Sean McMeekin, *O Expresso Berlim-Bagdá*, Globo, 2011, página 29.

24 Jonathan Riley-Smith, página 65.

25 Abdul Rahman Azzam, página 5.

26 Idem.

27 Thomas E. Woods Jr., *Como a Igreja Católica Construiu a Civilização Ocidental*, Quadrante, 2008, página 53.

28 Jean Gimpel, *A Revolução Industrial da Idade Média*, Zahar, 1977, página 155.

29 Jean Gimpel, página 156.

30 Thomas E. Woods Jr., página 8.

31 Thomas E. Woods Jr., página 81.

32 Louise M. Bishop, "The myth of the flat earth", em Stephen J. Harris e Bryon L. Grigsby, *Misconceptions about the Middle Ages*, Routhledge, 2008, página 97.

33 Louise M. Bishop, página 99.

GALILE

GALILEU, UM BOM CATÓLICO

A história que geralmente se conta sobre Galileu é esta:

Galileu Galilei, matemático nascido em Pisa no ano de 1564, foi um dos primeiros astrônomos a fazer observações com o telescópio. Suas descobertas o levaram a defender a teoria do polonês Nicolau Copérnico, para quem a Terra girava em torno de si própria e do Sol, este, sim, o centro do Universo. Galileu defendeu tão ardorosamente o heliocentrismo que atraiu a fúria da Igreja Católica, então irredutível em relação à ideia de que a Terra era imóvel, como pareciam atestar os textos bíblicos. Aos 69 anos, Galileu foi considerado suspeito de heresia pela Inquisição, julgado e condenado a negar suas opiniões, sob ameaça de torturas e morte na fogueira. Ficou preso até morrer, em 1642.

Há um bocado de verdade nessa história. Mas, como acontece em muitos casos, há apenas uma parte da verdade.

A mancada da Igreja com Galileu nos fez acreditar na existência de dois grupos opostos: de um lado, os **cientistas**, apoiados na razão, no método científico e na sede de conhecimento; do outro, religiosos contrários ao progresso científico, autoritários e apegados a dogmas antiquados. Essas duas posturas, na verdade, estavam presentes tanto nos sacerdotes quanto nos grandes cientistas da época, que costumavam fazer complexos cálculos matemáticos para prever, por exemplo, quando Jesus voltaria à Terra. Entre os adversários de Copérnico e Galileu estavam tanto eminentes religiosos quanto filósofos e matemáticos famosos; e entre seus principais apoiadores e amigos havia abades, freis, monges, padres, bispos e cardeais.

"Cientista" é uma palavra recente. O termo em inglês só surgiu em 1840, dois séculos depois de Galileu. No Renascimento, os cientistas eram chamados de filósofos naturais e os matemáticos, de geômetras.[1]

Antes de Galileu, Copérnico entusiasmava cardeais e o papa

Nicolau Copérnico era sobrinho do **príncipe-bispo** da região de Vármia, hoje norte da Polônia. Com o dinheiro e o poder do tio, estudou até os 30 anos: primeiro, matemática, em Cracóvia, depois direito canônico, em Bolonha, e medicina, em Pádua.

Ao voltar para casa, virou uma espécie de gerente do bispado. A cargo da administração monetária local, chegou até mesmo a formular uma teoria financeira, mostrando que o aumento do dinheiro em circulação causa uma desvalorização da moeda e, assim, o aumento dos preços (coisa que

Príncipes-bispos eram os líderes da Igreja que acumulavam responsabilidades de governantes, como a administração dos povoados e o controle das forças armadas. Muitos dos príncipes--bispos, como o tio de Copérnico, já tinham títulos de nobreza ao ganhar o bispado.

até hoje muitos governantes ainda não entenderam). Em 1512, Copérnico foi convidado pelo Vaticano, junto a outros filósofos naturais de reputação, a opinar sobre a reforma do calendário juliano.

Para atender ao pedido, Copérnico percebeu que deveria refazer cálculos realizados um milênio e meio antes, quando Júlio César ainda governava Roma. "Por sugestão do bispo de Fossombrone, que estava a cargo da reforma do calendário, eu virei minha atenção para um estudo mais preciso desses tópicos", escreveu Copérnico anos depois. Após o convite feito pelo Vaticano, ele publicou um pequeno livro, o *Commentariolus*, "pequeno comentário". Era o esboço da ideia de que a Terra girava sem parar em torno de si própria e do Sol.

O livrinho tratava somente de uma hipótese, sem comprovações matemáticas; por isso, Copérnico o enviou apenas aos amigos mais chegados e astrônomos com quem se correspondia. Demorou, mas a teoria acabou chegando ao Vaticano. Em 1533, um secretário particular do papa Clemente VII, o austríaco Johann Albrecht von Widmanstadt, explicou as ideias de Copérnico ao pontífice e a alguns cardeais. A conversa ocorreu nos jardins do Vaticano e parece ter agradado a todos, pois, em retribuição à palestra sobre o heliocentrismo, o papa presenteou o secretário com um manuscrito grego do ano 200.

Pouco tempo depois, o austríaco de sobrenome difícil falou sobre os movimentos da Terra para o cardeal Nicholas Schönberg. Esse sacerdote ficou tão entusiasmado com as novas ideias que mandou seus assistentes arranjarem cópias de todos os textos de Copérnico. Em 1536, ele próprio escreveu uma carta ao astrônomo polonês enchendo-o de elogios e incentivando-o a publicar mais. "Com a mais extrema

O calendário que se usava na época havia sido implantado por Júlio César e produzia um atraso de três dias a cada 400 anos. A reforma só acabou em 1582, quando o papa Gregório III mandou que a data de então fosse adiantada, para corrigir o atraso. O dia 4 de outubro, quinta-feira, passou direto para o dia 15 de outubro, sexta-feira, do mesmo ano. A implantação do novo calendário ficou a cargo do padre Clávio, que se tornou amigo de Galileu.

sinceridade eu suplico, caro homem sábio, que comunique sua descoberta a mais estudiosos", disse ele numa carta.[2] Copérnico, pouco antes de morrer, em 1543, atendeu ao pedido. Publicou *Sobre a Revolução dos Orbes Celestes*, descrevendo os movimentos de rotação e translação da Terra e dos demais planetas em torno do Sol. Na tentativa de evitar confusões com a Igreja, dedicou o livro ao papa Paulo III.

Veja só: um século antes da condenação de Galileu, a teoria do movimento da Terra entusiasmava papa e cardeais, que incentivavam Copérnico a seguir em frente em suas descobertas.

Filósofos, cientistas e matemáticos também desprezaram Galileu

A ideia de que a Terra se movia não era nova: tinha quase dois mil anos quando foi proibida pela Igreja. O grego Aristarco propôs, no século 3 a.C., tudo aquilo que Copérnico defenderia 18 séculos depois: o Sol era o centro, a Terra girava em torno de si própria e em torno do Sol, assim como os outros planetas. Mas ninguém na Grécia levou Aristarco a sério. Contra sua teoria havia diversos argumentos e questões sem resposta. Se a Terra se move, por que um objeto solto do alto de uma torre não atinge o chão um pouco para trás, como acontece quando alguma coisa cai de um carro ou de um barco? Por que a Lua não se solta quando a Terra se movimenta? Por qual razão não há um vento intenso e constante causado pelo giro da Terra? Se a Terra se movimenta no decorrer do ano, por que não existe o efeito de paralaxe nas estrelas? E por que ninguém,

A rotação da Terra mexe, sim, com os ventos e correntes dos oceanos. Como a Terra gira para leste, ventos e correntes marítimas em direção ao equador se inclinam para oeste. Sem essa ajuda da rotação, seria mais difícil, por exemplo, aos portugueses navegar até a costa do Nordeste do Brasil.

Paralaxe é a diferença aparente entre duas localizações de algo a partir de pontos de observação distintos. Um exemplo disso acontece quando olhamos uma lâmpada só com um olho e depois só com o outro: ela aparece em diferentes posições. Como as estrelas estão imensamente distantes de nós, a paralaxe estelar é ínfima. Só foi medida no século 18.

mesmo com muito esforço e imaginação, consegue perceber que o chão se movimenta?

Hoje essas perguntas parecem coisa de criança, mas por dois milênios foram enigmas a intrigar os filósofos naturais. Em 1609, essas perguntas seguiam sem resposta. Nesse ano Galileu ouviu histórias sobre um instrumento novo que circulava pela Europa – o telescópio – e conseguiu montar um modelo que aumentava 30 vezes os objetos. Ao apontá-lo para o céu, fez uma descoberta atrás da outra. Percebeu que os astros não eram imaculados e imutáveis como se acreditava: a Lua parecia "tal qual a superfície da própria Terra, diversa por toda parte, com montanhas elevadas e vales profundos",[3] e no Sol era possível enxergar enormes manchas que surgiam e desapareciam da superfície. Em janeiro de 1610, Galileu fez a sua principal descoberta: avistou quatro satélites que giravam em torno de Júpiter, provando que a Terra não era o centro dos movimentos das estrelas. Pôde assim questionar algumas ideias consagradas dos astrônomos. Se os satélites de Júpiter o acompanhavam quando ele girava em torno do Sol, o mesmo poderia acontecer com a Lua.

Essas descobertas derrubavam crenças antigas, "mas não eram suficientes para fundamentar o sistema de Copérnico",[4] como afirma o filósofo e historiador italiano **Paolo Rossi**. Só no fim do século 17, com as teorias de Newton, as questões sobre o movimento da Terra se resolveriam. Antes de Newton estabelecer o consenso, não era difícil apelar para o que à época parecia ser a razão e discordar da ideia de que o chão girava. As ideias que Galileu defendia faziam estremecer toda uma visão de mundo. Se a Terra não era o centro do Universo, a humanidade parecia deixar de ser um projeto central de Deus. E o mundo, que até então parecia

Não! Não é o carrasco italiano da seleção de 1982.

Em 1936, o economista inglês John Maynard Keynes comprou, em um leilão, um lote de manuscritos, com mais de 200 anos, que pertenciam a Isaac Newton. Ao analisar os documentos, Keynes tomou um susto: não havia ali estudos sobre física ou astronomia, mas teorias do grande gênio da ciência sobre como encontrar a fórmula mágica para transformar metais em ouro.

NEWTON, O ALQUIMISTA

Revelou-se assim o lado obscuro de Newton: o de um alquimista esotérico. Quando morreu, em 1727, Newton deixou uma biblioteca com 138 livros sobre alquimia e outros 31 de química, provavelmente a melhor e mais extensa coleção de textos sobre a pseudociência.

Durante a década de 1670, depois de apresentar à comunidade científica inglesa a teoria da luz e das cores, Newton resolveu isolar-se e dedicar-se cada vez mais à alquimia e à análise do Antigo Testamento. Fechou-se em seu laboratório em Cambridge, onde passava os dias misturando elementos em panelas e cadinhos. Uma análise de amostras de cabelo de Newton, feita em 1970, encontrou uma quantidade de mercúrio 40 vezes maior que o normal. Ele ainda escreveu mais de 1 milhão de palavras sobre a criação de ouro. Em 1693, acreditou ter encontrado a fórmula e montou um livro descrevendo-a. "Podeis multiplicar cada pedra quatro vezes – não mais porque então transformar-se-á em óleo brilhando no escuro e bom para usos mágicos. Podeis fermentá-la com ouro e prata mantendo-os em fusão por um dia, então projetar sobre metais."[5]

É verdade que não havia, no tempo de Newton, a distinção atual entre ciência e misticismo. Mas, mesmo naquela época, as pessoas já viam a alquimia com desconfiança, pois a relacionavam a sociedades secretas esotéricas e anticristãs. Tanto que o primeiro biógrafo de Newton, Stukeley, preferiu omitir esse lado esotérico na obra sobre a vida do físico, publicada em 1752. Não ficaria bem ao maior gênio científico da época, que havia sido deputado britânico, ser associado à superstição e charlatanice.

Além da alquimia, Newton era obcecado por prever grandes acontecimentos do cristianismo. Reconstruiu a planta do Templo do rei Salomão, acreditando que ela guardava pistas matemáticas sobre a data em que Jesus Cristo voltaria à Terra. Com base nesse estudo, o físico propôs que, em 2370, haveria a segunda ressurreição e o Juízo Final.[6] A mais inquietante previsão de Newton é a data da volta de Jesus Cristo: 1948. Trata-se do mesmo ano em que o catarinense Inri Cristo nasceu. Coincidência?

O frade dominicano Giordano Bruno foi além: imaginou que, se Terra era um planeta como qualquer outro, poderiam existir no Universo diversos planetas habitados, cada um deles com um deus diferente. Bruno foi morto na fogueira em Roma em 1600.

uma criação divina, com um objetivo e funções específicas, **perdia o sentido.**

Como definiu o poeta John Donne, em 1611, "a nova filosofia torna tudo incerto. [...] O Sol se perdeu, e a Terra; e ninguém hoje pode mais nos dizer onde encontrá-la".[7]

Diante dessa gigantesca mudança de pensamento, a maior parte dos astrônomos da época de Galileu ficou em cima do muro, adotando a posição moderada do dinamarquês Tycho Brahe. Astrônomo mais famoso da época, Tycho desenhou uma teoria que agradava os dois lados. Ele concordava com Copérnico quanto ao fato de que os planetas moviam-se em torno do Sol, mas dizia que o Sol e a Lua giravam em torno da Terra, parada no centro do Universo. Era uma explicação sem pé nem cabeça, mas deixou a maioria das pessoas satisfeitas, pois evitava todas as complicações ligadas ao movimento da Terra. O inglês Francis Bacon, um dos pais do método científico, preferia a teoria de Tycho Brahe à de Copérnico. Isso porque ele era contra hipóteses que não se aplicavam à realidade – como acreditar que o Sol está parado quando todos o observam nascendo e se pondo diariamente.

Outro exemplo é William Gilbert, médico da rainha da Inglaterra, físico famoso pelo estudo dos ímãs. Gilbert baseava boa parte de sua teoria sobre o magnetismo na rotação da Terra, mas considerava a translação uma ideia de maluco.[8] Até mesmo Galileu espezinhou descobertas que hoje consideramos geniais. Em 1609, ele recebeu o revolucionário livro de Johannes Kepler, o *Astronomia Nova*. Na obra, Kepler mostrava que as órbitas dos planetas tinham forma de elipse (não eram circulares, como Copérnico imaginou) e ainda ensinava como calcular a velocidade dos planetas de acordo com sua

posição (as duas primeiras "Leis de Kepler" que aprendemos
no colégio). Galileu, porém, não passou do prefácio do livro,
e morreu acreditando que as órbitas eram circulares. "Não sei
se pela minha pouca capacidade ou pela extravagância do estilo do autor, [Kepler] se pôs a escrever coisas que nem outro,
nem talvez ele mesmo, consegue **entender**."[9]

Esses gênios fizeram avaliações tão erradas porque
não havia, naquela época, uma diferença clara entre ciência, misticismo e imaginação fértil demais. A astronomia
começava a se destacar da astrologia, e a química da alquimia. Por isso, os heróis da Revolução Científica legaram
também teorias que hoje parecem constrangedoras. Robert
Hooke, difusor do uso do microscópio, afirmava ter inven-
tado 30 modos de voar. Kepler apostava que os movimentos
dos planetas eram provocados por gigantescos ímãs presentes dentro deles e do Sol que seriam ativados pela energia solar. Ele costumava fazer horóscopos para ganhar um
dinheiro extra, tarefa que Galileu e muitos outros também
desempenhavam (*veja o quadro nas páginas 74-75*). Galileu,
a propósito, ganhou o emprego de professor de matemática
na Universidade de Pisa ao calcular o tamanho do diabo de
acordo com as descrições de Dante Alighieri em *A Divina
Comédia* (1.935 braças de altura, ou 4.257 metros, de acordo
com seus cálculos). Acreditava ainda que os cometas eram
uma ilusão de ótica provocada por gases exalados da Terra
que refletiam os raios solares acima da órbita da Lua.

Um século depois, quando Isaac Newton concluiu
que a força de atração é proporcional à massa dos corpos,
matemáticos brilhantes também o ridicularizaram. O alemão
Gottfried Leibniz acusou Newton de acreditar em milagres
e magias, já que defendia a existência de uma força de atra-

Galileu tinha alguma
razão. Kepler
escrevia mal,
com frases longas
e rebuscadas, e
gastava dezenas
de páginas até
expor suas ideias.

Astronomia e astrologia ainda não eram artes distintas no século 17. Como todo mundo na época, e muita gente ainda hoje, matemáticos e astrônomos acreditavam que os astros traziam presságios. Por isso, boa parte do estudo das estrelas consistia em prever o futuro que elas anunciavam. Kepler, descobridor das órbitas elípticas dos planetas, usava horóscopos para fazer aconselhamentos políticos. Durante 11 anos, montou horóscopos para Rudolf II, imperador do Sacro Império Romano.[10] Irritado com a astrologia popular, que chamava de "uma horrenda superstição" e "sortilégio de macaquices",[11] ele pretendia fazer uma reforma na área, mas tinha opiniões não menos esquisitas, como a crença de que a luz vinda de outros planetas alterava o comportamento humano. Para ele, a Terra tinha uma alma e poderia ser considerada um ser vivo. Muita chuva, por exemplo, seria um sinal de que o planeta estava doente. Científico, não? É basicamente a Hipótese de Gaia, criada pelo ambientalista inglês James Lovelock no século 20 e favorita de ecologistas com formação em música de cítara, apesar do pouco valor científico.

OS HORÓSCOPOS DE GALILEU E KEPLER

Galileu tinha o pé um pouco mais no chão, mas não tanto. Um de seus manuscritos contém 25 horóscopos que ele compôs quando era professor da Universidade de Pádua. As previsões são para si próprio, para as filhas Virgínia e Lívia e para o chefe na universidade, Gianfrancesco Sagredo. Galileu tinha fama de bom astrólogo. A habilidade rendeu ao matemático um bom salário e a proteção do grão-duque da Toscana, Cosimo II de Médici. Ao descobrir os satélites de Júpiter, Galileu deu a eles o nome de "planetas mediceus" e relacionou a descoberta a grandes conquistas que estariam para agraciar o grão-duque. Acabou ganhando de Cosimo II o cargo de matemático da corte e nunca mais precisou se preocupar com dinheiro. Mas nem sempre Galileu acertava. Em 1609 ele montou um horóscopo prevendo uma vida longa e feliz ao antecessor de Cosimo II, o grão-duque Ferdinando I, que morreu meses depois.

ção entre os astros sem nenhuma ligação material entre eles. Havia algum fundamento nas acusações de Leibniz. Newton passou mais de 30 anos tentando transformar metais em ouro, acreditava que a gravidade tinha sido criada pelo rei Salomão, além de fazer os extensos cálculos para prever quando Jesus retornaria à Terra (*veja o quadro nas páginas 70-71*).

Não era fácil acreditar no heliocentrismo. Por isso, quando Galileu rodou as cortes italianas mostrando para todos as imagens incríveis do telescópio, muita gente franziu a testa. Professores da Universidade de Pádua, entre eles Cesare Cremonini, o principal filósofo natural daquela instituição, recusaram-se a olhar pelo telescópio, acreditando que as imagens presentes ali não passavam de ilusão de ótica. Giovanni Magini, célebre matemático da Universidade de Bolonha, achava as observações com telescópio uma tremenda picaretagem, opinião que ele transmitiu, por cartas, aos grandes matemáticos europeus.[12] Um dos discípulos de Magini, o jovem Martin Horky, escreveu um livro inteiro atacando os estudos de Galileu com argumentos do mais baixo nível. Dizia que o astrônomo anunciara a descoberta dos satélites de Júpiter apenas para ganhar dinheiro (*não sem motivo; veja o quadro nas páginas 74--75*), que seu aspecto físico era repugnante e que o telescópio era um embuste.

O ataque mais fundamentado foi escrito pelo filósofo, poeta e matemático Ludovico delle Colombe, o grande inimigo de Galileu no meio científico. Delle Colombe lançou em 1611 o livro intitulado *Contra o Movimento da Terra*, chamando a teoria de Copérnico de "louca, destrambelhada, temerária e perigosa".[13] Ele rebatia os argumentos de Galileu com ideias criativas e não comprováveis, como a de que a

Lua, apesar de ter vales e montanhas, ainda era uma esfera perfeita, pois uma camada cristalina transparente cobria todo o seu relevo. Coube a Delle Colombe e a Francesco Sizzi, dois filósofos, e não a sacerdotes, levar a controvérsia para o terreno da teologia. Mostraram que as ideias de Copérnico contradiziam a Bíblia em passagens como Salmos 104,5 ("Fundastes a terra em bases sólidas que são eternamente inabaláveis.") e nas Crônicas 16,30 ("Trema perante ele, trema toda a terra; pois o mundo se firmará, para que não se abale."). Galileu se debateu contra essa acusação até a morte.

Algumas picuinhas da época contribuíram para a disputa. Galileu não era uma pessoa fácil: entrava em qualquer polêmica e costumava ridicularizar os adversários. Além disso, a astronomia no século 16 era uma disciplina básica de cursos introdutórios, geralmente ensinada só até o nível elementar por professores pouco preparados e nem um pouco dispostos a largar as ideias consagradas. "Para esse grupo numeroso de professores, as descobertas da nova astronomia ameaçaram minar não só o que ensinavam, mas sua posição na comunidade acadêmica", diz o historiador Olaf Pedersen.[14] Galileu e outros matemáticos ainda desrespeitavam a hierarquia das artes liberais ao mostrar suas descobertas não só como modelos matemáticos, mas sendo equivalentes às descrições físicas do mundo. E descrições físicas cabiam apenas aos filósofos. "A tática habitual era deslegitimar as pretensões dos matemáticos, apresentando-as como provenientes de uma disciplina inferior", diz o historiador Mario Biagioli, no livro *Galileu, Cortesão*.[15]

"É curioso que os historiadores não culparam os filósofos em vez dos teólogos pela atitude contrária à liberdade da opinião científica na astronomia", afirmou o historiador

Stillman Drake, autor de 130 livros e estudos sobre Galileu. "Mas foram os filósofos que exigiram a intervenção dos teólogos, confiantes que eles estariam do seu lado."[16]

Sem conseguir convencer os astrônomos e os acadêmicos, Galileu recorreu ao outro grande centro de astronomia do século 17: o Colégio Romano. Criado pelos jesuítas, esse centro de estudos abrigava homens eminentes como o padre Clávio, considerado na época, com algum exagero, o maior de todos os matemáticos. Os dois andavam trocando cartas, e o padre, no começo cético quanto às descobertas com o telescópio, estava se convencendo. As conversas com os jesuítas parecem ter sido amigáveis, já que, em abril de 1611, o Colégio Romano organizou uma sessão solene em homenagem a Galileu.

De acordo com o comunicado interno do Colégio Romano, "foi recitada uma oração latina em louvor ao senhor Galileu Galilei, matemático do grão-duque, magnificando e exaltando sua observação de novos planetas que permaneciam desconhecidos aos antigos filósofos".[17]

Durante o discurso oficial dessa cerimônia, o jesuíta belga Odo van Maelcote disse a todos que Galileu era "digno de ser citado entre os astrônomos mais célebres e felizes"[18] e que ele próprio havia feito observações com o telescópio, confirmando as constatações sobre a Lua, Júpiter e as manchas solares. Com esse aval, a fama de Galileu se espalhou pela Europa.

É isso mesmo: enquanto professores universitários, matemáticos e filósofos tentavam derrubar Galileu, padres o homenageavam.

Diversos teólogos ficaram ao lado de Galileu

O alerta lançado pelos filósofos, de que as ideias de Copérnico e Galileu contradiziam a Bíblia, gerou um longo debate teológico dentro da Igreja. Contra os padres que tentaram perseguir as novas teorias, houve aqueles que se colocaram do lado da teoria do movimento da Terra. O eremita agostiniano Diego de Zúñiga, professor de teologia da Universidade de Salamanca, mostrou, já em 1584, algumas passagens da Bíblia que sugeriam a movimentação da Terra, como em Jó 9,6: "Ele [Deus] é o que sacode a Terra e a move fora de seu lugar, fazendo tremer suas pilastras". Para o teólogo, trechos como esse ficavam mais bem explicados tendo em vista as ideias de Copérnico. E as passagens que falavam do movimento do Sol refletiriam apenas a percepção comum das pessoas, mas na verdade falavam da rotação e da translação.[19] O teólogo carmelita Paolo Antonio Foscarini foi mais fundo no problema. Para ele, se a verdade apontava para o movimento da Terra, era preciso arranjar um meio de conciliar a Bíblia com a natureza. Foscarini classificou as menções bíblicas à imobilidade da Terra em seis grupos, propondo uma solução interpretativa para cada um deles.

Galileu também entrou no debate teológico. Escreveu duas cartas que foram divulgadas ao público, como era costume na época. Defendeu que, se a Bíblia era fruto do verbo divino, a natureza era ainda mais. Afinal, enquanto a Bíblia tinha de se adaptar ao entendimento do homem comum, a natureza ocultava "às capacidades dos homens suas recônditas razões e modos de operar".[20] O astrônomo chegou a dizer que "em disputas sobre os fenômenos naturais, [as escrituras] deveriam ficar com o último lugar".[21] Em outras palavras: a experiência deve falar mais alto que a letra no papel sagrado.

Galileu, entretanto, se via e agia como um bom católico. Seguia a tradição de separar questões terrenas e espirituais que vinha dos grandes teólogos da história da Igreja.

O livro que levou Galileu a ser condenado pela Igreja, em 1633, deveria se chamar *Sobre o Fluxo e Refluxo do Mar*. Por sugestão do papa Urbano VIII, ganhou um título melhor: *Diálogo sobre os Dois Máximos Sistemas do Mundo*. O papa era amigo de Galileu desde os seus tempos de cardeal. Os dois tinham se conhecido em Roma, em 1611, quando conversaram alegremente sobre as ideias de Copérnico. Cético por excelência, o papa não acreditava na capacidade humana de desvendar todos os segredos do Cosmos. Mas nutria uma simpatia por Galileu e costumava elogiá-lo.

O VERDADEIRO
JULGAMENTO DE GALILEU

Ao autorizar a publicação do livro, Urbano VIII pediu ao astrônomo que tratasse das duas teorias sobre a Terra apenas como hipóteses. Representantes da Inquisição revisaram o texto, solicitaram emendas e recomendaram a publicação. No meio desse processo, porém, Galileu deu um jeito de manter a versão favorável ao movimento da Terra. O papa encarou essa atitude como traição – e decidiu repreender o astrônomo. Um ano depois da publicação do livro, a Inquisição chamou Galileu para uma conversa em Roma.

Galileu chegou a Roma ciente de ter irritado o papa, por isso já de início se ofereceu para alterar o conteúdo do livro. Com medo da fogueira, sugeriu até dar aulas somente sobre a teoria de que a Terra estava imóvel no centro do Universo, pois havia adotado "a muitíssimo verdadeira e indubitável opinião da estabilidade da Terra e a mobilidade do Sol".[22]

Os inquisidores não acreditaram nele e o condenaram por suspeita de heresia – suspeita que se tornaria heresia de verdade caso ele não renunciasse a suas opiniões. Também o condenaram à prisão na sede do Santo Ofício e a um "exame rigoroso" de suas crenças, o que parecia significar tortura.

Cópias dessa condenação foram enviadas a paróquias de toda a Europa, difundindo a ideia de que Galileu foi torturado e encarcerado. O filósofo Voltaire falaria no século seguinte sobre os "sofrimentos de Galileu nas masmorras da Inquisição", visão comum ainda hoje.

Galileu foi injustamente humilhado, mas não foi mantido em masmorras nem torturado pela Inquisição. A tortura mais comum em Roma no século 17 consistia em juntar os punhos da vítima atrás das costas e amarrá-los com uma corda, que passava por uma roldana presa ao teto. O torturador, segurando a outra ponta da corda, poderia içar a vítima até deixá-la pendurada no ar.[23] Considerando que Galileu tinha 69 anos, não teria resistido a essa experiência, e não há sinal de sequelas nos documentos da época. "Normas da Inquisição livravam velhos e doentes (além de crianças e mulheres grávidas) da tortura, e Galileu não era só velho como sofria de artrite e hérnia", diz o filósofo Maurice Finocchiaro.[24]

Em Roma, o astrônomo se hospedou na casa do embaixador da Toscana e, dois meses depois, passou a dormir no Santo Ofício – não nas celas dos interrogados, mas nos aposentos de um oficial. Tinha acesso ao pátio do edifício e ajuda de assistentes e empregados. Dois dias após a condenação, já estava na Vila Médici, um palácio que hoje abriga a Academia da França em Roma. Depois viajou a Siena, onde se hospedou por cinco meses na casa de um fã, um arcebispo que o consolou e o incentivou a retomar o interesse pelos estudos.

No século 13, Tomás de Aquino enfrentou um problema parecido com o de Galileu ao perceber que as opiniões de Aristóteles divergiam da Bíblia. A visão de que os astros eram perfeitos, eternos e divinos ia contra os princípios cristãos de criação do mundo e da exclusividade da perfeição de Deus. Tomás de Aquino resolveu esse problema afirmando, como fez Galileu, que não havia nenhuma obrigação em interpretar a Bíblia ao pé da letra, já que sua linguagem tinha sido adaptada à compreensão dos homens da época em que foi escrita.[25]

Por muito tempo os esforços de Galileu para conciliar a Igreja com as descobertas foram considerados um disfarce, um esforço de estilo e decoro. Os historiadores que faziam essa consideração aceitavam de cara a premissa de que ele e a Igreja estavam em lados opostos. Só recentemente alguns estudiosos sugeriram que os esforços de Galileu, talvez, tenham sido sinceros e que seu objetivo era tornar a Igreja mais aberta às descobertas, tanto quanto impor as ideias de Copérnico. "Galileu se sentiu compelido a fazer tudo o que podia para prevenir um erro por parte da Igreja que poderia colocar a sabedoria dela em descrédito", afirmou o historiador Stillman Drake.[26] Desse ponto de vista, Galileu deixa de ser um inimigo e passa a ser fruto da melhor tradição do catolicismo.

Essa tradição, porém, estava na defensiva. A Reforma Protestante fazia quase todo o norte da Europa escapar dos braços da Igreja. Em reação, os católicos convocaram o Concílio de Trento, na tentativa de pôr ordem na casa, reafirmar a autoridade do papa, aumentar a perseguição a hereges e anunciar que só a Igreja poderia interpretar a Bíblia. Numa época dessas, tudo que o Vaticano não queria era contestar **visões tradicionais do mundo.**

Uma amostra da irritação da Igreja com os matemáticos foi manifestada por um padre chamado Tommaso Caccini. Ele defendeu, em 1614, a expulsão de todos os matemáticos dos reinos cristãos, pois acreditava que a matemática era uma ciência que levava necessariamente à heresia. Ganhou votos de apoio de poucos colegas e reprimendas da maioria.

A Igreja concordou com as ideias de Galileu, mas apenas 200 anos depois. Em tempos de reação aos protestantes, as coisas que ele dizia eram problemáticas demais. No retrocesso teológico da Contrarreforma, acabou prevalecendo a influência dos filósofos, matemáticos e sacerdotes contrários à nova astronomia. Em 1616, a Inquisição baniu os textos de Copérnico e dos dois teólogos que apoiaram Galileu. Em 1633, depois de o astrônomo tentar novamente impor o heliocentrismo, acabou condenado e humilhado pela Igreja. Condenação que puxou para trás, por séculos, a ciência no mundo católico.

A Igreja demorou séculos para reconhecer a injustiça que praticara contra Galileu. Só no ano 2000, o papa João Paulo II pediu desculpas formais pela condenação do célebre astrônomo. Mais uma vez, só parte da verdade aparece nessa história. Já em 1741, assim que as descobertas de Newton chegaram às igrejas italianas, houve um modesto reconhecimento do erro. Um abade organizou quatro volumes com a edição completa das obras de Galileu. A edição foi autorizada pela Inquisição e impressa pela própria Igreja, no Seminário de Pádua. Em 1761, sem alarde, a Igreja retirou da lista de livros proibidos aqueles que falavam do movimento da Terra.

NOTAS

1 Jacques Barzun, *Da Alvorada à Decadência: A História da Cultura Ocidental de 1500 aos nossos Dias*, Campus, 2002, página 222.

2 Annibale Fantoli, *Galileu: Pelo Copernicanismo e pela Igreja*, Loyola, 2008, páginas 44 e 45.

3 Annibale Fantoli, página 132.

4 Paolo Rossi, *A Ciência e a Filosofia dos Modernos*, Editora da Unesp, 1992, página 191.

5 Michael White, *Isaac Newton, O Último Feiticeiro*, Record, 2000, página 241.

6 Michael White, página 155.

7 John Donne, em Luc Ferry, *Aprender a Viver*, Objetiva, 2007, página 119.

8 Paolo Rossi, página 196.

9 Annibale Fantoli, página 145.

10 Günther Oestmann, H. Darrel Rutkin e Kocku von Stuckrad (organizadores), *Horoscopes and Public Spheres: Essays on the History of Astrology*, Walter de Gruyter, 2005.

11 Gordon Fisher, *Marriage and Divorce of Astronomy and Astrology: A History of Astral Prediction from Antiquity to Newton*, Lulu.com, 2006, página 127.

12 Annibale Fantoli, páginas 113 e 114.

13 Annibale Fantoli, página 122.

14 Olaf Pedersen, "Galileu and the Council of Trent: the Galileu Affair Revisited", em NASA Astrophysics Data System – Science History Publications, disponível em http://articles.adsabs.harvard.edu/cgi-bin/nph-iarticle_query?bibcode=1983JHA....14....1P&db_key=AST&page_ind=5&plate_select=NO&data_type=GIF&type=SCREEN_GIF&classic=YES, página 6.

15 Mario Biangioli, *Galileu, Cortesão: A Prática da Ciência na Cultura do Absolutismo*, Porto, 2003, página 6.

16 Stillman Drake, *Galileo*, Hackett, 2011, página 134.

17 Annibale Fantoli, página 129.

18 Annibale Fantoli, página 128.

19 Annibale Fantoli, página 47.

20 Galileo Galilei, em M. Finocchiaro (organizador), *The Essential Galileo*, Hackett, 2008, página 104.

21 Idem.

22 Annibale Fantoli, página 362.

23 Maurice Finocchiaro, em Ronald L. Numbers (organizador), *Galileo Goes to Jail and Other Myths about Science and Religion*, Harvard University Press, 2009, página 811.

24 Maurice Finocchiaro, página 817.

25 Annibale Fantoli, páginas 33 a 35.

26 Stillman Drake, página 1274.

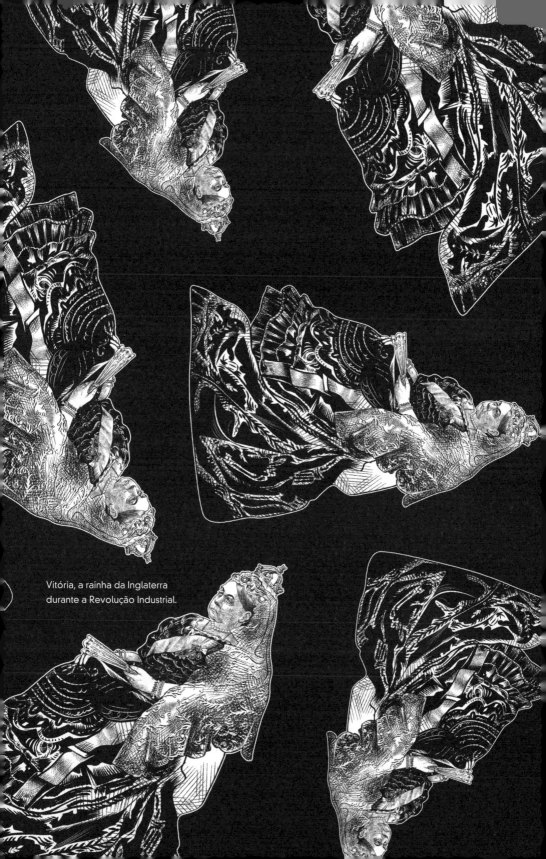

Vitória, a rainha da Inglaterra
durante a Revolução Industrial.

REVOLUÇÃO INDUSTRIAL

A REDENÇÃO
DOS MISERÁVEIS

Poucas imagens do passado foram tão importantes para o futuro quanto os relatos que o alemão Friedrich Engels fez sobre a Revolução Industrial. No livro *A Situação da Classe Trabalhadora na Inglaterra*, publicado em 1845, ele diz que as fábricas haviam destruído a vida tradicional e ordenada do campo para criar cidades imundas, bairros miseráveis e multidões de operários alienados.

Antes da Revolução Industrial, afirma Engels, "os trabalhadores sobreviviam suportavelmente e levavam uma vida honesta e tranquila, piedosa e honrada; sua situação material era bem superior à de seus sucessores: não precisavam se matar de trabalhar, não faziam mais do que desejavam e, no entanto, ganhavam para cobrir suas necessidades e dispunham de tempo para um trabalho sadio em seu jardim ou no campo, trabalho que para eles era uma forma de descanso".[1] Quando as máquinas apareceram, todo esse paraíso teria acabado: artesãos e camponeses tiveram de se mudar para cidades imundas e morar em "estábulos destinados a seres humanos".

Engels reproduzia o clichê romântico, muito em voga naquela época e ainda hoje, de que havia uma qualidade especial na vida próxima à natureza. O mundo passaria um século e meio tropeçando em ideias lançadas por esse comovente relato. Depois do livro de Engels, tornou-se lugar-comum acreditar que as fábricas e as grandes empresas pioram a vida dos pobres, que as máquinas tiram empregos, que os empresários gananciosos fazem os operários ganharem apenas para sobreviver e que a pobreza de muitos vem da riqueza de poucos. O pior é que, pelo menos no que se refere às cidades e aos operários do século 19, Engels falava um bocado de verdade.

A jornada dos operários ingleses passava de 12 horas por dia. Somava 3.500 horas ao ano − é difícil encontrar uma época da história do mundo em que pessoas livres trabalharam tanto.[2] De acordo com o censo de 1851, 36% das crianças entre 10 e 14 anos trabalhavam fora de casa − algumas delas cavando canais de ventilação em minas de carvão ou limpando chaminés, trabalhos para os quais seu corpo pequeno era considerado ideal, e também operando máquinas nos moinhos de algodão. Mendigos, meninos de rua, bêbados, prostitutas e desempregados vagavam entre ruas enlameadas e escurecidas pela fumaça das chaminés.

Especialmente os casebres ao redor das fábricas eram apertados, insalubres e sem uma solução para o que fazer com o lixo e o esgoto. Muitas famílias guardavam o esgoto no andar de baixo, em fossas que, semana sim, semana não, transbordavam. Um sistema de esgoto nem sempre ajudava. Para acabar com o problema do transbordamento das fossas no Soho, hoje bairro *hipster* de Londres, a prefeitura teve uma ideia não exatamente brilhante. Decidiu despejar as águas sanitárias do bairro no Tâmisa – o esgoto caía na mesma área do rio que alimentava a bomba de água que **abastecia as casas**. A falta de comida fresca, de água de qualidade e as doenças contagiosas deixavam a vida na cidade mais curta. Em 1841, a expectativa de vida em Manchester era de 25 anos; em Londres, de 36; na zona rural, de 45.[3]

A miséria das cidades era tão grande que não foi só Engels que se espantou com ela. "Vagueio por estas ruas violadas", escreveu o poeta romântico William Blake em 1794, "e noto em todas as faces encontradas sinais de fraqueza e sinais de dor". Quatro décadas depois, Charles Dickens se perguntou: "As ruas de Londres à meia-noite, frias, úmidas, desabrigadas; os antros sórdidos e bafientos, onde o vício se comprime e carece de espaço para virar-se; o assédio da fome e da doença; os andrajos que mal se mantêm juntos; onde estão os atrativos dessas coisas?".

Esses autores viram tudo certo, mas entenderam tudo errado. Diante de tantos pobres recém-chegados e fábricas recém-construídas, era fácil explicar um como a causa do outro. Só que não. Antes da Revolução Industrial, aquelas crianças e trabalhadores não existiriam porque morreriam ainda no ventre materno ou nos primeiros anos de vida. Ao contrário do que imaginavam poetas e ativistas da época, as fábricas salvaram os pobres ingleses de morrer de fome, os empresários ávidos por lucro tornaram o trabalho infantil desnecessário, as máquinas criaram milhões de empregos. O nascimento do capitalismo industrial, ao desprezar hierarquias baseadas no sobrenome e tornar possível uma abundância de produtos a preços baixos, foi a melhor coisa que aconteceu aos pobres em toda a história do mundo.

Em 1854, 574 moradores do Soho morreram de cólera até que um médico descobrisse que o consumo da água contaminada estava de alguma forma relacionado às mortes.

o capitalismo industrial foi o melhor que aconteceu aos pobres em toda a história do mundo

Para viver com alguma tranquilidade na Inglaterra do fim do século 17, você precisaria se habituar a um fenômeno frequente, mas pouco agradável: a morte de crianças. Enterrar um filho, hoje provavelmente o ato mais triste a se fazer durante a vida, acontecia com quatro em cada dez mulheres que mantinham a gravidez até a última fase. Uma delas daria à luz um filho natimorto, outra veria o filho morrer no primeiro mês de vida, uma terceira, no primeiro ano, e a última, antes de ele completar 15 anos.[4]

Uma mortalidade tão grande fazia os pais, em toda a Europa, terem pouco apego aos recém-nascidos. "O sentimento de que se faziam várias crianças para conservar apenas algumas era e durante muito tempo permaneceu forte", conta o historiador francês Philippe Ariès no clássico *História Social da Criança e da Família*. Em muitas cidades europeias do fim da Idade Média, crianças só ganhavam nome e eram batizadas depois de "vingarem", ou seja, se sobrevivessem por pelo menos alguns meses. Quando não conseguiam, eram enterradas sem cerimônia, muitas vezes no quintal de casa. "Perdi dois ou três filhos pequenos, não sem tristeza, mas sem desespero", escreveu o filósofo Montaigne, do século 16.[5] E olha que Montaigne estava no topo da escala social, um nobre que vivia em seu próprio castelo.

Não havia tempo para passar por tantos enterros, pois os adultos também eram protagonistas frequentes dessas cerimônias. Um inglês nascido em 1691 tinha uma expectativa de vida de 36 anos – menor que dos piores países africanos de hoje. A cada dez amigos que conquistassem a proeza de completar 25 anos, você poderia apostar que metade deles não chegaria aos 50. Mesmo entre as famílias reais, enterrar filhos e morrer cedo era rotineiro. Poucos reis europeus foram realmente primogênitos: seus irmãos mais velhos haviam morrido quando bebês. A vida da rainha Maria II, que reinou a partir da Revolução Gloriosa, em 1688, até 1694, tem vários exemplos dessa proximidade da morte. Maria teve sete irmãos, mas só ela e uma irmã mais nova não morreram na infância. Quando tinha oito anos, sua mãe morreu. Não conseguiu ter filhos, pois sofreu diversos abortos espontâneos, e morreu de varíola aos 32 anos. No mundo pré-industrial, as pessoas estavam longe de "sobreviver suportavelmente" como Engels imaginou.

De repente, porém, os ingleses pararam de morrer tão rápido. A partir do século 18, o cercamento das propriedades rurais e o uso de novas técnicas de agricultura levaram a uma maior disponibilidade de **alimentos**. Com mais nutrientes na gravidez, o número de bebês natimortos caiu mais que a metade ao longo daquele século, a mortalidade até um ano de vida caiu 40% e os adultos deixaram a morte um pouco para mais tarde.

Ter de carregar menos bebês para o túmulo era uma excelente notícia, que merecia festas e feriados reais, mas essa novidade escondia um efeito inesperado. Mais gente viva significa mais gente comendo – e comida era algo que, às vezes, teimava em desaparecer. Os ingleses do século 18 viviam pior que moradores da Índia ou do Congo hoje. Se já havia pouco à mesa, o prato ficou ainda mais vazio quando mais gente apareceu para almoçar. Aldeias e vilarejos tradicionais, que passaram séculos sem grandes mudanças no número de casas e habitantes, começaram

A alimentação melhorou também porque novos alimentos apareceram, como a batata. Vinda dos Andes, a batata demorou para pegar na Europa. As pessoas a consideravam comida de animais ou de gente muito pobre. Como ela rende o triplo de calorias por área cultivada em relação às plantações de trigo ou aveia, alguns governantes a tomaram como política pública. Na Áustria, quem se recusasse a plantar batata poderia ganhar uma pena de 40 chibatadas. A aceitação só aconteceu no fim do século 18, depois que ela virou febre na última corte francesa.[6]

Se colocarmos a Inglaterra de 1760 no ranking atual de renda per capita, ela fica em 149º lugar entre os 208 países. Perderia para o Sudão e Congo, ganhando por pouco de Camarões e Bangladesh.[8]

A maioria dos imigrantes ingleses e alemães chegou aos Estados Unidos em regime de servidão por contrato. Eles não recebiam salários, só comida e casa, até que pagassem a dívida com o senhor que bancou os custos da viagem.

a receber "multidões nuas e famintas, desesperadas por abrigo e pão".[7] Até então, quando a população crescia, aumentava também a fome, causando mortes, doenças e abortos que levavam o número de pessoas aos níveis anteriores. Era a "armadilha malthusiana", descrita pelo inglês Thomas Malthus. Por causa desse fenômeno, a população do mundo aumentava muito lentamente.

Os novos sobreviventes tinham poucas saídas. Quem não queria continuar vivendo como servo nas propriedades dos aristocratas, ganhando migalhas nas épocas de colheita para passar fome no resto do ano, poderia imigrar para a América do Norte como servo por contrato; ou alistar-se como soldado raso no exército e na marinha. Dos que não morriam nas batalhas, muitos voltavam mutilados e se juntavam à massa de mendigos, prostitutas e andarilhos que proliferava pelo país.

Para escapar da armadilha malthusiana e arranjar um jeito de sobreviver, aquelas novas multidões precisavam descobrir como fazer o trabalho render mais. Precisavam de alguém que lhes pagasse um salário durante o ano todo, e não só nas épocas de colheita. Alguém que as libertasse do sistema de castas que as condenava à vida de párias nas grandes fazendas. Foi assim que aqueles novos ingleses escolheram se mudar para as cidades e ingressar nas fábricas da Revolução Industrial.

"É uma distorção dos fatos dizer que as fábricas arrancaram as donas de casa de seus lares ou as crianças de seus brinquedos", conta Ludwig von Mises, um dos maiores economistas do século 20.[9] "Os proprietários das fábricas não tinham poder para obrigar ninguém a aceitar um emprego nas suas empresas. Podiam apenas contratar pessoas que quisessem trabalhar pelos salários que lhes eram oferecidos. Mesmo que esses salários fossem baixos, ainda assim eram muito mais do que aqueles indigentes poderiam ganhar em qualquer outro lugar. Aquelas mulheres não tinham como alimentar os seus filhos. Aquelas crianças estavam carentes e famintas. Seu único refúgio era a fábrica; que as salvou, no estrito senso do termo, de morrer de fome."

Sobre o motivo daquelas condições miseráveis de trabalho, Mises acrescenta: "É deplorável que tal situação existisse. Mas, se quisermos culpar os responsáveis, não devemos acusar os proprietários das fábricas, que – certamente movidos pelo egoísmo e não pelo altruísmo – fizeram todo o possível para erradicá-la. O que causava esses males era a ordem econômica do período pré-capitalista, a ordem daquilo que, pelo que se infere da leitura das obras de muitos historiadores, eram os 'bons velhos tempos'".

Em vez de morrer de fome no campo, muitos ingleses decidiram virar maquinistas, ferreiros, operários, pedreiros das grandes estações e linhas de trem, mineiros, comerciantes, caixeiros-viajantes, camelôs, operadores da bolsa de valores, operários dos moinhos hidráulicos, dos motores a vapor e das fábricas de tecido, estivadores e marinheiros dos navios de comércio da maior frota do mundo.

Não morrer de fome no campo era uma excelente notícia, mas, de novo, houve aquele efeito inesperado. Se a população havia crescido mais do que o normal, durante a Revolução Industrial ela explodiu. Todo o século 17 foi necessário para que a população inglesa aumentasse de 4 milhões para 5 milhões. Mas, a partir do século 18, a casa dos 6 milhões foi alcançada em apenas 50 anos, em 1753.

Pessoas que anteriormente morriam antes de completar um ano se tornaram garotas e rapazes que precisavam de trabalho, que comiam e que faziam aquelas coisas que resultam em filhos. Em apenas 30 anos, o número de bocas chegou a 7 milhões. A notícia de que na Inglaterra havia outros modos de ganhar dinheiro se espalhou, atraindo milhares de imigrantes, principalmente irlandeses. No começo do século 19, um novo milhão de habitantes aparecia na Inglaterra a cada seis anos. Em 1845, quando Engels publicou seu famoso livro, já eram 15 milhões de famintos sobreviventes.

Mais uma vez vale comparar com um almoço em casa. Imagine que você chama seus amigos – só os mais chegados, uma dúzia deles – para um churrasco na varanda. Você tem fama de pilotar bem a churrasqueira, então a turma aparece em peso – e ainda leva amiga, casinho, namorado. São 20 bocas doidas por picanha quando sua irmã telefona dizendo que vai levar o marido e aqueles três filhos esfomeados. O vizinho também sente o cheiro de carne, e como é bom manter uma boa relação com a vizinhança, você convida a família inteira dele: "traga só uma cervejinha que já está ótimo". Com mais de 30 querendo comer, não é difícil prever: a turma vai embora com fome. No caso da Inglaterra, Thomas Malthus fez a mesma previsão, mas o fim foi o contrário do esperado: mais gente apareceu para o almoço – e cada um saiu com o prato mais cheio do que antes. A população aumentou e os salários também.

Há um longo debate entre os historiadores sobre o tamanho dessa alta de salários. Apostas otimistas sustentam que o salário médio em 1850 comprava 150% mais que em 1780; outras estimativas defendem uma alta menor, de 15%. Nos dois casos, o ganho é tão milagroso quanto a multiplicação de filé-mignon. "Um crescimento [populacional] tão rápido normalmente produziria uma miséria generalizada, dadas as restrições sobre a capacidade produtiva vivida por todas as economias clássicas", afirma o principal especialista na história demográfica da Inglaterra, Tony Wrigley. "Uma vívida demonstração dos notáveis ganhos de produtividade da época é o fato de que, durante o enorme crescimento populacional, os padrões de vida, em vez de cair, subiram **substancialmente**."[10]

Como esse milagre pôde acontecer? Por três motivos. O primeiro, como diz o especialista, foi o aumento de produtividade. As máquinas fizeram o mesmo trabalhador produzir mais em menos tempo – é como se você ganhasse uma churrasqueira que assa mais rápido usando menos carvão. Além disso, o crescimento da economia, mais rápido que o da população, aos poucos puxou para cima os salários e para baixo as horas de trabalho. "Os empregadores passaram a competir pelos melhores empregados, oferecendo salários maiores e horas de trabalho menores", explica o economista Thomas DiLorenzo.[12]

O terceiro motivo é que a produção em série fez as mercadorias custarem menos. Isso porque, pela primeira vez naquela história, os grandes negócios eram destinados a produzir coisas baratas, atingindo o maior mercado possível. Afinal, para a produção em massa poder existir, era necessário haver consumo em massa. Mercadorias que antes eram produzidas apenas pelas corporações de ofício, com preços tabelados, proteção do governo contra concorrentes e destinadas a aristocratas e senhores de terras, entraram num processo sem fim de **popularização**.

Do começo ao fim do século 19, o salário real de um inglês passou do equivalente a 18 para 70 gramas de prata – seis vezes o de um trabalhador de Milão.[11]

O turismo foi outra atividade que passou por esse processo de orkutização. Em 1841, o vendedor de bíblias Thomas Cook montou a primeira CVC da história. Fretou um trem inteiro para levar cerca de 500 ingleses para uma excursão de fim de semana, cobrando 1 shilling pela passagem (o equivalente a 5 centavos de libra). Ainda hoje, a Thomas Cook é uma das maiores agências de viagens do mundo.

Do começo ao fim do século 18, o consumo de açúcar por inglês passou de 1,8 quilo por ano para mais de 10 quilos, a quantidade de chá quadruplicou, e a de café também. Nas casas, a mesa de jantar ficou maior – e começaram a aparecer objetos como relógios de parede, pratos de porcelana, copos de vidro, cortinas, toalhas. O armário ficou sem espaço. "Roupas eram um dos produtos mais roubados no século 18, somando 27% dos casos registrados de furto e a maior porcentagem das condenações por roubo", afirma a historiadora Maxine Berg.[13] Por causa da concorrência desleal dos moinhos e teares automáticos, o preço dos tecidos de algodão caiu 90% durante a Revolução Industrial, levando os ladrões a procurarem coisas mais caras que roupas.[14] A carne para o churrasco na varanda também ficou mais barata. Por causa de outro filhote da Revolução Industrial – a refrigeração –, foi possível importar carne de muito longe. O primeiro veleiro refrigerado chegou a Londres em 1882, carregando 4.900 carcaças de carneiro neozelandês. A geladeira a bordo abaixou o preço do produto e enriqueceu de repente os países produtores de lã, como a Argentina e a Nova Zelândia, que passaram a ter acesso a um enorme mercado internacional de carne. Para comprá-la, os ingleses usavam o dinheiro das exportações de tecidos: era como se os panos se transformassem em carne para uma população que não parava de se multiplicar. "Nos primeiros cinquenta anos do século 19, os trabalhadores ingleses passaram a considerar a carne como parte da dieta normal", escreveu o historiador Ronald Max Hartwell.[15]

Havia nas cidades outro poder de atração. Aqueles milhares de camponeses pobres tinham, pela primeira vez, a oportunidade de tentar morrer melhor do que nasceram.

Não precisavam mais aceitar a vida de párias nas grandes fazendas, onde a hierarquia tradicional, o sobrenome e o parentesco costumavam fixar a posição de cada um. As mulheres já podiam recusar o casamento arranjado com um morador da própria vila; os homens podiam almejar profissões e riquezas maiores. É verdade que a boa maioria desses aventureiros quebrava a cara, morrendo, pobre e cedo, de doenças ou de acidentes de trabalho. Mas a simples oportunidade fazia milhares deles tentar.

Muitos se deram bem. Diversos inventores e grandes empresários da Revolução Industrial foram pobres que enriqueceram depois de criar uma máquina, um mecanismo ou um negócio. O inventor da *spinning jenny*, uma máquina de fiar manual, com carretéis múltiplos, capaz de produzir fios de algodão oito vezes mais rápido que as fiandeiras da época, foi James Hargreaves, um tecelão e carpinteiro pobre, que morreu analfabeto. Richard Arkwright, o homem que transformou os teares e fiandeiras da época em máquinas automáticas, movidas pela força dos rios, começou a vida como aprendiz de barbeiro e cabeleireiro. Terminou como o Tio Patinhas da época, dono de uma imensa fortuna e de uma fábrica de tecidos que, em 1770, tinha 600 funcionários.

Mesmo os historiadores marxistas admitem que as fábricas deixaram os produtos mais acessíveis. Mas argumentam, como faz o historiador Eric Hobsbawm em um de seus tantos equívocos, que a miséria foi exportada para os países "perdedores" daquele processo, os subdesenvolvidos do terceiro mundo. Acontece que, em todos os lugares por onde as indústrias passaram, a combinação foi parecida: salários, no início miseráveis, aumentando pouco a pouco; máquinas

A Revolução Industrial fez tão bem aos pobres que muitos aristocratas ficaram indignados com ela. Até o século 18, era possível saber facilmente se alguém era nobre de acordo com as roupas, o peso e a altura. A popularização do consumo de açúcar, roupas, móveis, relógios, couro, tapetes e tabaco teve um dramático efeito social: tornou difícil distinguir aristocratas de burgueses e novos-ricos sem sobrenome. Muitos nobres se revoltaram contra isso e tentaram criar leis que limitassem o consumo, as leis suntuárias. Comuns na Idade Média e no começo da Idade Moderna, essas leis garantiam que pessoas de maior hierarquia se vestissem melhor e proibiam "gastos excessivos" com tecidos importados. As leis suntuárias começaram a desaparecer durante a Revolução Industrial – não sem resistência.

OS **NOBRES** CONTRA o **CAPITALISMO**

A marquesa de Newcastle, por exemplo, lamenta numa carta que "toda mulher de vendedor turco tem o chão de casa coberto com tapetes" e defende que pessoas comuns "vivam de acordo com sua posição, não de acordo com sua riqueza".[16] Um panfleto pede medidas contra o "vestuário excessivo" para evitar "uma confusão das classes e degraus criados por Deus, em que homem de classe inferior não é inteiramente diferenciado de um homem de classe alta". Essa confusão de classes contribuiu para a nostalgia de uma sociedade rural ordenada que predominou a partir da Revolução Industrial. "Foi em reação ao crescimento do consumo por pessoas abaixo do nível de nobreza que surgiu o mito de uma época anterior supostamente mais feliz, quando as classes baixas estavam contentes com sua situação e não aspiravam a melhorar de vida", conta o historiador britânico Keith Thomas.[17]

Nos locais por onde as indústrias não passaram, mas a população explodiu, como em Bangladesh, Índia, China e em muitos países da África, surgiram os povos mais miseráveis do planeta.

Pense nos grandes problemas do mundo de hoje: obesidade, excesso de lixo, enormes congestionamentos. Todos eles são causados pela abundância.

produzindo em massa por um preço cada vez menor; pobres com maior poder de compra e cada vez mais bem-vestidos e alimentados; menor diferença física entre ricos e **pobres**. O problema da fome e da escassez de produtos básicos, que acompanhou o homem em toda a história, pulou para o lado oposto: se tornou um distúrbio de abundância. As pessoas começam a "sofrer" de males de classe média: **excesso** de alimentos, carros, objetos em casa.

Para alguns economistas, o surgimento do capitalismo industrial facilitou tanto a vida das pessoas que não foi só um fenômeno econômico, mas biológico. De 1700 até hoje, a altura média dos homens do Ocidente passou de 1,68 para 1,77 metro. Há 300 anos, quem ingeria 900 calorias diárias achava que tinha comido o suficiente – hoje, a média ocidental é de quase 2.400 calorias. A expectativa de vida no Reino Unido passou de 36 anos para mais de 80 anos. É o que o economista Robert Fogel, Nobel de Economia de 1993, chama de revolução tecnofísica. "Durante os últimos três séculos, e particularmente durante o último século, os humanos ganharam um controle sem precedentes sobre seu ambiente – um grau de controle tão grande que os coloca à parte não somente de outras espécies, mas também de todas as gerações anteriores de *Homo sapiens*."

Pena que essa melhoria de vida ainda não estava evidente por volta de 1840, quando Friedrich Engels se pôs a escrever sobre os pobres ingleses. Em pouco tempo, a população inglesa deixaria de aumentar tão rápido e os salários aumentariam com mais força. Pergunta o historiador L. M. Hacker: "Se Engels e Marx tivessem esperado mais uma década – quando sinais de progresso econômico e um impressionante aumento dos salários poderiam ser vistos a todo lado – será que algum dia o livro *A Situação da Classe Trabalhadora na Inglaterra* e o *Manifesto Comunista* seriam escritos?"

A Revolução Industrial acabou com o trabalho infantil

Em quase todas as épocas e civilizações, o trabalho infantil não era apenas comum, era uma obrigação. As famílias esperavam que os filhos contribuíssem com o sustento da casa o mais rápido possível e consideravam que essa atividade criava disciplina e evitava a preguiça e a vadiagem. Crianças trabalharam na construção das pirâmides do Egito, no Oriente Médio dos tempos de Jesus, nas primeiras minas de carvão da Europa medieval. Cerâmicas produzidas na Alemanha no século 13 (e exportadas para a Escandinávia, Polônia e Inglaterra) têm impressões digitais de crianças, sugerindo que elas participavam do negócio carregando os objetos recém-fabricados para áreas secas.[18] Na Europa moderna, padres e pastores defendiam poucas horas de sono, refeições rápidas e lazer só para esfriar a cabeça. "Nada é mais pernicioso, nada promove mais a vaidade e a indolência que o costume das crianças de brincar",[19] escreveu um pastor inglês chamado Thomas Tryon, reproduzindo uma opinião comum no começo do século 17. Décadas depois, o filósofo John Locke, num memorando administrativo com propostas sobre como lidar com os pobres ingleses, sugeriu internar as crianças em escolas de trabalho a partir dos três anos de idade, para que "desde a infância elas se acostumem a trabalhar, o que não é de pouca importância para que se tornem pessoas sóbrias e diligentes para o resto da vida".[20]

Era esse o costume que vigorava nas fazendas inglesas pouco antes da Revolução Industrial. Os garotos espantavam pássaros das plantações, pastoreavam ovelhas, alimentavam porcos, desenterravam batatas, ajudavam a arar a terra e a tosquiar ovelhas e, à noite e nas épocas de entressafra, fiavam algodão e operavam os teares manuais. Não era uma vida fácil – e, quando a população inglesa começou a explodir e apareceram as primeiras fábricas, o dia ficou ainda mais difícil para as crianças. Elas começaram a trabalhar fora de casa ainda mais cedo, em média aos dez anos. Mais da metade delas seguiu a profissão dos pais: filhos de camponeses permaneciam no campo; filhos de mineiros viravam assistentes em minas, guiando cavalos para fora dos túneis e separando o carvão mineral de rochas menos nobres; filhos de operários dos moinhos limpavam os restos de tecido dos teares e emendavam fios que se desfaziam das fiandeiras. Outras crianças ficavam de prontidão em frente ao escritório de empresas, à espera de que alguém precisasse dos serviços de um mensageiro, ou se tornaram *crossing-sweepers*, os flanelinhas do século 19, que ganhavam trocados varrendo as fezes de cavalos das calçadas quando senhores bem-vestidos passavam por **elas**.

Não só os pais consideravam o trabalho infantil correto e adequado. "A maioria das crianças trabalhava voluntariamente para o bem da casa e entregava o salário aos pais",[22] como afirma a historiadora Jane Humphries num estudo baseado em mais de 600 biografias de ingleses do século 19. Muitas delas saíam em busca de trabalho por conta própria, pois arranjar um emprego lhes dava algumas vantagens em casa: um status maior entre os irmãos, mais respeito entre os pais e mais comida na mesa. "Depois que comecei a trabalhar, ganhei um

Apesar de o trabalho infantil nos moinhos de algodão ter imortalizado a Revolução Industrial, a maioria das crianças continuou vivendo e trabalhando na zona rural, mesmo no auge das fábricas. Em 1851, e no século anterior, havia o triplo de meninos de 5 a 14 anos trabalhando no campo em relação àqueles que atuavam nas fábricas.[21]

pouco mais de consideração em casa",[23] escreveu o operário George Acorn. Com sorte, no fim da semana, a mãe liberava ao filho parte do dinheiro que ele havia conquistado. Um típico garoto pobre inglês se divertia gastando seus trocados com doces, roupas de segunda mão, revistas, comprando ou alugando livros, como os das aventuras de **David Copperfield**, e indo a circos que apresentavam shows de mágica, mulheres barbadas, homem-sapo, gigantes, sereias e outras aberrações não tão imaginárias, como o **homem-elefante**.[24]

Essas vantagens nem sempre faziam o trabalho valer a pena. Principalmente filhos de viúvas e de famílias numerosas, bem como órfãos sob cuidados do governo e da igreja, protagonizavam a cena clássica da Revolução Industrial: trabalhavam mais de 10 horas por dia, desde os sete anos de idade, sozinhos nas fábricas e nas minas, realizando tarefas de adultos e sofrendo acidentes de trabalho com frequência. Apanhar do chefe não era um episódio raro. Puxões de orelha e pequenas surras com chicotes de cachorro ocorriam nas fábricas e, geralmente, nas minas e nas fazendas, onde havia menos gente para reclamar da brutalidade que os menores sofriam.[25]

Dar trabalho para as crianças foi tão frequente em diferentes épocas e civilizações por um motivo simples: pobreza. Como o trabalho rendia pouco – ou seja, como era preciso trabalhar muito para colher poucos alimentos e costurar poucas roupas –, todo braço disponível ganhava uma enxada. O desafio de encher a panela todo dia envolvia quase todos os habitantes e, em tempos de explosão populacional, crianças eram boa parte desses habitantes. Em 1831, 39% dos ingleses tinham menos de 15 anos – hoje, são 18%. Faltavam adultos, sobrava trabalho.

O famoso mágico americano emprestou seu nome das aventuras de David Copperfield, publicadas por Charles Dickens a partir de 1849. O protagonista, assim como Dickens, também tinha sido um menino operário.

Trata-se de um rapaz chamado Joseph Carey Merrick, que desenvolveu terríveis deformidades no corpo. Em 1884, ele começou a se apresentar como o homem-elefante em shows populares nas ruas de Londres. Sua história virou um filme de David Lynch em 1980.

Numa situação dessas, leis para proibir o trabalho de crianças ou limitar a jornada dos menores de 12 anos teriam pouco efeito. As famílias e os filhos arranjariam algum jeito de driblar a legislação, falsificando documentos ou migrando para um ramo menos controlado pelo governo. Foi exatamente o que aconteceu no século 19, depois que leis do governo começaram a regular o trabalho infantil nas fábricas. "Diversos inspetores das fábricas reclamavam da tentativa dos pais de conseguir com médicos certificados falsos de idade", conta o historiador Peter Kirby.[26]

O melhor meio de quebrar essa dependência do trabalho infantil era fazer os pais ou só o pai produzir o suficiente para a família toda. Em economês, aumentar a produtividade e a renda média do trabalhador. Foi o que fizeram as máquinas e o crescimento econômico da Revolução Industrial. "O aumento de renda foi a força mais importante a retirar as crianças das fábricas de tecido da Inglaterra do século 19", afirmou o economista Clark Nardinelli.[27] De um lado, as máquinas e a agricultura intensiva abaixaram o preço de produtos e alimentos, fazendo o trabalho render mais – em alguns casos, um dia de trabalho passou a render tanto quanto seis meses da jornada de um operário do século anterior. De outro lado, o crescimento da economia aumentou as oportunidades de emprego e criou uma concorrência entre os empregadores pelos funcionários, elevando os salários. Aos poucos, as famílias puderam se dar ao luxo de deixar os filhos em casa. "Assim que a renda de uma família crescia, os filhos mais novos começavam a trabalhar **mais tarde** que seus irmãos mais velhos", diz o economista Nardinelli.

É por isso que a parcela de crianças nas fábricas diminuiu antes mesmo da existência de leis inglesas proibin-

Ainda na metade do século 19, deixar os filhos em casa era uma ostentação reprovada pelos vizinhos. "Era o costume daqueles tempos arranjar trabalho para todos, do contrário as mães eram acusadas de mimar os meninos"[26], contou um inglês chamado Joseph Bell, ele próprio um menino trabalhador por volta de 1850.[28]

do o trabalho infantil. E foi por esse motivo que o trabalho infantil caiu continuamente também em setores não controlados por leis. É o caso das indústrias de seda, em que a porcentagem de crianças entre os empregados diminuiu mesmo sem a aplicação de leis limitando o emprego delas. "Os emancipadores das crianças não foram aqueles que criaram leis contra o trabalho infantil ou os inspetores das fábricas, mas os próprios donos e sócios das empresas", afirma o historiador e economista Lawrence Reed. "Os esforços e investimentos deles na mecanização levaram ao aumento da renda, a uma abundância de produtos a preços baixos e a uma melhoria incomparável no padrão geral de vida."[29]

Essa melhoria da vida levou a outra situação inédita. Quando virou rotina ter comida à mesa e filhos em casa, as pessoas começaram a considerar a pobreza e o trabalho infantil – dois fenômenos que sempre acompanharam o homem – situações graves que precisavam de solução. "A era vitoriana não inventou o trabalho infantil", resume a historiadora Sally Mitchell. "A era vitoriana inventou a preocupação com o trabalho infantil."[30] Triste injustiça. A mesma revolução que tornou o trabalho infantil desnecessário foi eternizada pela história como uma mera exploração das crianças europeias.

As máquinas criaram milhões de empregos

Uma história bem conhecida da Revolução Industrial é a dos trabalhadores "ludistas", aqueles que se revoltaram contra as máquinas por acharem que elas destruíam empregos e impunham uma concorrência desleal. Esses protestos são tão antigos quanto as primeiras máquinas. Tão logo o carpinteiro e tecelão James Hargreaves começou a vender sua fiandeira *jenny*, vizinhos e colegas invadiram sua casa e destruíram os equipamentos. Os quebra-quebras ganharam força a partir de 1811, quando costureiros da cidade Nottingham se armaram com machados e porretes, invadiram fábricas de tecidos e arruinaram 60 fiandeiras mecânicas.

Basta olhar para o lado para constatar como os ludistas fracassaram. Daquela época até hoje, as fábricas foram tomadas por uma onda inescapável de engrenagens, máquinas, motores elétricos, esteiras rolantes, computadores e robôs; as cidades passaram a abrigar carros, trens, tratores, aviões e lâmpadas elétricas; o celular no bolso das pessoas tem processadores mil vezes mais potentes que os usados na Apollo 11. E qual foi o resultado desse enorme fracasso dos protestos dos trabalhadores? O contrário do que eles imaginaram. O número de empregos da Inglaterra (cerca de 6 milhões em 1750) não só não caiu como acompanhou o enorme crescimento populacional, chegando a 30 milhões hoje. Foi uma elevação tão intensa que os ingleses – e boa parte dos países industrializados – precisaram contratar estrangeiros para cumprir a demanda por empregos.

O erro da ideia de que as máquinas roubam empregos é achar que os desejos humanos, e os empregos para satisfazer esses desejos, são finitos. Desse ponto de vista, se uma máquina tira a função de um artesão, não vai sobrar outra atividade para sustentá-lo. Quem primeiro espalhou esse equívoco foi Karl Marx. "O instrumento de trabalho, quando toma a forma de uma máquina, se torna imediatamente um concorrente do operário. A expansão do capital por meio da máquina está na razão direta do número de trabalhadores cujas condições de existência ela destrói",[31] escreveu ele.

Não é nenhum milagre o fato de que, desde os primeiros protestos ludistas até hoje, o número de empregos cresceu tanto quanto o de máquinas. A produção em série diminuiu o custo dos produtos, que ficaram acessíveis a mais pessoas ao redor do mundo, que criaram uma demanda maior, que só pode ser cumprida com... mais trabalhadores para operar as máquinas, mais vendedores, maquinistas e marinheiros para transportá-las, mais operários para construir as próprias máquinas, assim como trens, navios etc. É o caso da produção de roupas. Feitos a mão, casacos e vestidos custavam quase o salário de um ano de um empregado doméstico e constavam em testamentos e heranças. A concorrência livre e a mecanização fizeram o preço das roupas baixar continuamente. Com mais gente podendo comprar roupa, mais fábricas foram construídas. Em 1820, já havia na Inglaterra mais de 1.200 fábricas de tecidos de algodão, 1.300 de lã e mais de 600 moinhos de linho e seda.[32]

Além disso, a mão de obra das pessoas que perderam o emprego para teares movidos a vapor no século 19 ou tratores nas fazendas do século 20 foi liberada para atividades mais produtivas ou criativas. É verdade que a "**destruição criativa**" das inovações provoca falências de empresas, demissões, migrações, uma completa instabilidade e reorganização do trabalho. Mas, no fim das contas, há um benefício para todos. "A grande causa do aumento dos padrões de vida das nações industrializadas é o capital sendo usado para substituir trabalho", afirma o economista americano Walter Williams.[33] O exemplo mais evidente disso é o siste-

Uma amostra dessa destruição imprevisível é o filme *Blade Runner, o Caçador de Androides*. Lançada em 1982 e ambientada em 2019, a produção aposta em algumas marcas que fariam sucesso no futuro: Atari, TDK (das fitas cassete) e a fabricante de rádios RCA. Nenhuma das três é relevante em sua área hoje em dia.

ma de produção de alimentos. Nos Estados Unidos do fim do século 18, mais de 90% das pessoas trabalhavam nos campos de cultivo e pecuária. Para que alimentos chegassem à boca dos quase 4 milhões de habitantes, era preciso que 19 em cada 20 americanos adultos trabalhassem nas fazendas. Dois séculos depois, a mecanização da agricultura liberou 18 deles: hoje, apenas um em cada 20 trabalhadores americanos contribui para cultivar alimentos aos mais de 300 milhões de habitantes. O que aconteceria se alguma lei do governo proibisse a introdução de máquinas no campo e impedisse as demissões nas plantações e fazendas?

Vale imaginar um pouco mais: e se os manifestantes ingleses tivessem conseguido que o governo proibisse máquinas para preservar empregos?

O resultado seria que os descendentes daqueles trabalhadores teriam hoje uma vida imensamente mais difícil. Não só os alimentos e as roupas custariam mais, como não haveria gente para projetar edifícios, carros, telefones celulares, máquinas de lavar roupa, sistemas de internet e para escrever livros. Nada de iluminação elétrica na rua, em respeito ao emprego dos acendedores de lampião a gás (que trabalharam no Rio de Janeiro até 1933). Páginas da internet não poderiam mostrar mapas de graça, para não acabar com o trabalho dos **cartógrafos**. Seria preciso ligar para uma telefonista para completar cada ligação telefônica, pagar a ascensoristas nos elevadores não automatizados, passar a maior parte do tempo na roça cultivando os próprios alimentos e usar o fim de semana para tricotar casacos, já que as roupas continuariam pouco acessíveis aos pobres. Ou esperar meses até que elas chegassem à cidade por meio do sistema de carroças (em respeito ao emprego dos fabricantes

Parece absurdo? Em fevereiro de 2012, o Google foi condenado a pagar 500 mil euros a uma empresa cartográfica francesa. O motivo: ao oferecer mapas grátis na internet, o Google realizava uma "concorrência desleal" com as companhias que cobravam uma assinatura mensal pela exibição dos mapas.

de carroça e dos criadores de cavalo, trens e caminhões de carga seriam banidos). Por causa de uma lei imposta pelos sindicatos do transporte coletivo para evitar demissões, todo ônibus urbano teria, além do motorista, um entediado cobrador (ops, esse ainda existe).

As pessoas que perdem o emprego para as máquinas não são vítimas do progresso. São consumidores que usufruem dos prazeres infinitos que a inovação, a concorrência desleal e as máquinas tornaram acessíveis.

Luxo e ostentação melhoram o mundo

Ainda hoje, há carolas defendendo que a "ostentação deveria ser crime previsto no Código Penal"[34] e que os ricos, num país tão pobre e desigual, não deveriam queimar o limite do cartão de crédito com produtos de luxo. Associar a exibição de riqueza ao vício e ao pecado é uma ideia antiga, perene e equivocada. Era parte do discurso moralista religioso que predominou até a Revolução Industrial. Como o dos quakers, protestantes que se recusavam a participar de banquetes, comprar porcelanas, roupas com rendas e fitas, cortinas e móveis finos. Ou o do jesuíta Robert Parsons, para quem, tão logo o catolicismo fosse restaurado na Inglaterra, as pessoas deveriam voltar "para sua velha simplicidade, tanto na aparência, na dieta, na inocência da vida e na simplicidade dos modos".[35]

A ideia de que há alguma pureza ou superioridade moral na pobreza começou a perder força com o Iluminismo britânico. Um dos primeiros a defender o consumo sem culpa foi Bernard Mandeville, um ensaísta político holandês radicado na Inglaterra. Mandeville considerava o consumo uma parte da característica natural e legítima do homem de buscar conforto, prazer e autorrealização. Em 1709, ele chegou a propor, ironicamente, leis que obrigassem as pessoas a comprar roupas novas todo mês, móveis todo ano e comerem pelo menos quatro vezes ao dia.[36] Adam Smith e David Hume, os expoentes do Iluminismo britânico, também defenderam que o luxo ampliava o comércio e as oportunidades de emprego para os pobres. "O esforço uniforme, constante e ininterrupto de todo homem para melhorar sua condição, o princípio do qual a opulência [...] é originalmente derivada, é poderoso o suficiente para manter o progresso natural das coisas em direção à melhoria", diz uma das frases mais famosas do pai da economia moderna.[37]

Mandeville, Hume e Adam Smith estavam certos. Para um produtor ou comerciante, não há incentivo melhor à inovação e à criatividade que gente disposta a pagar mais caro por coisas que ninguém tem. Num mercado sem barreiras e monopólios estabelecidos pelo governo, não demora para concorrentes incorporarem o espírito chinês e oferecerem o mesmo produto por preços menores. Foi por meio dessa roda de inovação, concorrência, imitação e popularização que, hoje, mesmo os mais pobres têm em casa coisas que milionários de séculos ou décadas atrás achariam impossíveis.

Olhe ao redor. Quase tudo o que você tem em casa já foi considerado luxo um dia. Telefone celular, por exemplo. Na novela *Pedra sobre Pedra*, de 1992, a perua Rosemary chega de helicóptero à pequena cidade de Resplendor, esnobando todos por possuir a grande novidade da época: um telefone celular muito mais feio e pesado que o aparelho mais barato dos dias de hoje. Essa popularização aconteceu não só com os eletrônicos. Cortinas eram artigos reservados para palácios reais até o século 17, chegaram aos aristocratas ingleses no século 18 e à classe média no auge da Revolução Industrial. Também foi assim com relógios de parede, pratos de porcelana, café, açúcar, copos de vidro, móveis, vestidos, casacos, camisas. O chá, por muito tempo uma raridade caríssima trazida do Oriente, era guardado nas casas inglesas em caixas metálicas com cadeado, abertas pela dona da casa somente ao fim do encontro com as amigas (daí vem o costume de conservá-lo em caixas de latão). No século 19, o produto já estava incorporado à dieta diária dos trabalhadores ingleses.[38]

Mas nem todos os efeitos da Revolução Industrial são positivos. Se é verdade que o capitalismo fez luxuosidades chegarem ao dia a dia dos pobres, tornou o trabalho infantil desnecessário e transformou a fome em problema de abundância, ele também gerou consequências menos satisfatórias. Uma delas foi a proliferação dos intelectuais. Ao libertar as pessoas do trabalho do campo e dar força a indústrias de entretenimento, a Revolução Industrial multiplicou o número de indivíduos que poderiam se dar ao luxo de passar a vida em bibliotecas e escolas discutindo ideias – e reclamando (que grande ironia) dos terríveis efeitos do capitalismo.

NOTAS

1 Friedrich Engels, *A Situação da Classe Trabalhadora na Inglaterra*, Boitempo, 2010.

2 Hans-Joachim Voth, "Living standards and the urban environment", em Roderick Floud e Paul Johnson (organizadores), *The Cambridge Economic History of Modern Britain*, volume 1, Cambridge University Press, 2004, página 277.

3 Hans-Joachim Voth, página 285.

4 Edward Antony Wrigley, "Long eigteenth century – British population during the long eighteenth century", Roderick Floud e Paul Johnson (organizadores), *The Cambridge Economic History of Modern Britain*, volume 1, Cambridge University Press, 2004, páginas 73-81. As estatísticas exatas são: 40 natimortos a cada mil partos e 323 mortes, até os 15 anos, a cada mil nascidos vivos.

5 Philippe Ariès, *História Social da Criança e da Família*, 2ª edição, LTC, 1981, páginas 56 e 57.

6 Tom Standage, *Uma História Comestível da Humanidade*, Zahar, 2009, página 132.

7 Thomas Malthus, *An Essay on The Principle of Population*, volume 1, 6ª edição, University of Cambridge, 1856, página 457.

8 Hans-Joachim Voth, página 269.

9 Instituto Ludwig Von Mises Brasil, disponível em www.mises.org.br.

10 Edward Antony Wrigley, página 60.

11 Niall Ferguson, *Civilização: Ocidente x Oriente*, Planeta, 2011, página 251.

12 Thomas DiLorenzo, "O mercado, e não os sindicatos, nos propiciou o lazer e o descanso", disponível em www.mises.org.br/Article.aspx?id=1421.

13 Maxime Berg, em Roderick Floud e Paul Johnson (organizadores), *The Cambridge Economic History of Modern Britain*, Cambridge University Press, 2004, página 381.

14 Niall Ferguson, *Civilização: Ocidente x Oriente*, Planeta, 2011, página 239.

15 Ronald Max Hartwell, The Industrial Revolution and Economic Growth, Methuen, 1971, página 333.

16 Keith Thomas, The Ends of Life, Roads to Fulfilment in Early Modern England, Oxford University Press, 2010, páginas 136 e 137.

17 Keith Thomas, página 136.

18 Hugh Cunningham, em Paula S. Fass (organizadora), Encyclopedia of Children and Childhood in History and Society, verbetes "Work" e "Poverty", Macmillan, 2004.

19 Keith Thomas, página 89.

20 John Locke, Locke: Political Essays, editado por Mark Goldie, Cambridge University Press, 1997, página 190.

21 Jane Humphries,Childhood and Child Labour in British Industrial Revolution, página 212.

22 Jane Humphries, página 239.

23 Jane Humphries, página 241.

24 British Library, disponível em www.bl.uk/learning/histcitizen/victorians/popculture/culture.html.

25 Jane Humphries, página 245.

26 Peter Kirby, Child Labour in Britain, 1750-1870, Palgrave Macmillan, 2003, 138.

27 Clark Nardinelli, "Child labor and the factory acts", The Journal of Economic History, volume 40, número 4, dezembro de 1980, páginas 739 a 755.

28 Jane Humphries, página 178.

29 Lawrence Reed, "Child labor and the British Industrial Revolution", disponível em www.fee.org/the_freeman/detail/child-labor-and-the-british-industrial-revolution#axzz2EwcaMkr8.

30 Sally Mitchell, Daily Life in Victorian England, Greenwood, 1996, página 43.

31 Karl Marx, O Capital, Nova Cultural, 1996, página 62.

32 Pat Hudson, "Industrial organization and structure", em Roderick Floud e Paul Johnson (organizadores), The Cambridge Economic

History of Modern England, volume 1, Cambridge University Press, 2004, página 36.

33 Walter Williams, *Race & Economics: How Much Can We Blame Discrimination?*, Hoover Institution Press, 2011, posição 677.

34 Blog do Sakamoto, disponível em http://blogdosakamoto.blogosfe ra.uol.com.br/2012/06/18/ostentacao-diante-da-pobreza-deveria-ser -crime-previsto-no-codigo-penal.

35 Keith Thomas, página 137.

36 Keith Thomas, página 139.

37 Gertrude Himmelfarb, *Os Caminhos para a Modernidade*, É Realizações, 2012, página 90.

38 Maxine Berg, "Consumption in eighteenth- and early nineteenth-century Britain", em Roderick Floud e Paul Johnson (organizadores), *The Cambridge Economic History of Modern Britain*, volume 1, Cambridge University Press, 2004, página 366.

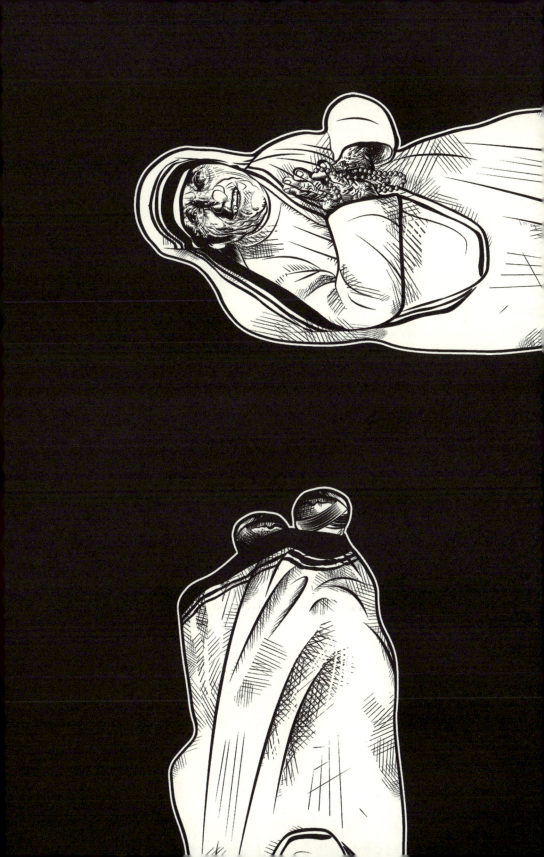

PAZ
MUNDIAL

OS VERDADEIROS
HERÓIS DA PAZ

Quando pensamos em defensores da paz mundial, lembramos logo de líderes religiosos como o Dalai Lama ou o papa, protetores dos oprimidos como Madre Teresa ou senhoras do terceiro mundo com roupas coloridas, lenços na cabeça e olhares cheios de esperança. Alguns desses guardiões da virtude deram sua contribuição para evitar crimes e guerras, mas os heróis da paz de maior resultado foram outros. Se hoje vivemos na época mais pacífica de todas, com a menor frequência de guerras e assassinatos da história do mundo, é melhor agradecer a alguns cientistas nucleares e, principalmente, ao dono da padaria da esquina, o proprietário da franquia do McDonald's e os homens de paletó que operam o comércio exterior. Foram eles, os comerciantes, que mais levaram o mundo em direção à paz nos últimos séculos.

o comércio trouxe paz ao mundo

O psicólogo e linguista canadense Steven Pinker dedicou um livro inteiro, o recém-lançado *Os Anjos Bons da Nossa Natureza*, para explicar por que os dias de hoje são os menos violentos de toda a história (apesar de muita gente ter a sensação oposta). Não só há menos guerras nas últimas décadas, afirma Pinker, como os casos de roubos e assassinatos são cada vez menos frequentes: caíram de mais de 500 a cada 100 mil mortes, nas sociedades primitivas, para entre 50 a 100, na Idade Média europeia, e para apenas uma morte violenta a cada 100 mil na Europa **atual**.

A média atual do Brasil é de 26,2 homicídios a cada 100 mil mortes. A da cidade de São Paulo é 12 – menor que a de cidades americanas como Miami (16,8) e Chicago (15,9).[1]

Famoso por invadir o castelo das ciências humanas com armas da neurociência, o professor de Harvard analisa e contesta diversas explicações sobre o declínio da violência. Para ele, uma das poucas explicações que ficam de pé é o efeito pacificador das redes de comércio, a partir do fim da Idade Média. "Suspeito que o comércio não seja precisamente um tema sexy para os pesquisadores", diz Pinker. "As elites culturais e intelectuais sempre se sentiram superiores aos homens de negócios, e não lhes ocorre dar a meros comerciantes o crédito por algo tão nobre quanto a paz."[2]

Não se trata de uma ideia nova. Em todo o século 18, diversos filósofos iluministas defenderam o efeito pacificador do comércio. O economista Samuel Ricard criou, em 1704, a teoria do comércio gentil, afirmando que a atividade "liga as pessoas através da utilidade mútua".[3] Adam Smith, que até revolucionar a economia era conhecido no Reino Unido como filósofo moral, dedicado a estudar as forças que faziam os homens serem benevolentes entre si, repete a ideia em *A Riqueza das Nações*.[4] No lado do Iluminismo francês, Montesquieu e Voltaire fizeram defesas parecidas. E o filósofo Immanuel Kant, no ensaio *Paz Perpétua*, de 1795, copia e cola a opinião dos colegas: "O espírito do comércio cedo ou tarde apodera-se de todo o povo e não pode existir lado a lado com a guerra. Assim, os estados sentem-se compelidos a promover a nobre causa da paz, ainda que não exatamente por motivos de moralidade".[5]

O raciocínio é simples: "Se você está trocando favores ou excedentes com alguém, de repente seu parceiro de troca torna-se mais valioso vivo do que morto", diz Pinker.[6] Isso vale entre indivíduos como também entre cidades e países. Quanto mais um país depende dos outros para ter mantimentos, roupas, aviões ou brinquedinhos de plástico, menor é a possibilidade de se meter em guerras, principalmente com os parceiros comerciais.

Imagine, por exemplo, que você está doido para jogar uma bomba em certo país vizinho cujos jogadores de futebol são conhecidos por fazer gols com a mão. Entre várias razões para não atacá-lo está o seu café da manhã. Esses vizinhos fornecem o trigo de pelo menos um a cada cinco pães que você come na semana, além de enormes carregamentos de leite em pó, queijo, suco e azeite de oliva. Se mesmo assim você decidisse por um ataque, ganharia alguns inimigos entre seus conterrâneos, pois empresas nacionais veriam suas exportações diminuírem. Tendo que cortar custos, elas interromperiam investimentos, patrocínios culturais e contratos de publicidade. Sem emprego, você tentaria investir seu FGTS num fundo de ações: no entanto, a TV mostra que as bombas atingiram propriedades da maior petrolífera e do maior banco brasileiros instalados no país vizinho, causando uma queda catastrófica na bolsa de valores. Sem emprego, sem amigos e sem dinheiro, você mal poderia se consolar tomando uma cerveja: boa parte do malte e da cevada consumidos por aqui vem dos tais vizinhos.

Se a teoria da paz capitalista vale na rivalidade frívola entre brasileiros e argentinos, também é verdade para povos com desentendimentos relevantes, como árabes e israelenses, chineses e japoneses, russos e americanos, franceses e aqueles que foram seus inimigos por séculos, os ingleses. "A integração dos mercados não só facilita o comércio, mas também cria interesses contrários à guerra", afirma o cientista político Erik Gartzke, especialista em paz internacional da Universidade da Califórnia. "A interdependência financeira garante que o dano infligido a uma economia viaje pelo planeta, atingindo até mesmo o agressor."[7]

Além de compartilhar os danos, o comércio transforma a paz num bem público essencial. Se você pretende entregar um caminhão de farinha numa cidade distante, vai torcer para que não haja imprevistos pelo caminho e possa receber o pagamento sem surpresas. Digamos, mais uma vez, que a sua melhor hipótese se concretize, e as tropas brasileiras consigam dominar a Argentina. Ainda assim, a vitória não levaria a lucros tão maiores que o simples comércio com o vizinho. Além do dinheiro gasto durante o bombardeio a Buenos Aires e a ocupação terrestre a partir da fronteira do Rio Grande do Sul, haveria o custo de manter a filial do governo brasileiro por ali. E seria preciso lidar com sabotagens de rebeldes locais, que atacariam caminhões com placa brasileira ou remessas destinadas ao Brasil. Produtores argentinos teriam menos interesse em vender aos brasileiros, por medo do roubo de cargas.

Talvez houvesse alguma lógica nessa guerra se o principal bem que os vizinhos pudessem oferecer fosse o território em si. Não é à toa que, em quase toda história, quando a economia era baseada na agropecuária de baixa produtividade, conquistas territoriais eram comuns: quem tinha mais terra era mais rico e fim de conversa. Depois do capitalismo, a riqueza de um país passou a vir não das terras que ele possuiu, mas do valor criado pelo trabalho. Por esse motivo, as rivalidades, pelo menos a maior parte delas, "deixaram de ser territoriais para serem ideológicas", como afirma o cientista político Erik Gartzke.[8] Hoje, para extrair bens depois de uma invasão à Argentina, seria necessário remunerar os produtores exatamente como antes da guerra, fossem eles argentinos ou assentados brasileiros do MST. Não apenas por óbvias questões humanitárias, valeria mais a pena manter a paz e o amor com os hermanos e negociar quedas de barreiras alfandegárias. Foi mais ou menos isso que os países europeus concluíram no começo do século 20, quando o imperialismo europeu na África e na Ásia "ruiu por dentro", como diz o historiador Niall Ferguson. A Europa percebeu que dominar o mundo era caro demais. E um pouco infantil.[9]

Tem quem acredite que o efeito do comércio seja ainda maior. Ele não só facilitou a paz como transformou a relação entre as pessoas, levando-as a cultivar "virtudes burguesas" e todo um comportamento mais civilizado. A mais radical defensora dessa tese é a economista, historiadora e teórica de literatura **Deirdre McCloskey**.

Sabe aquela história de que o capitalismo corrói a alma e as relações pessoais, tornando as pessoas egoístas e ambiciosas? Para McCloskey é o contrário. Segundo a pesquisadora, sentimentos de fé, amor, esperança, prudência e

McCloskey foi por muito tempo um economista, historiador e teórico chamado Donald. Em 1995, ela passou por uma operação para mudar de sexo. A transformação foi descrita no livro *Crossing*.

justiça são causa e consequência do capitalismo. Primeiro, a ascensão dessas virtudes levou as pessoas dos séculos 17 e 18 a enxergar com mais simpatia os inovadores, produtores e comerciantes; depois, a difusão do comércio deu mais valor à simpatia, à amizade e à cooperação. "O capitalismo não corrompeu nossa alma. Ele a melhorou", diz ela.[10]

Uma teoria mais antiga e similar é a do sociólogo alemão Norbert Elias, descrita no livro *O Processo Civilizador*. Para Elias, foi a divisão do trabalho provocada pelo comércio que deu força a traços naturais do ser humano, como empatia, cooperação e autocontrole. Durante a Idade Média, quando era comum produzir as próprias roupas e objetos de uso pessoal e alimentos, não havia tanta necessidade de se apresentar bem aos outros e de controlar sentimentos e impulsos. A grosseria e a falta de pudor não eram um pecado tão ultrajante quanto hoje, pois ser bem aceito no grupo não tinha tanta influência sobre a sua conta bancária.

Com a divisão do trabalho, passou a ganhar mais recompensas quem, visando consequências a longo prazo, chega no horário, respeita prazos e contratos, usa roupas limpas, diz "por favor" e "obrigado" e prefere não empalar o chefe com uma vassoura durante discussões no trabalho.

A empatia, ou seja, a capacidade de saber o que as pessoas estão sentindo e o que elas precisam, também passou a valer mais. Afinal, uma boa forma de ganhar dinheiro é produzindo algo de que as pessoas precisam, mas não sabem que precisam. Como diz o psicólogo Steven Pinker, "embora muitos intelectuais, seguindo os passos de Santo Agostinho e São Jerônimo, considerassem os negociantes egoístas e gananciosos, na realidade o livre mercado recompensa a **empatia**".

Essa pressão por empatia e camaradagem acabou gerando um problema oposto: a obsessão das pessoas do mundo capitalista em serem aceitas por todos e não decepcionarem ninguém.

Outra parte da teoria do processo civilizador se baseia na criação dos estados nacionais. Durante a Alta Idade Média, o poder militar estava dividido entre milhares de cavaleiros e senhores feudais. E isso era um bom empurrão a guerras privadas, saques, invasões de territórios, duelos e qualquer demonstração de bravura em nome da honra. A partir do século 12, quando os feudos começaram a se unir em estados nacionais, os cavaleiros medievais tiveram de se dobrar a um poder maior, o exército unificado pelo rei. A sociedade da corte ganhou importância. Conquistar a simpatia da família real e dos nobres, apresentando-se bem a eles, passou a valer mais que a bravura militar. Se antes a vingança em nome da honra era um valor maior que a vida, tornou-se então regra controlar emoções e ter um comportamento polido. Para demonstrar essa mudança de costume, Elias se fundamenta principalmente nos manuais de etiqueta que viraram best--sellers no começo da Idade Moderna. As regras, de tão básicas, sugerem que os "bons modos" eram apenas novidade. "Não cumprimente alguém enquanto a pessoa está urinando ou defecando", recomenda um manual. "Não faça barulho quando eliminar gases. [...] Vire-se para cuspir para que a saliva não caia em alguém." Quando os estados nacionais começaram a cuidar também da justiça, as pessoas passaram a confiar nas instituições públicas como um mediador de conflitos, deixando de resolver diferenças com objetos pontiagudos.

A tese do estado pacificador tem problemas. Estudos mais recentes mostraram que a violência caiu mesmo em lugares onde não havia reinos fortes e unificados, como a Bélgica e a Holanda. Já na Itália, o berço das fortes repúblicas renascentistas, a violência seguiu alta.[11] Outro grande problema da tese de Norbert Elias foi o ano em que ele a publicou: 1939.

Enquanto Hitler se voltava contra parte da população e contra os vizinhos, parecia piada dizer que o estado era essencial à paz. O próprio Elias foi vítima de seu estado nacional: judeu, ele deixou a Alemanha e se refugiou na Inglaterra, mas teve os pais mortos pelo regime nazista.

A teoria da paz capitalista, vista à distância, também parece brincadeira. Logo depois da maior expansão capitalista da história, no fim do século 19 e começo do século 20, aconteceu a Primeira Guerra Mundial, o terrível conflito que levou à Segunda Guerra, esta última o episódio com o maior número de mortes em toda a história do mundo em **termos absolutos** (55 milhões).

Mesmo assim, a teoria se mantém com um bom consenso. Apesar do aumento do comércio internacional no começo do século 20, ele ainda era muito pequeno se comparado aos níveis pós-1950, quando a "Longa Paz" começou a reinar. Os países europeus tinham alguma autossuficiência (pois podiam contar com suas colônias) e, assim que a guerra se tornou provável, correram para garantir mais reservas de produtos básicos. Hoje, a época mais pacífica de toda a história, o nível do comércio internacional em relação ao PIB é dez vezes o de um século atrás.[13]

Mas vale a ressalva: o comércio nunca evitará todas as guerras do mundo. Afinal os homens de negócios são só uma das forças políticas de um país. Pode acontecer de, a despeito deles, um governo ganhar apoio dos habitantes ao pregar conflitos internacionais. Iniciar uma guerra só faria sentido se você ligasse pouco para a prosperidade das empresas locais e estivesse mais interessado em se firmar no cenário interno ou em impor uma ideologia. Ou seja: se você fosse um político cheio de ideias na cabeça.

Levando-se em conta a população da época, a Segunda Guerra fica em 9º lugar entre as guerras mais sangrentas. Em primeiro está a Revolta de An Lushan, na China do século 8, e as conquistas mongóis, do século 13. Se tivessem acontecido numa população do tamanho da atual, esses dois eventos teriam matado, respectivamente, 429 milhões e 278 milhões de pessoas.[12]

A mais inusitada ideia de relações internacionais é a Teoria dos Arcos Dourados de Prevenção de Conflitos, criada em 1996 pelo jornalista Thomas Friedman, colunista do *New York Times*. Friedman aposta: nunca houve nem haverá guerra entre dois países que possuam lojas com os arcos dourados do "M" do McDonald's. "Se um país chega a um estágio de desenvolvimento econômico em que há uma classe média grande o suficiente para manter uma rede do McDonald's, ele vira um país McDonald's. E as pessoas de países McDonald's não gostam de entrar em guerra: elas preferem esperar na fila por hambúrgueres."[14]

McDONALD'S, A FRANQUIA DA PAZ

Por trás da brincadeira, está a tese da paz capitalista: economias avançadas e globalizadas dependem demais umas das outras para brigar entre si e têm mais incentivos para resolver conflitos de forma pacífica. Desde 1996, houve apenas um conflito inequívoco entre governos oficiais de "países McDonald's": o ataque da Otan à Iugoslávia, em 1999.[15]

A teoria da paz nuclear

As histórias de ficção científica costumam prever um futuro que nunca se concretiza: naves espaciais do tamanho de cidades, robôs com sentimentos e viajantes interestelares em uniformes de lycra. Mas alguns desses enredos esquisitos viraram realidade – ou passaram bem perto dela. Em 1914, por exemplo, H. G. Wells imaginou, no livro *O Mundo Libertado*, que as guerras do ano de 1956 seriam travadas com bombas feitas "a partir da indução de radioatividade em elementos pesados, disparando a energia interna dos átomos".[16] Essas armas, que Wells chamou de "bombas atômicas", permitiam que "um homem pudesse carregar em uma mochila uma quantidade de energia latente suficiente para destruir metade de uma cidade". Num dos episódios do seriado *Flash Gordon*, de 1936, as armas nucleares também aparecem: o cruel vilão Ming constrói uma fornalha atômica e promete: "A radioatividade me fará imperador do Universo!".

Antes mesmo de a coisa existir, as pessoas já tinham medo dela. Depois dos ataques nucleares ao Japão, mas sobretudo depois que a União Soviética e os Estados Unidos fizeram testes com bombas de hidrogênio, três mil vezes mais potentes que a de Hiroshima, se tornou razoável acreditar num fim do mundo causado pelo **homem**.

Em outubro de 1962, fotos de espionagem aérea americana mostraram mísseis com ogivas nucleares em Cuba, capazes de atingir as cidades da costa leste do país sem tempo para qualquer reação, dando início à pior crise entre as duas potências mundiais. Naqueles 13 dias da Crise dos Mísseis, enquanto 23 aviões americanos armados com bom-

A União Soviética construiu sua primeira arma nuclear em 1949. Durante os quatro anos em que só os americanos tiveram a bomba, houve generais favoráveis a continuar a guerra, desta vez contra os russos. O mais caricato desses generais era Curtis LeMay. Seu plano era jogar 130 bombas atômicas em dezenas de cidades soviéticas, destruindo o comunismo em pouco mais de um mês.

bas nucleares rondavam as fronteiras da União Soviética, rádios americanas davam dicas de como construir um abrigo nuclear na garagem, e lojas de material de construção vendiam todo seu **estoque de tijolos e cimento.**

A Crise dos Mísseis passou, mas o temor da guerra nuclear seguiu forte até a queda do Muro de Berlim. Em 1983, o filme *O Dia Seguinte* cristalizou o sentimento ao mostrar cidades e cidadãos americanos derretendo diante de cogumelos atômicos.

Por que nada disso aconteceu? Talvez justamente por causa das bombas atômicas. Elas introduziram no jogo a certeza de destruição mútua: quem atacasse sabia que estaria ao mesmo tempo se destruindo, ao provocar uma retaliação devastadora. Esse poder de intimidação não só evitou um grande conflito entre os Estados Unidos e a União Soviética mas entre disputas locais, como a Índia e o Paquistão, que construíram suas armas nucleares, respectivamente, em 1974 e 1998. "As armas nucleares fazem o custo de uma guerra parecer assustadoramente alto", escreveu o cientista político Kenneth Waltz, que foi o principal defensor da tese da paz nuclear. "E, assim, desencorajam os estados de começar qualquer conflito que possa envolver esses armamentos."[17]

O maior fator pacificador das bombas nucleares é o seu poder informativo: todos sabem o que acontece quando uma delas explode. As armas nucleares evitam assim que líderes políticos e generais calculem errado a força do inimigo e subestimem um conflito, pensando que vão terminá-lo rapidamente. Se o resultado de um ataque é difuso, incerto e distante, fica mais fácil praticá-lo. Foi o que ocorreu na Primeira Guerra Mundial. Tanto os generais franceses quanto alemães imaginavam vencer o adversário em poucos

O medo tomou conta não só da América. Finlândia, Noruega e Suíça aprovaram leis obrigando que as casas novas tivessem abrigos nucleares.

meses – mas acabaram se matando durante quatro anos. Se soubessem que a Primeira Guerra terminaria com 16 milhões de mortos e 20 milhões de feridos, é provável que tivessem se esforçado para evitá-la.

Kenneth Waltz acreditava que a bomba diminui conflitos não só de potências democráticas, como os Estados Unidos e as nações europeias, mas também de países afeitos a golpes de estado e governados por líderes alucinados. A aquisição da bomba pela China de Mao Tsé-tung em 1964, por exemplo, não impediu que anos depois os chineses se aproximassem dos Estados Unidos e na prática abandonassem o comunismo. "Governantes querem ter um país onde eles possam seguir governando", diz o cientista político Waltz. "Especialmente em estados fracos, as armas nucleares inspiram cautela."

Quem nega o efeito pacificador das bombas tem bons argumentos. A teoria da paz nuclear se baseia na ideia de que os líderes políticos são racionais – o que não é exatamente verdade se olharmos ao redor – e que nunca levarão si próprios e a população a um **destino suicida**. Além disso, algum incidente ou interpretação errada pode levar um país a achar que está sendo atacado e apertar seus botões vermelhos em retaliação. Em 1983, por exemplo, o sistema de alerta de mísseis intercontinentais da União Soviética comunicou um ataque vindo dos Estados Unidos. Por sorte, os oficiais soviéticos encararam a informação como um alarme falso.

O próprio Steven Pinker, em seu livro sobre as possíveis causas da calmaria das últimas décadas, põe poucas fichas na teoria da paz nuclear. De acordo com ele, as armas produzidas em série durante a Segunda Guerra Mundial e a

Um exemplo de maluco que desejou a aniquilação de si próprio foi Che Guevara. Logo depois da Crise dos Mísseis, ele afirmou que sabia que um ataque nuclear aos Estados Unidos resultaria na destruição de Cuba e não via problema nisso. Segundo ele, os cubanos estavam dispostos a um "autossacrifício".

destruição causada na Europa acarretaram intimidação suficiente – não foi preciso existir a bomba para que as pessoas temessem uma aniquilação.[18] Nesse caso, porém, a bomba não atrapalharia a paz – seria apenas um fator sobressalente a evitar conflitos.

Apesar de diversas críticas e ressalvas, a teoria da paz nuclear segue em pé. Estudos quantitativos mostraram que, quando duas nações rivais possuem a bomba, ela "aumenta a segurança dos países ao diminuir a duração e o tamanho dos conflitos".[19] O medo de uma guerra atômica dá mais incentivos para políticos e diplomatas negociarem acordos e darem um fim breve ao conflito. Foi assim em 1999, quando a Índia e o Paquistão travaram a Guerra de Kargil, até hoje a única entre duas potências nucleares. Logo depois dos primeiros tiros, a comunidade internacional caiu em cima dos dois governos para que deixassem de bobeira e entrassem num acordo. A pressão envolveu o presidente americano da época, Bill Clinton, que telefonou para os chefes de governo pedindo uma negociação. A guerra acabou em menos de dois meses. Resta ao mundo torcer para que a teoria da paz nuclear esteja correta. "Mesmo depois de 60 anos de sucesso, o impasse nuclear ainda é uma resposta temporária a uma ameaça permanente", diz o jornalista William Langewiesche.[20]

Em junho de 1945, a Segunda Guerra Mundial terminava. Na Europa, Hitler e Mussolini já estavam mortos e, no Pacífico, os americanos haviam derrubado as defesas japonesas. Faltava o mais difícil: invadir o território central do Japão. No dia 18 de junho, o presidente americano Harry Truman recebeu a estimativa de mortes que essa operação causaria. Os generais falavam em 70 mil vítimas e em pelo menos cinco vezes mais entre o inimigo. Em vez de dar ok a esse plano, Truman resolveu usar uma nova tecnologia. Assim, às 8h15 do dia 6 de agosto, uma manhã de uma segunda-feira ensolarada, um clarão silencioso destruiu a cidade de Hiroshima.

Ao decidir pelos terríveis ataques nucleares contra Hiroshima e Nagasaki, Truman não deve ter se preocupado em evitar mortes de japoneses. Além de salvar americanos, a estratégia já era parte da Guerra Fria: servia para afastar a União Soviética, que se preparava para invadir territórios sob domínio japonês. No entanto, ao apressar a rendição do Japão e evitar a invasão por terra, as bombas atômicas pouparam boa parte do povo japonês.

A BOMBA DE HIROSHIMA SALVOU MILHÕES DE JAPONESES

É razoável acreditar que, houvesse uma operação anfíbia rumo a Tóquio, morreriam muito mais japoneses que as cerca de 200 mil vítimas das bombas atômicas. Só na invasão ao arquipélago de Okinawa, pelo menos 100 mil civis morreram (um quarto da população local), além de 70 mil soldados. Depois dessa derrota, prevendo o próximo passo dos americanos, o exército japonês guardava 10 mil aviões camicases, preparava cerca de 800 mil soldados e instruía mulheres e crianças a lutar até a morte com facas e espadas.

O país ainda teria de se defender das tropas soviéticas, que talvez tentassem conquistar Tóquio antes dos americanos. O Japão tinha na época uma população do tamanho da alemã – cerca de 70 milhões. Caso sofresse uma invasão americana e soviética ao mesmo tempo, provavelmente teria também o mesmo destino da Alemanha, que perdeu 10% de sua população durante a guerra, cerca de 7 milhões de pessoas. Mas no fim do conflito as mortes de japoneses ficaram na casa dos 3 milhões.

Talvez a tragédia fosse ainda maior que a da Alemanha, pois nem mesmo os nazistas eram nacionalistas tão fanáticos quanto os japoneses. Não só pilotos camicases acreditavam ser honrado sacrificar-se pela pátria – boa parte dos japoneses preferia morrer lutando a se render. Em Okinawa, milhares de cidadãos, ao perceberem a vitória dos Aliados, participaram de suicídios coletivos para evitar serem capturados – ou foram forçados a isso pelos militares.

O nacionalismo japonês era tão forte que, mesmo depois dos ataques nucleares a Hiroshima, ainda havia oficiais contra a rendição incondicional. Só após o bombardeio a Nagasaki, a cúpula militar passou a acreditar que os americanos tinham várias bombas atômicas e se deu por vencida. Mesmo depois disso, jovens militares se revoltaram para seguir em guerra. Entre os dias 13 e 15 de agosto de 1945, homens liderados pelo major Kenji Hatanaka, de 21 anos, tentaram dar um golpe de estado para evitar a rendição, mas foram controlados.

Em 15 de agosto, o imperador Hiroíto pôde, enfim, anunciar a rendição pelo rádio. Seu discurso continha um dos mais extraordinários eufemismos da história: "a situação de guerra não se desenvolveu necessariamente para a vantagem do Japão".

NOTAS

1 Mapa da Violência do Brasil e Secretaria de Segurança de SP, disponível em http://mapadaviolencia.org.br/pdf2012/mapa2012_web.pdf e www.ssp.sp.gov.br/novaestatistica/Pesquisa.aspx.

2 Steven Pinker, *Os Anjos Bons da nossa Natureza*, Companhia das Letras, edição Kindle, 2013, posição 18788.

3 Steven Pinker, posição 2430.

4 Gertrude Himmelfarb, *Os Caminhos para a Modernidade*, É Realizações, 2012, página 91.

5 Steven Pinker, posição 4749.

6 Steven Pinker, posição 2417.

7 Erik Gartzke, "The capitalist peace", *American Journal of Political Science*, volume 51, número 1, janeiro de 2007, página 170.

8 Erik Gartzke, "Security in an insecure world", disponível em www.cato unbound.org/2011/02/09/erik-gartzke/security-insecure-world.

9 Niall Ferguson, *Império*, Planeta, 2010, página 333.

10 Deirdre McCloskey, *The Bourgeois Virtues: Ethics for an Age of Commerce*, The University of Chicago Press, 2006, página 23.

11 Steven Pinker, posição 2484.

12 Steven Pinker, posição 5510.

13 Steven Pinker, posição 8052.

14 Thomas L. Friedman, *The Lexus and the Olive Tree: Understanding Globalization*, Macmillan, 2000, página 240.

15 Steven Pinker, posição 8019.

16 Herbert G. Wells, *The World Set Free*, Indo-European Publishing, 2011, página 17.

17 Kenneth Waltz, "The spread of nuclear weapons: more may better", *Adelphi Papers*, número 171, International Institute for Strategic Studies, 1981.

18 Steven Pinker, posição 7586.

19 Robert Rauchhaus, "Evaluating the nuclear peace hypothesis: a quantitative approach", *The Journal of Conflict Revolution,* abril de 2009, volume 53, páginas 258 a 277.

20 William Langewiesche, *The Atomic Bazaar,* Penguin, e-book 2007, posição 163.

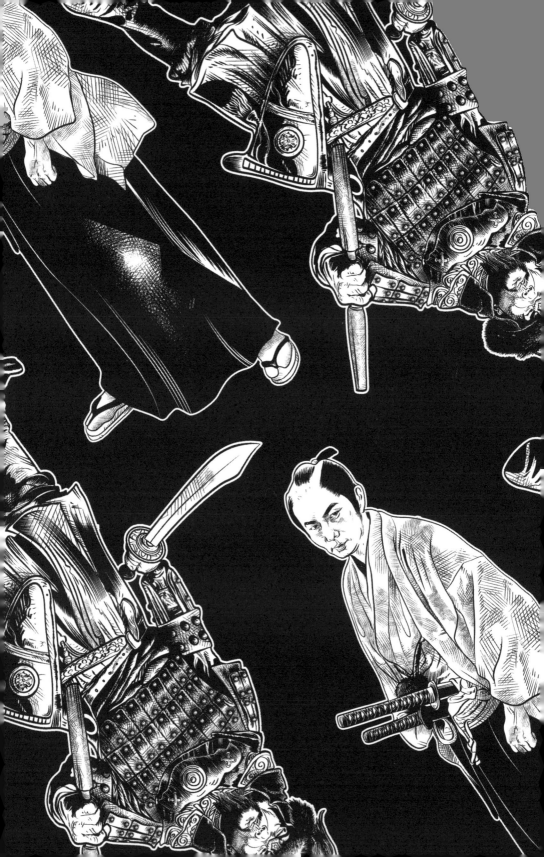

SAMURAIS

O APORTUGUESAMENTO
DOS SAMURAIS

Imagine que Pedro Álvares Cabral, ao chegar à praia de Porto Seguro em 22 de abril de 1500, descobre uma civilização maior e mais desenvolvida que a de Portugal. As casas dos nativos na Bahia são construídas numa incrível arquitetura em madeira; o povo domina um sistema de escrita muito mais complexo que as parcas 26 letras do alfabeto latino; há escolas, reinos e palácios com arranjos de flores, cerâmicas e pinturas deslumbrantes. Os índios brasileiros, por outro lado, consideram Cabral e os demais portugueses bárbaros grosseiros, sujos e estúpidos, que comem com as mãos e não entendem a escrita local. Durante algumas décadas de convívio, navegadores casam com índias brasileiras, os jesuítas cristianizam o povo, as caravelas se enchem de mercadorias. Até que os índios se cansam dos europeus, matam ou expulsam todos eles – com armas de fogo, que eles aprenderam a fazer sozinhos após copiar um único exemplar português – e proíbem o cristianismo no Brasil.

Isso aconteceu no Japão na mesma época em que as caravelas se tornavam frequentes no Brasil. Os portugueses foram os primeiros europeus a chegar ao Japão, em 1543. A bordo de um navio chinês, três deles atingiram a ilha de Tanegashima, no extremo sul do arquipélago japonês. As caravelas viriam em seguida, se estabelecendo ali perto, na cidade de Nagasaki, que se tornaria a Lisboa japonesa. Enquanto mercadores enchiam navios de prata e cobre, missionários jesuítas trataram de aprender japonês para cristianizar os nativos.

A passagem dos portugueses pelo Japão seria breve: no começo do século 17, o xogunato Tokugawa se irritaria com os jesuítas ao se dar conta de que a conversão ao cristianismo era o primeiro passo para a conquista política. O país se fecharia ao mundo por 220 anos, a partir de 1633. Ainda assim, quase um século de influência europeia foi o bastante para alterar profundamente um traço essencial da cultura japonesa: os míticos guerreiros samurais.

Os "crimes por motivo fútil", que hoje matam tanta gente em bares da periferia, também moviam os samurais. Há relatos de brigas que começaram quando um guerreiro esbarrou o guarda-chuva no do colega ao atravessar uma ponte, por simples discussões à mesa ou quando alguém duvidou da habilidade de um samurai.

Os portugueses tornaram os samurais inúteis

No Japão medieval, os samurais formavam a nobreza militar, o corpo de guerreiros especiais que protegia os daimios, os senhores feudais da época, contra o ataque de famílias vizinhas. Tinham liberdade para punir qualquer pessoa que considerassem ter ferido sua honra e intimar quem fosse para um **duelo**. No século 13, os samurais lutaram pela primeira vez contra um inimigo externo, os invasores mongóis. O imperador mongol Gêngis Khan e seus sucessores haviam dominado uma faixa que abrangia a Coreia, a Rússia, a China, a Índia, o Irã, o Iraque, algumas terras da Turquia, da Polônia, da Sérvia, da Hungria e – o que mais? – a Mongólia. Mas foram barrados no Japão por dezenas de milhares de samurais armados com lanças, arcos, flechas e **espadas**.

Quando os portugueses chegaram, os samurais viviam sua época de ouro. O xogunato Ashikaga (o xogum era o líder soberano do Japão – o imperador tinha um papel apenas cerimonial) estava enfraquecido, por isso guerras entre clãs, invasões a territórios vizinhos e disputas de sucessão aconteciam em todo o território. Num cenário desses, os samurais eram os protagonistas. Nas batalhas corpo a corpo, eles ganhavam respeito à medida que derrotavam adversários renomados. Exibiam com orgulho as cicatrizes e colecionavam cabeças de inimigos, que valiam recompensas de acordo com a reputação do **morto**. Muitos se tornaram donos de terras, passaram a receber pensões vitalícias e hereditárias (medidas em porções de arroz) e ocuparam cargos de conselheiros e administradores. Até que, no começo do século 17, a paz imperou no Japão, e os samurais ficaram sem razão para viver.

Como estamos acostumados a dizer no Brasil, foi tudo culpa dos portugueses. Por volta de 1570, o daimio Nobunaga deixou de lado os rituais de guerra dos samurais e passou a armar camponeses com algumas novidades vindas de Portugal: os arcabuzes e os mosquetes. Nobunaga não era o único a usar armas de fogo – naquela altura, vários senhores japoneses fabricavam arcabuzes e até mesmo muitos samurais os utilizavam. A diferença é que Nobunaga criou tropas disciplinadas, que atiravam de forma sincronizada e, na hora de carregar a arma, eram protegidas por soldados

É verdade que o clima deu uma boa ajuda na vitória sobre os mongóis. Nas invasões de 1274 e principalmente na de 1281, quando duas frentes com 4.400 barcos e 140 mil soldados chineses, mongóis e coreanos avançaram sobre o Japão, furiosas tempestades e rajadas de vento destruíram mais da metade dos barcos invasores. Os japoneses ficaram tão agradecidos com o clima que cunharam nessa época o termo "camicase", ou "vento divino".

Logo depois das batalhas, cabia à mulher e às filhas dos samurais lavar a cabeça e pentear os cabelos do inimigo morto.

com lanças – a mesma tática que Espanha e Portugal haviam acabado de inventar, com suas tropas de terços. Com esse novo método, ele unificou quase todo o Japão.

Em 1603, um dos afilhados de Nobunaga, Tokugawa Ieyasu, finalmente ganhou as bênçãos do imperador como o novo xogum. Tokugawa concentrou o uso da força e uniu o país ao redor de sua cidade, uma vila de pescadores chamada Edo – que hoje conhecemos como Tóquio. Para se livrar da ameaça estrangeira, o clã Tokugawa expulsou em 1633 todos os portugueses, baniu o cristianismo e apreendeu as armas de fogo, que permaneceram proibidas para os cidadãos até o **século 19**. O governo que ascendeu por meio das armas europeias foi o mesmo a proibi-las e interromper a influência portuguesa. Com o país unificado e os portugueses expulsos, começaram dois séculos e meio de paz e isolamento no Japão.

Os samurais, que com as famílias formavam entre 6% e 10% da população, se mudaram para as cidades e viraram funcionários públicos – o governo passou a reservar a eles os principais cargos oficiais. Na tranquilidade da repartição, a vida guerreira ficou para trás. Para diminuir os conflitos entre clãs, o governo Tokugawa proibiu atos espontâneos de violência, estipulando a vingança registrada. Funcionava mais ou menos assim: se uma pessoa tivesse um parente assassinado e o criminoso escapasse, deveria passar numa repartição do governo, avisar as autoridades sobre o caso e partir para a caça do assassino. A maioria dos vingadores oficiais eram filhos que procuravam punir a morte do pai, mas filhas, irmãs e esposas também tinham o direito à vingança oficial. Se o vingador registrado falhasse em matar o assassino de seu parente e acabasse morto por ele, a

Não foi fácil convencer os mais de 200 mil japoneses convertidos a abandonar o cristianismo. O governo perseguiu milhares de católicos – alguns foram decapitados, crucificados e até queimados vivos. Em Nagasaki, o governo obrigava os cidadãos a pisotear cruzes e estátuas de santos.

Os navegadores portugueses foram vistos como ogros ignorantes pelos japoneses. Durante um banquete que um senhor feudal japonês ofereceu a eles em 1556, os funcionários riram dos portugueses ao constatar que eles não tinham modos à mesa. "Eles comem com os dedos, em vez de usar o hashi, e mostram o que sentem sem qualquer autocontrole. Não sei se eles têm alguma regra de etiqueta", escreveu um cronista da época.[1] Os garfos só se tornaram comuns em Portugal no fim do século 15 — mas o hábito de utilizá-los em todas as refeições demoraria até o século 18 para se popularizar na Europa.

Já a cultura japonesa impressionou os europeus. "Em cultura, comportamento e modos, os japoneses superam os espanhóis de tantas maneiras que até dá vergonha", escreveu o padre Luis Fróis. "Entre nós não é comum que as mulheres escrevam; mas as nobres japonesas consideram uma humilhação não saber escrever."[2]

TEMPURÁ, UM PRATO PORTUGUÊS

Apesar do estranhamento inicial, os japoneses saberiam aproveitar novidades gastronômicas que os forasteiros traziam. Comerciantes e jesuítas de Portugal levaram ao Japão o costume de empanar camarão e legumes e mergulhá-los em banha quente – como se faz o tempurá. Naquela época, os portugueses comiam legumes empanados durante as "têmporas", os dias a cada estação do ano em que os católicos jejuavam evitando comer carne vermelha. "Tempurá" vem provavelmente desse termo – ou tem uma origem ainda mais prosaica: a palavra "tempero". Pratos com legumes empanados ainda existem em Portugal, como o peixinho-da-horta, feito geralmente com feijão-verde.

família perdia o direito de perseguir o adversário. Para muitos samurais, procedimentos como esse eram burocráticos demais: significavam o fim da livre expressão da violência. "Como resultado, muitos samurais ficaram sem ambições e objetivos claros, o que deixou mais difícil a tarefa de manter a moral", afirma a socióloga japonesa Eiko Ikegami.[3] Essa crise de identidade desencadeou fenômenos estranhos entre os guerreiros.

Muitos samurais eram bêbados fofoqueiros

Durante os tempos de paz, a maioria dos samurais decidiu se acomodar. Principalmente os mais velhos e consolados trataram de aproveitar o conforto, as viagens e os banquetes que os altos cargos oficiais lhes proporcionavam. O caso mais bem registrado dessa boa vida é o de Asahi Bunzaemon, um samurai que viveu entre 1674 e 1718 e exercia o cargo de comprador de tatame – seu título oficial era "magistrado do tatame". Como o trabalho exigia que ele batesse o ponto somente uma vez a cada nove dias, Bunzaemon passava o tempo escrevendo: ele deixou um detalhadíssimo diário em 37 volumes cobrindo 26 anos. Nesse calhamaço, há quase nada de batalhas e virtudes dos guerreiros. Bunzaemon até comenta alguns testes de espada de samurais, mas prefere falar de suas inúmeras idas ao teatro, copia cuidadosamente o cardápio de grandes jantares e registra fofocas da cidade, como crimes passionais, suicídios amorosos, escândalos sexuais e atos de vingança. Como funcionários públicos que hoje são presenteados com Land Rovers e viagens a Paris para fechar contratos, Bunzaemon ganhava presentes e favores de comerciantes de Kioto e Osaka. Talvez por isso ele fale tão bem, no diário, das prostitutas dessas cidades, citando nomes e descrevendo detalhes de alcova. Bunzaemon ainda frequentava casas de apostas com sua mãe e curtia um saquê – morreu aos 44 anos provavelmente por causa do abuso de álcool. Uma passagem típica de seu diário: "Bebi muito ontem à noite. Estou com dor de estômago e me sinto mal. Vomitei duas vezes hoje de manhã. A partir de agora, eu não vou mais beber tanto". Como um bom bêbado, o samurai Bunzaemon se arrependia na hora da ressaca, prometia nunca mais pôr um pingo de álcool na boca e no dia seguinte se esquecia da promessa. Uma semana depois, ele se sai com esta: "Tudo bem hoje. Bebi muito e vomitei à noite toda. Vou parar de beber tanto. Vou parar de beber por um tempo a partir de hoje à noite".

Não que essa decadência passasse despercebida. Num texto de 1717, um samurai de 80 anos mostra que os colegas já não eram guerreiros como antigamente: "No passado, nas festas, tanto samurais de alta classe como de baixa falavam sobre guerra... agora, em ocasiões sociais, eles discutem boa comida, jogos, lucros e perdas; aqueles com alguma inteligência falam sobre estratégias de promoção, jogos de *gô* e *shogi* (xadrez japonês), cerimônia do chá e haicai. Os jovens conversam sobre *joruri* (música de teatro de marionetes), *shamisen* (espécie de banjo japonês) e a reputação dos atores do teatro, mas nunca discutem artes marciais".[4]

Nem todos os samurais tinham cargos e dinheiro para manter essa boa vida. Os *ronins* (samurais sem mestre) e os assistentes de samurais derrotados nas guerras de unifica-

ção tinham poucas chances de subir na vida. Esses guerreiros jovens e sem perspectivas acabaram criando gangues
de rua incrivelmente parecidas com as dos anos 80. Essas
gangues ganharam o nome de *kabuki mono*, termo que significa "gente pervertida". Os *kabuki mono* se vestiam de um
jeito que espantava e ao mesmo tempo encantava as pessoas: tinham os cabelos raspados na frente e nas têmporas
e compridos no resto da cabeça, usavam quimonos justos
com cintos largos e espadas longas com bainhas de vermelho forte.[5] Gostavam de criar nomes para as gangues, como
"grupo espinhoso", "calças de couro"[6] e "anarcopunks de
Guarulhos" (ok, este último é mentira). Como adolescentes
urbanos de todas as épocas, os *kabuki mono* perambulavam
juntos pela rua arranjando briga. De acordo com um relatório feito por oficiais do governo no século 17, eles eram
"delinquentes juvenis e vagabundos que andavam pela
cidade machucando e irritando as pessoas na rua". Ainda
tragavam fumos proibidos e passavam a noite conversando
alto, dançando e cantando. "Com outros jovens adeptos de
modas transgressoras, eles sempre se metem em situações
perigosas", descreveu um homem numa carta de 1612. Um
líder dessas gangues tinha na espada uma frase que poderia
estar na jaqueta de couro de Sid Vicious: "25 anos é tempo
demais para viver".[7]

De fato, em pouco tempo, os membros dessas gangues
estariam mortos. O xogum multou quem dava emprego aos
jovens e mandou executar os *kabuki mono* e outros indivíduos que transgrediam o código de vestimenta dos samurais.
Em 1640, os *kabuki mono* já não davam mais notícias.

Para os samurais que não conseguiam lidar com a falta do que fazer nos tempos de paz, a saída foi o suicídio.

Houve no século 17 um súbito aumento dos casos de *junshi*, quando os samurais de um mestre falecido o seguiam na morte. Os samurais escolhiam um método de suicídio dos mais dolorosos: o *seppuku*, que consistia em abrir o ventre com a espada. O desventramento causava uma morte lenta e sofrida – para poupar o suicida de tanta dor, era comum alguém cortar-lhe a cabeça depois do *seppuku*. Esse tipo de suicídio existia havia muito tempo, mas antes só era praticado depois das batalhas, quando um samurai perdia seu mestre na luta.

Nos novos tempos, qualquer morte valia. Em 1657, quando um daimio do norte do Japão morreu naturalmente, 26 dos seus samurais cometeram suicídio. A motivação por trás do *junshi* variava. A socióloga Eiko Ikegami arrisca uma explicação sociológica: "O *junshi* era uma demonstração de artes marciais voltada contra si própria. Dessa perspectiva, a popularidade do *junshi* no começo do século 17 pode ser considerada uma forma de protesto dos samurais que foram obrigados a reprimir suas habituais expressões de agressão".[8] Além disso, o suicídio ritual tinha consequências que alguém poderia encarar como benefícios: os samurais suicidas ganhavam boa fama e garantiam a seus herdeiros doações e recompensas generosas.

Tantos samurais tentavam se matar que o governo decidiu agir. Em 1663, o xogunato finalmente proibiu o *junshi*. Cinco anos depois, quando um vassalo chamado Sugiura Uemon cometeu suicídio depois da morte de seu mestre, o xogunato condenou dois de seus filhos à morte e diminuiu o tamanho do feudo de seu senhor. Depois dessa punição, o suicídio samurai saiu de moda.

"O amor homossexual combina com o caminho do samurai"

Durante os tempos de paz no Japão, houve ainda aqueles samurais que, inconformados com a futilidade dos colegas do serviço público e sem se animar em praticar suicídio ou participar de gangues e noitadas, passaram a relembrar e a idealizar um passado glorioso das batalhas. Esse foi o quarto caminho que os samurais tomaram para enfrentar a falta do que fazer — e o que teve mais influência na cultura japonesa. O maior exemplo dessa idealização do passado é o *Hagakure*, também conhecido como *O Livro do Samurai*. Trata-se de uma coletânea de histórias de um samurai aposentado, Yamamoto Tsunetomo, que viveu entre 1659 e 1719. O livro critica os guerreiros da época, destaca a bravura dos homens do passado e descreve as regras que um samurai de respeito precisava seguir.

"Se, sempre preparado para morrer, o samurai começa a pensar em si como se já estivesse morto, se é diligente no serviço de seu senhor e aperfeiçoa-se nas artes militares, certamente nunca passará vergonha", diz uma passagem típica do livro. "Mas se o samurai passar seus dias de maneira egoísta, fazendo exatamente o que quiser, durante uma crise ele se cobrirá de desonra. E, assim, se degradará de maneira indizível — o que é profundamente lamentável."[9]

O Livro do Samurai é a principal evocação do *bushido*, ou "o caminho do guerreiro", o código de honra e conduta que eleva os guerreiros japoneses à posição de guardiões da virtude e da lealdade. Vem do *bushido* a ideia do samurai que se sacrifica em nome de seu senhor, luta de forma honrosa e está sempre pronto para a morte. Esse ideal, que nada dizia ao japonês médio, foi transformado em identidade nacional quando o xogunato foi destituído e a monarquia voltou ao poder com o imperador Meiji (1868-1912). Pouco antes da Segunda Guerra Mundial, os militares ultranacionalistas do país utilizavam *O Livro do Samurai* como seu principal guia de comportamento. Ao Ocidente o *bushido* legaria a imagem do guerreiro japonês sábio e leal. Por causa dessa tradição, aceitamos tão facilmente personagens como o senhor **Miyagi**, de *Karatê Kid* – o divertido lugar-comum do mestre em artes marciais que, por meio da meditação, chega à pureza e à serenidade espiritual.

O Livro do Samurai passa por todos os detalhes da conduta de um guerreiro. Desde a aparência física ("Uma aparência reverente, e ao mesmo tempo severa, controlada, é o ideal."[10]) à obsessão em dedicar a vida ao trabalho ("Devemos tornar-nos fanáticos e desenvolver uma mania de morte."[11]). Há no livro uma preocupação especial em regular o amor entre samurais, um costume considerado normal na época e até recomendado. Pouca gente comenta isso em academias de artes marciais nos dias de hoje, mas, de acordo com *O Livro do Samurai*, "mesmo quando estivermos apaixonados por um homem, devemos concentrar nossas energias no Caminho do Guerreiro. E o amor homossexual combina com o caminho do samurai".[12]

O livro dá outros conselhos: não amar ao mesmo tempo homens e mulheres, evitando gastar energia e atenção, e não sair por aí se encontrando com qualquer um: "Mesmo no amor homossexual um companheiro fiel nunca volta a se casar. Devemos ter apenas um verdadeiro amor em toda nossa vida; de outro modo não seremos melhores que garotos de

Também nessa época a espada se torna a principal arma dos guerreiros, apesar de os samurais antigos a utilizarem pouco. Lanças, arcos e flechas eram as armas preferidas dos samurais em seu período de ouro.

O personagem Miyagi vinha de Okinawa, que não era parte do Japão até 1868. Após a Segunda Guerra Mundial, muitos okinawanos pediram aos Estados Unidos para serem um país independente em vez da devolução ao Japão, o que aconteceu apenas em 1972.

programa ou mulheres desregradas. Essa conduta desgraça um samurai".[13] Um guerreiro decente ainda precisa prestar atenção, diz o livro, em namorados de idades diferentes:

> Quando o outro homem é mais velho, é aconselhável passar cerca de cinco anos conhecendo-o, e quando finalmente compreendemos a profundidade da emoção do outro, devemos tomar a iniciativa de pedir um compromisso. Deve-se ter uma relação na qual um daria a vida pelo outro. Quando o outro homem é mais jovem, devemos examinar o fundo do nosso coração. Se jogarmos nossa própria vida no resultado, dentro de cinco ou seis anos os nossos desejos podem vir a realizar-se.[14]

O mais interessante de tudo isso é que o código de ética e lealdade dos samurais, pelo qual até hoje eles são lembrados, surgiu quando eles já não eram mais relevantes. Só depois da pacificação do país é que os samurais mais saudosos trataram de espalhar a imagem dos guerreiros nobres, sábios e leais, o retrato que chegou aos dias de hoje. "É importante notar que *O Livro do Samurai* foi escrito no meio do período Tokugawa, uma época em que quase nenhum samurai era sobrevivente de batalhas de verdade", diz Ikegami. "O livro é mais bem entendido como uma reinterpretação do estilo samurai diante da vida burocrática em que eles estavam metidos durante o período Tokugawa."[15]

A ideia do "samurai original" é, na verdade, uma idealização do samurai original. Os guerreiros do século 16, aqueles da época de ouro dos samurais, eram mais mundanos e trapaceiros. E as melhores testemunhas disso são, mais uma vez, os portugueses.

No começo do século 17, já havia entre 200 mil e 300 mil japoneses convertidos ao cristianismo. Nagasaki, a cidade mais influenciada pelos navegadores portugueses, tinha dezenas de igrejas em estilo português e samurais que lutavam com o brasão da Cruz da Ordem de Cristo. Durante essa época, os dois povos trocaram não só receitas e mercadorias, mas palavras. A maioria delas são nomes de novidades que um país apresentou ao outro. "Biombo" e "caqui" são termos de origem japonesa que se infiltraram no nosso vocabulário nesse período.

ARIGATÔ NÃO VEM DE "OBRIGADO"

Os vestígios portugueses no japonês são mais comuns: *bidoro* (que vem de vidro), *birōdo* (veludo), *kirisutan* (cristão), *botan* (botão), *pan* (pão), *joro* (jarro), *saboten* (sabão), *boro* (bolo), *konpeito* (doce de açúcar) e *tabako*, o bom e velho câncer em caixinha. No entanto, o termo arigatô não vem de obrigado, como muito se repete. Arigatô é uma derivação de *arigatashi*, palavra que existia no Japão muito antes de os portugueses passarem por lá.

Musashi, o grande samurai, era desleal e trapaceiro

O português João Rodrigues tinha 14 anos quando entrou num navio, em 1574, com destino à Ásia. Era provavelmente servo aprendiz de um comerciante de Macau, mas pouco tempo depois já estava no Japão, se preparando para se tornar jesuíta. Estudou teologia, filosofia e, como um bom jesuíta, ficou fascinado pela cultura local. João Rodrigues foi o principal especialista em língua japonesa da época, ganhando o apelido de João Rodrigues Tçuzzu, "o intérprete". Dos 33 anos em que viveu por lá, deixou uma monumental gramática da língua japonesa e preciosas observações sobre os samurais.

De acordo com os relatos de João Rodrigues, os guerreiros se importavam pouco com lealdade e honra. Eles atacavam em emboscadas, fingiam estar em paz para pegar os adversários de surpresa e serviam até como espiões e agentes duplos. "Quando querem matar uma pessoa por traição, costumam entretê-la com sinais de amor e alegria, até que, de repente, a cabeça do inimigo rola abaixo", escreveu o jesuíta.[16]

Para os samurais jovens e menos graduados, a traição era um jeito de ganhar poder e respeito. Os rivais de um senhor lhes prometiam feudos ou rendas hereditárias graúdas caso traíssem e matassem os daimios para quem serviam. Apesar da ladainha de que a lealdade era a maior das virtudes dos samurais, suspeitas e temores permeavam os laços entre os senhores e seus servos. Os samurais raramente confiavam em seus subordinados, manobravam com frequência para ter mais controle sobre eles e esperavam traições a todo o momento. Eram tão paranoicos com a traição que treinavam o *zanshin*, o estado de alerta permanente. Evitavam até se curvar demais ao cumprimentar as pessoas – perder o campo visual poderia acarretar perder a cabeça. "Um homem não podia confiar no seu vizinho e sempre mantinha suas armas perto da mão", conta o jesuíta João Rodrigues. "Com frequência os servos mais influentes matavam seu próprio senhor e pediam apoio a homens mais poderosos para assegurar a posse do território."[17]

Tapear o adversário para aumentar a vantagem sobre ele era uma tática considerada válida e justa. "Entre os samurais medievais, ser desleal nem sempre era considerado moralmente deplorável ou divergente ao comportamento normal de um guerreiro", diz o historiador Joshua Archer.[18] Até mesmo Myamoto Musashi, herói nacional do Japão e celebridade entre as turmas de artes marciais, usava artifícios desse tipo. Num de seus famosos duelos, o samurai chegou mais cedo e se escondeu numa árvore. Quando o oponente apareceu, Musashi pulou de cima da árvore para matá-lo na hora. Em outra briga, Musashi chega atrasado, perturbando a confiança do inimigo para ficar mais fácil derrotá-lo. "Do ponto de vista da arte da guerra, as estratégias de Musashi são amorais", afirma o historiador Thomas Cleary.[19] A experiência de Musashi com a guerra, aliás, durou menos de seis meses: ele lutou ao lado do clã Toyotomi contra os Tokugawa em 1600, mas foi derrotado. Em vez de se suicidar, decidiu viver como *ronin*, registrando sua sabedoria das artes da guerra em *O Livro dos Cinco Anéis*. Ele é hoje o mais conhecido de todos os samurais.

NOTAS

1   Charles Ralph Boxer, *The Christian Century in Japan: 1549-1650*, University of California Press, 1951, página 29.

2   Donald Frederick Lach, *Asia in The Making of Europe, Volume I: The Century of Discovery*, University of Chicago Press, 1965, páginas 685-687.

3   Eiko Ikegami, *The Taming of the Samurai: Honorific Individualism and The Making of Modern Japan*. Harvard University Press, 1999, página 163.

4   Eiko Ikegami, página 66.

5   Eiko Ikegami, *Bonds of Civility: Aesthetic Networks and the Political Origins of Japanese*, Cambridge University Press, 2005, página 261.

6   Eiko Ikegami, página 262.

7   Eiko Ikegami, página 261.

8   Eiko Ikegami, *The Taming of the Samurai*, página 219.

9   Yukio Mishima, *Hagakure: A Ética dos Samurais e o Japão Moderno*, Rocco, 1987, página 56.

10 Yukio Mishima, página 63.

11 Yukio Mishima, página 65.

12 Yukio Mishima, páginas 118 e 119.

13 Yukio Mishima, página 118.

14 Idem.

15 Eiko Ikegami, *The Taming of the Samurai*, página 282.

16 João Rodrigues, em Joshua Archer, "Understanding samurai disloyalty", *New Voices*, volume 2, dezembro de 2008, disponível em http://newvoices.jpf-sydney.org/2/chapter5.pdf, página 89.

17 Joshua Archer, página 85.

18 Joshua Archer, página 80.

19 Joshua Archer, página 90.

FAS TAS
CIS

QUEM SÃO OS FASCISTAS DA POLÍTICA ATUAL?

No livro *Fascismo de Esquerda*, o ensaísta americano Jonah Goldberg defende que os princípios do ditador italiano Benito Mussolini seguem presentes em protestos, discussões políticas e ações governamentais. Goldberg não se refere à influência de skinheads neonazistas, mas de um fascismo "do bem", suave, com uma roupagem sustentável e bem-intencionada. Grupos desse tipo manteriam a essência da ideologia: o impulso de calar liberdades individuais em nome da justiça social, da saúde pública ou de outro bem comum desenhado por técnicos e especialistas. Os políticos à esquerda, justamente os que mais costumam colar o adjetivo "fascista" na testa dos outros, seriam os principais adeptos dessa nova expressão da ideologia. Para Goldberg, isso acontece porque eles nutrem uma crença maior nos direitos e poderes do estado. "O que os une são seus impulsos emocionais ou instintivos, tais como a busca pelo 'comunitário', a exortação para se ir 'além' da política, uma fé na perfectibilidade do homem e na autoridade dos especialistas e uma obsessão com a estética da juventude, o culto da ação e a necessidade de um estado todo-poderoso para coordenar a sociedade no plano nacional ou global", diz Goldberg.[1]

É preciso ter cuidado ao chamar as pessoas de fascistas. Enquadrar o adversário numa categoria abjeta é uma tática rasteira para se ganhar uma discussão. É tão comum que deu origem à "lei de Godwin", segundo a qual, "à medida que cresce uma discussão on-line, a probabilidade de surgir uma comparação envolvendo Adolf Hitler ou nazismo aproxima-se de 100%". O termo "fascista", do mesmo modo, perdeu seu significado. É usado à esquerda e à direita com o sentido de "herege", "monstro", "horrível" ou simplesmente "alguém que não concorda comigo". Ao descrever esse costume, o ensaísta Jonah Goldberg corre o risco de cair na própria armadilha – afinal, ele também aponta o fascismo nas pessoas de quem discorda.

Eu tive uma ideia para descobrir quem são, afinal, os mais favoráveis ao fascismo hoje em dia. Resolvi perguntar aos políticos brasileiros o que eles achavam de alguns pensamentos de Mussolini. Consultei *A Doutrina do Fascismo*, o manual ideológico publicado em 1932 pelo ditador italiano e seu filósofo de plantão, Giovanni Gentile, e tirei dali cinco frases que, mesmo fora de contexto, expressam o pensamento totalitário. Omiti referências à Itália e ao fascismo e expus as cinco afirmações à avaliação de 60 deputados federais em Brasília – sem contar para eles, é claro, que as frases vinham da obra do ditador italiano. As frases são as seguintes:

1)   Um homem se torna um homem apenas em virtude de sua contribuição à família, à sociedade e à nação.[2]

2)   Como um anti-individualista, acredito numa concepção de vida que destaca a importância do estado e aceita o indivíduo apenas quando seus interesses coincidem com os do estado.[3]

3)   O estado deve abranger tudo: fora dele, valores espirituais ou humanos têm pouco valor.[4]

4)   O estado deve ser não apenas um criador de leis e instituições, mas um educador e provedor de vida espiritual. Deve ter como objetivo reformular não apenas a vida mas o seu conteúdo – o homem, sua personalidade, sua fé.[5]

5)   O estado deve educar os cidadãos à civilidade, torná-los conscientes de sua missão social, exortá-los à união; deve harmonizar interesses divergentes, transmitir às futuras gerações as conquistas da mente e da ciência, da arte, da lei e da solidariedade humana.[6]

Meus pesquisadores registraram a opinião dos deputados em questionários com escala de 0 (discordo totalmente) a 4 (concordo totalmente). O resultado? Os deputados ficaram em cima do muro em relação às frases de Mussolini. A média das respostas às cinco perguntas ficou entre "discordo parcialmente" e "não concordo nem discordo" – o que já é uma surpresa, tendo em vista que são pensamentos do inventor do fascismo.[7] No entanto, bem como o ensaísta previu, as ideias fascistas tiveram menos discordância entre os políticos de esquerda. No topo da aceitação das frases, o deputado Jair Bolsonaro foi o único à direita, dividindo espaço com colegas que frequentemente o classificam como fascista. Já entre os que mais discordaram, são poucos os deputados de esquerda.

DEPUTADOS MAIS FAVORÁVEIS ÀS AFIRMAÇÕES DE MUSSOLINI	
Oziel Oliveira (PDT-BA)	14
Jair Bolsonaro (PP-RJ)	12
Vander Loubet (PT-MS)	10
Alexandre Roso (PSB-RS), Beto Faro (PT-PA), Cândido Vaccarezza (PT-SP), Dalva Figueiredo (PT-AP), Protógenes Queiroz (PCdoB-SP), Flávia Morais (PDT-GO), Francisco Praciano (PT-AM), José Airton (PT-CE), Miguel Corrêa (PT-MG)	9

DEPUTADOS MENOS FAVORÁVEIS ÀS AFIRMAÇÕES DE MUSSOLINI	
Lael Varella (DEM-MG), Betinho Rosado (DEM-RN)	0
Augusto Coutinho (DEM-PE), Luiz de Deus (DEM-BA), Otavio Leite (PSDB-RJ)	1
Alexandre Leite (DEM-SP), Márcio Bittar (PSDB-AC), Marco Tebaldi (PSDB-SC)	2
Valdivino de Oliveira (PSDB-GO), Pinto Itamaraty (PSDB-MA), Valadares Filho (PSB-SE), Almeida Lima (PPS-SE)	3
Carlos Zarattini (PT-SP), Fernando Coelho Filho (PSB-PE)	4
A soma 20 indica total concordância; 10, a neutralidade; 0, a total discordância.	

Entre os partidos que tiveram pelo menos três deputados ouvidos, a tese do "fascismo de esquerda" se confirmou com uma surpreendente coerência. Quanto mais à esquerda, menor a discordância:

ACEITAÇÃO DAS FRASES POR PARTIDO	
PCdoB	8,33
PT	7
PDT	6,9
PSB	5,38
PSDB	2,2
DEM	0,8
A soma 20 indica total concordância; 10, a neutralidade; 0, a total discordância.	

Houve casos interessantes entre as respostas. Diversos deputados concordaram efusivamente com trechos do manual do ditador italiano. Diante da primeira frase ("Um homem se torna um homem apenas em virtude de sua contribuição à família, à sociedade e à nação"), apenas nove deputados afirmaram discordar completamente. Vinte e dois se disseram neutros. Já Cândido Vaccarezza (PT-SP), Francisco Praciano (PT-AM), Protógenes Queiroz (PCdoB--SP), Oziel Oliveira (PDT-BA) e Jair Bolsonaro (PP-RJ) concordaram totalmente.

Também teve opiniões favoráveis a afirmação "Como um anti-individualista, acredito numa concepção de vida que destaca a importância do estado e aceita o indivíduo apenas quando seus interesses coincidem com os do estado". Os deputados Assis Melo (PCdoB-RS), Domingos Dutra (PT-MA), José Airton (PT-CE), Perpétua Almeida (PCdoB-AC), Vander Loubet (PT-MS) e Oziel Oliveira (PDT-BA) concordaram totalmente com a ideia fascista do indivíduo como mera engrenagem do Estado. O trecho de *A Doutrina do Fascismo* que mais teve apoiadores foi o último do questionário. **Catorze deputados concordaram com ele.**

São eles: Abelardo Camarinha (PSB-SP), Alexandre Molon (PT-RJ), Alexandre Roso (PSB-RS), Anselmo de Jesus (PT-RO), Beto Faro (PT-PA), Dalva Figueiredo (PT-AP), Flávia Morais (PDT-GO), Jair Bolsonaro (PP-RJ), Miguel Corrêa (PT-MG), Oziel Oliveira (PDT-BA), Sandra Rosado (PSB-RN), Sebastião Bala Rocha (PDT-AP), Valmir Assunção (PT-BA), Vicentinho (PT-SP).

Lênin, o principal revolucionário russo, viveu na Suíça na mesma época. Não se sabe se ele e Mussolini se conheceram, mas Lênin certamente sabia da fama do jovem italiano. "Que pena que o perdemos", teria dito quando Mussolini abandonou o socialismo.

Mussolini era a "terceira via" da política

A maior aceitação dos partidos de esquerda às frases fascistas não deveria ser uma surpresa. Mussolini nasceu e se formou politicamente no meio de movimentos radicais de esquerda. Seu pai era um ferreiro anarcossocialista que, na hora de dar nome ao filho, inspirou-se em Benito Juárez, o revolucionário mexicano que depôs e executou o imperador Maximiliano, em 1867. Aos 10 anos, o garoto liderou um protesto na escola por mais qualidade na merenda, aos 18 já escrevia para um jornal socialista e dirigia um comitê na Suíça; aos 28, como editor do *Avanti!*, um dos principais jornais socialistas da Europa, pregava ideias radicais, como a deposição da monarquia italiana e a necessidade de expulsar todos os cristãos dos países **socialistas**.[8]

Com a aproximação da Primeira Guerra, em 1914, Mussolini rompeu com os socialistas italianos contrários à participação da Itália no conflito e aderiu a uma dissidência chamada *Fascio Autonomi d'Azione Rivoluzionaria*, da qual surgiria o Partido Fascista. Nacionalistas, os militantes dessa nova facção declararam guerra ao socialismo internacional. E, assim, o fascismo ficou para a história como o maior inimigo da União Soviética. No entanto, Mussolini e seus novos adversários seguiram compartilhando antigas crenças e bandeiras. "Sou e permanecerei um socialista, e minhas convicções nunca mudarão. Elas estão gravadas em meus próprios ossos", escreveu ele pouco antes de ser expulso do Partido Socialista italiano.[9]

No começo do século 20, a política europeia se polarizava entre os democratas liberais, adeptos da democracia parlamentar de livre mercado que então predominava, e os revolucionários anarquistas e socialistas, contrários ao capitalismo. No meio desse antigo debate entre direita e esquerda, o fascismo surgiu como um ideal para o novo século, uma novidade que transcendia ideologias tradicionais e, especialmente entre os jovens, reavivava a crença na política. "Como acontece com certos movimentos modernos, Mussolini prometia o que chamava de 'terceira via', que não era esquerda nem direita", diz o ensaísta Jonah Goldberg.[10] Como os liberais, o fascismo admitia o capitalismo, mas, como os comunistas, submetia tudo (os indivíduos, as famílias, os sindicatos, as empresas) aos interesses do estado. Esse princípio está no próprio nome do movimento, que vem de *fascis*, "feixe", um **símbolo** que representava os poderes dos magistrados no Império Romano e foi muito usado em escudos e brasões.

Antes de Mussolini comprometer seu significado, o *fascis* foi usado na Revolução Francesa e nos Estados Unidos. Aparece na Casa Branca, na Suprema Corte, no Memorial de Lincoln e numa estátua de George Washington no estado da Virgínia.

Vem do fato de que uma vara pode ser facilmente quebrada, mas um feixe de varas, não. Ou seja, a coletividade é mais forte que o indivíduo. "Tudo no estado, nada contra o estado, e nada fora do estado" é a sentença lapidar de Mussolini. Quem mesmo defende um estado grande hoje em dia?

A proximidade ideológica fica mais evidente na economia e na organização dos trabalhadores. O fascismo realizou uma forte intervenção nas empresas, nos preços e na relação entre patrões e empregados. Esse capitalismo com controle do estado é mais ou menos o que passaram a defender os partidos socialistas tardios depois da queda do Muro de Berlim, quando ficou meio patético lutar por regimes comunistas puros, com economia 100% estatal. A linha desenvolvimentista dos economistas brasileiros defende tarifas alfandegárias para proteger a indústria nacional; Mussolini criou diversas barreiras protecionistas para a indústria pesada e produtos agrícolas.[11] Os partidos de esquerda depositam esperanças num planejamento central e no dirigismo econômico; Mussolini, a partir de 1925, deu fim ao estado mínimo italiano; os socialistas tardios botam as garras de fora tão logo ouvem falar de privatização; Mussolini lançou ao mundo a moda de criar imensas estatais. "Em 1939, o estado fascista controlava mais de quatro quintos da frota mercante e da construção naval da Itália, três quartos da produção de lingotes e quase metade da de aço", diz o historiador Martin Blinkhorn. "Esse nível de intervenção estatal ultrapassava bastante o da Alemanha nazista antes da Segunda Guerra, fazendo com que o setor público italiano, em tempos de paz, só ficasse atrás da União Soviética."[12] Diversas estatais brasileiras cuja privatização foi tão lamentada pela esquerda nos anos 90, como a Vale do Rio Doce e a CSN (Companhia Siderúrgica Nacional), foram criadas por Getúlio Vargas sob pura influência do ditador italiano.

As leis trabalhistas merecem um parágrafo à parte. Em 1927, Mussolini impôs a *Carta del Lavoro*, que instituiu na Itália a justiça do trabalho e as normas de adicional para trabalho noturno, descanso semanal e férias anuais. Esse conjunto de leis também é um marco do corporativismo, ou seja, a participação dos cidadãos na política por meio das suas associações profissionais. A *Carta del Lavoro* foi copiada por diversos países, como Portugal, Turquia e Brasil. Como é bem conhecido, Getúlio Vargas se inspirou nessa e em outras leis para criar a Constituição de 1937, que instituiu o Estado Novo. Diversos trechos do código brasileiro são pura tradução da carta de Mussolini. É menos conhecido o fato de que, com o fim da Segunda Guerra, o Brasil foi um dos poucos países a manter o trabalhismo fascista. "O regime corporativo desapareceu na Itália, em Portugal, na Espanha", diz o professor de direito Arion Sayão Romita, no livro *O Fascismo no Direito do Trabalho Brasileiro*. "A nova organização democrática desses países revogou toda a legislação corporativa, eliminou todos os institutos criados pelo regime anterior; todavia, isso não se deu no Brasil, apesar da alteração dos regimes políticos, ocorrida em 1945."[13]

Como resultado, a Consolidação das Leis do Trabalho que vigora até hoje, a CLT que os partidos de esquerda tanto defendem, tem influência direta do código italiano. Apesar de diversos acadêmicos apegados à CLT tentarem negar a influência fascista, alguns de seus trechos parecem ditados por Mussolini. O artigo 17 da *Carta del Lavoro*, por exemplo, diz: "O empregado terá direito, em caso de rescisão sem culpa, a uma indenização proporcional aos anos de serviço".[14] E a CLT: "Ao empregado despedido sem justa causa [...] é garantida a indenização proporcional ao tempo de serviço".[15] O artigo 20 da lei fascista diz que "O recém-contratado está sujeito a um período probatório, durante o qual há direito mútuo de rescisão de contrato apenas

Se não tivesse se aliado a Hitler durante a Segunda Guerra, o italiano Benito Mussolini seria visto hoje como um ditador de segundo escalão, do nível do espanhol Francisco Franco ou do português Salazar. A repressão política da sua ditadura matou, em duas décadas, cerca de 400 italianos – um horror, é claro, mas bem menos do que o total de vítimas da ditadura argentina (cerca de 20 mil), da maioria dos ditadores de esquerda da África ou dos mortos no Grande Terror de Stálin durante um único dia. Talvez a fama de Mussolini fosse melhor que a de um ditador de segundo nível caso ele não tivesse apoiado Hitler. Afinal, em boa parte do seu governo, o desastroso líder italiano foi reverenciado por intelectuais, jornalistas e personalidades mundiais.

GANDHI E CHURCHILL: "MUSSOLINI É O CARA"

O nacionalismo dos jovens fascistas e a terceira via que eles anunciavam fizeram muita gente considerar o fascismo uma boa nova. "Mussolini é o (Theodore) Roosevelt latino que primeiro age e só depois procura saber se é legal. Tem sido de grande ajuda para a Itália", publicou o jornal *The New York Times*, em 1923.[16] No Brasil, jornais publicavam a íntegra de longos discursos de Mussolini, que também eram transmitidos em programas especiais de rádio.[17] Em setembro de 1937, a *Folha da Manhã*, que deu origem à *Folha de S.Paulo*, reproduziu de modo neutro o trecho de um jornal italiano, segundo o qual "Mussolini e Hitler representam a ordem nova ou a imensa necessidade histórica e humana, de ordem, continuidade e clareza, na vida dos seus povos. A paz é o produto desta esperança superior".[18]

Antes de chamar esses jornais de fascistas, é melhor entender que, até estourar a guerra, boa parte das pessoas influentes não via grandes problemas nas ideias de Mussolini. Até mesmo Winston Churchill, o mais interessante político do século 20, teceu elogios ao líder italiano. No *British Gazette*, em 1927, disse que "Mussolini prestou um serviço para todo o mundo [...] ao fornecer um antídoto ao vírus russo". Chegou a chamá-lo de "um gênio romano, o maior legislador entre os homens".[19] Mas Churchill não se encantou de verdade com o fascismo: sua admiração se limitou ao efeito anticomunista de Mussolini.

De todos os que elogiaram o *duce*, o exemplo mais saboroso é o de Gandhi. Em 1931, ao retornar à Índia depois de reuniões em Londres, Gandhi passou pela Itália. Conheceu a Capela Sistina, caminhou diante de soldados (que o saudaram com o cumprimento fascista) e tomou um café com Mussolini. Naquele ano, o italiano ainda não era visto como um imperialista, uma vez que suas guerras de expansão territorial começaram em 1935, com a invasão da Etiópia. Por isso ele e Gandhi se entenderam bem. O ditador quis saber a opinião do indiano sobre o futuro da Europa. "A única alternativa para a Europa está em mudar toda a base de sua vida econômica, todo o seu sistema de valores", respondeu Gandhi. Mussolini concordou e saiu da reunião considerando Gandhi "um gênio e um santo". O indiano escreveu elogios igualmente enfáticos. "Ele parece se preocupar muito com os camponeses, visto sua atenção aos pobres, sua oposição à superurbanização, seus esforços no sentido de coordenar o capital e o trabalho e seu amor ardente ao povo. Me parece que a maioria do povo italiano adora o governo de ferro de Mussolini."[20]

com o pagamento do salário devido ao tempo de trabalho que foi prestado". A CLT: "O primeiro ano de duração do contrato por prazo indeterminado é considerado como período de experiência, e, antes que se complete, nenhuma indenização será devida".[21]

Do mesmo modo, o Brasil é um dos poucos países do mundo sem liberdade sindical, onde os trabalhadores não podem escolher o sindicato ao qual preferem se afiliar. Bem como receitou Mussolini, "só o sindicato reconhecido pelo governo e submetido ao controle do estado pode representar patrões ou trabalhadores".[22] Outra imposição fascista mantida só no Brasil é o imposto sindical, que todos os funcionários são obrigados a pagar, até mesmo quem decide não se associar a sindicatos. A Itália aboliu essa herança fascista em 1970. Nós, não. "O Brasil é, assim, o único país do mundo cujo ordenamento contempla este verdadeiro atentado à liberdade sindical", diz Sayão Romita.[23] Quem mais defende o imposto sindical hoje em Brasília? Políticos como Assis Melo, do PCdoB, justamente um deputado favorável a frases do ditador italiano.[24] Ao contrário da CUT, o PCdoB é a favor do imposto e da unicidade sindical, duas imposições que vieram ao mundo por obra de Benito Mussolini. Como se vê, a maior aceitação dos partidos de esquerda às frases fascistas não é uma incoerência, mas prova de uma longa proximidade ideológica.

NOTAS

1 Jonah Goldberg, *Fascismo de Esquerda*, Record, 2007, página 23.

2 Giovanni Gentile e Benito Mussolini, *The Doctrine of Fascism*, 1932, disponível em www.upf.edu/materials/fhuma/nacionalismes/nacio/docs/muss-doctrine.pdf, posição 82.

3 Giovanni Gentile e Benito Mussolini, posição 110.

4 Idem.

5 Giovanni Gentile e Benito Mussolini, posição 168.

6 Giovanni Gentile e Benito Mussolini, posição 82.

7 As entrevistas foram realizadas entre 20 de maio e 5 de junho de 2013 no Congresso Nacional.

8 Jonah Goldberg, páginas 42 e 43.

9 Jonah Goldberg, página 55.

10 Jonah Goldberg, página 61.

11 Martin Blinkhorn, *Mussolini e a Itália Fascista*, Paz e Terra, 2010, página 62.

12 Martin Blinkhorn, página 64.

13 Arion Sayão Romita, *O Fascismo no Direito do Trabalho Brasileiro*, LTr, 2001, página 31.

14 *Carta del Lavoro (1927) dello Stato Corporativo e della sua Organizzazione*, artigo 17, disponível em www.upf.edu/materials/fhuma/hcu/docs/t5/art/art8.pdf.

15 Parágrafo 2º do artigo 499 da CLT.

16 Jonah Goldberg, página 37.

17 Como nas edições de 18 de março e 29 de setembro de 1937. Em 31 de outubro de 1936, um anúncio de três colunas e quase meia página avisa que, no domingo seguinte, a "Radio São Paulo, estação-chave para as irradiações dos programas oficiais, transmitirá em rede com as 25 emissoras do estado, o discurso do sr. Benito Mussolini, domingo, dia 1º, às 12 horas".

18 "Durará cinco dias a visita do chefe do governo italiano à Alemanha", *Folha da Manhã*, 5 de setembro de 1937, página 3.

19 David Cannadine e Roland Quinault (organizadores), *Winston Churchill in the Twenty First Century*, Royal Historical Society, 2004, página 33.

20 Anton Pelinka, *Democracy Indian Style: Subhas Chandra Bose and the Creation of India's Political Culture*, Transaction Publishers, 2003, página 98.

21 Parágrafo 1º do artigo 478 da CLT.

22 *Carta del Lavoro (1927) dello Stato Corporativo e della sua Organizzazione*, artigo 3.

23 Arion Sayão Romita, página 78.

24 O deputado defendeu o imposto e a lei em sessão solene da Câmara em 15 de maio de 2013. Disponível em www.pcdob.org.br/noticia.php?id_noticia=213686&id_secao=1.

NAZISTAS

HITLER, UM SOCIALISTA

Na vitrine de heróis e monstros da história, Adolf Hitler ocupa o manequim do mais reacionário de todos os tiranos, do político conservador por excelência, do direitista tamanho XG. A etiqueta "ultradireita" evoca imediatamente a imagem de políticos nacionalistas radicais da Europa ou de alucinados jovens neonazistas que desfilam com coturnos, camisetas com suspensório e tatuagens da SS. Existe razão para essa grife?

Sim. Se "direita" significa "contrário à esquerda", faz sentido. Os nazistas estavam claramente no lado oposto ao da esquerda na política da Alemanha dos anos 20 e 30. Seus primeiros aliados eram da direita; seus maiores inimigos, depois dos judeus, eram os sociais-democratas e os comunistas. E foi pela nomeação de um conservador, o presidente Paul von Hindenburg, que Hitler chegou ao cargo

No parlamentarismo alemão, ainda como hoje, o presidente era o líder de estado, e o chanceler, equivalente ao cargo de primeiro-ministro, chefe de governo.

No fim de fevereiro de 1933, um jovem comunista holandês ateou fogo no Reichstag, o Parlamento alemão. Os nazistas encararam o ato como início de um golpe soviético e prenderam cerca de 10 mil comunistas em poucas semanas.

Alguns líderes católicos e nobres que se opuseram ao nazismo, entre eles membros da família real da Bavária, foram parar em campos de concentração ao lado de judeus, comunistas e ciganos.

Na eleição federal de março de 1933, que consagrou a vitória dos nazistas, os partidos liberais tiveram menos de 4% dos votos.

de **chanceler**, em 30 de janeiro de 1933. "Não me deixarei afastar por quem quer que seja da missão de aniquilar e erradicar o comunismo", repetia o líder nazista à exaustão para atrair votos dos eleitores que temiam um regime como o soviético na Alemanha. De fato, bastaram dois meses de mandato para que cerca de 10 mil comunistas fossem presos pela **polícia**.

Mas se os nazistas não morriam de amores pelo pessoal da foice e do martelo, também acabaram com os conservadores e domesticaram católicos e monarquistas, a turma que formava a direita tradicional da Alemanha da **época**. Os principais líderes conservadores, com quem os nazistas formavam o governo de coalizão, saíram de cena em 1934, durante a charmosamente batizada "Noite das Facas Longas". Muitos deles foram executados pela polícia ou pelos bandos nazistas, como o general Kurt von Schleicher, que havia sido chanceler em 1932. Hitler estava ainda mais longe dos liberais, os defensores do livre comércio e do Estado mínimo, o que muita gente conhece como a direita nos dias de **hoje**. "O que os nazistas buscavam era uma forma de comunitarismo anticapitalista, antiliberal e anticonservador", afirma o ensaísta americano Jonah Goldberg.[1]

Repare, por exemplo, nas seguintes reivindicações políticas:

Nós exigimos a divisão de lucros de indústrias pesadas.

Nós exigimos uma ampliação, em larga escala, da proteção social na velhice.

Abolição de rendas não auferidas através do trabalho. Fim da escravidão por juros.

Nós exigimos a criação de uma classe média saudável e sua conservação, a imediata socialização das grandes lojas de departamento, que deverão ser arrendadas a baixo custo para pequenas empresas, e um tratamento de máxima consideração a todas as firmas pequenas nos contratos com o governo federal, estadual e municipal.

Nós exigimos uma reforma agrária adequada às nossas necessidades, uma legislação para desapropriação da terra com propósitos de utilidade pública, sem indenização, a abolição dos impostos territoriais e a proibição de toda a especulação com a terra.

O Estado deverá se responsabilizar por uma reconstrução fundamental de todo o nosso programa nacional de educação, para permitir que todo alemão capaz e laborioso obtenha uma educação superior e subsequentemente seja encaminhado para posições de destaque. [...] Nós exigimos que o Estado financie a educação de crianças com excepcionais capacidades intelectuais, filhas de pais pobres, independentemente de posição ou profissão.

O Estado deve cuidar de elevar a saúde nacional, protegendo a mãe e a criança, tornando ilegal o trabalho infantil, encorajando o preparo físico por meio de leis que obriguem à prática de ginástica e do esporte, pelo apoio incondicional a todas as organizações que cuidam da instrução física dos jovens.[2]

Propostas desse tipo lembram as de políticos brasileiros que dizem lutar pelos pobres, mas elas vêm da primeira plataforma do Partido Nazista, divulgada em 1920.

Nas memórias que escreveu na prisão em Israel pouco antes de morrer, Adolf Eichmann, operador da Solução Final e gerente da logística dos campos de extermínio, conta que **comemorou quando Hitler e Stálin assinaram um pacto de não agressão**, em 1939. "Eu e meus camaradas comemoramos o pacto com a Rússia com cerveja e vinho, como era o costume."

EICHMANN, UM CARA DE ESQUERDA

Eichmann conta ainda que **havia na SS duas tendências políticas ocultas e divergentes**: uma de extrema direita e outra de esquerda. Nesta última, na qual ele se encontrava, o socialismo e o nacional-socialismo eram considerados "uma espécie de irmãos". "**Meus sentimentos políticos se inclinavam para a esquerda, e eu me interessava pelo socialismo tanto quanto pelo nacionalismo**", escreveu.[3]

Como Hitler conheceu o nazismo

Quando a Primeira Guerra Mundial acabou, o jovem cabo Adolf Hitler, que participara da guerra como mensageiro, continuou trabalhando no exército. Era uma espécie de espião, que monitorava os mais de 70 grupos nacionalistas e pequenos partidos socialistas em proliferação pela Baviera.

No dia 12 de setembro de 1919, uma sexta-feira à noite, ele foi assistir a um encontro do Partido dos Trabalhadores Alemães num salão da cervejaria Sterneckerbräu, de Munique. Como muitos outros da época, esse partido era formado por operários e funcionários de baixo escalão – a maioria deles da estação ferroviária da cidade – e lutava contra a especulação financeira e as grandes corporações. "Eu ainda tenho esperança de uma verdadeira e justa forma de socialismo, a salvação das massas trabalhadoras e a libertação da humanidade criativa das correntes do capitalismo exploratório", afirmou um dos fundadores, o poeta e operário de oficinas ferroviárias Anton Drexler, num panfleto que divulgava as ideias do partido.[4] Mas havia uma diferença entre aquele movimento e os outros grupos radicais da Baviera. Além de socialista, o Partido dos Trabalhadores Alemães era nacionalista – e **antissemita**. Culpava os judeus por lucrarem com a guerra e provocarem a derrota da Alemanha. Reunia os nazistas originais, apesar de eles ainda não se chamarem assim.

Na palestra daquela sexta-feira à noite, o engenheiro Gottfried Feder apresentou aos cerca de 40 convidados a palestra "Como e por que meios o capitalismo deve ser eliminado". Quando a conversa migrou para uma possível independência da Baviera em relação à Alemanha e sua ane-

O socialismo original pregava uma revolução sem fronteiras de todo o proletariado. Esse era o objetivo de Trótski e a razão de sua grande divergência com Stálin, adepto da estratégia de fortalecer o regime comunista na União Soviética para depois exportá-lo.

xação à Áustria, o jovem espião Adolf Hitler não conseguiu se manter em silêncio e reagiu com veemência à proposta, pois acreditava que os povos de língua alemã deveriam se juntar num grande país. Os ouvintes na cervejaria se impressionaram com a convicção e o dom de oratória do desconhecido. Na porta de saída da cervejaria, Anton Drexler deu a Hitler um exemplar do panfleto político que misturava socialismo, nacionalismo e antissemitismo.

Na manhã seguinte, Hitler acordou às 5 horas da manhã. Como de costume, divertiu-se jogando pedaços de pão aos ratos que perambulavam pelo seu cubículo no Segundo Regimento de Infantaria de Munique. Sem conseguir voltar a dormir, resolveu dar uma olhada no livreto que ganhara na véspera. E gostou. "Desde o início, o livreto me despertou interesses, pois nele se refletia um fenômeno que 12 anos antes eu havia sentido. Involuntariamente, vi se avivarem as linhas gerais da minha própria evolução mental", contou ele, anos depois, em sua biografia *Minha Luta*, lançada a partir de 1925.[5]

Hitler já era um dos diretores do Partido dos Trabalhadores Alemães no ano seguinte, quando o grupo resolveu mudar de nome. A primeira ideia de Hitler foi "Partido Social Revolucionário", mas ele acabou concordando que o nome "Partido Nacional-Socialista dos Trabalhadores Alemães" atrairia ao mesmo tempo socialistas e nacionalistas. Mais que um ideólogo, um pensador do nazismo, Hitler foi um divulgador de ideias que estavam mais ou menos difundidas na Alemanha do pós-guerra. No início formado por poucas dezenas de membros, o Partido Nacional-Socialista dos Trabalhadores Alemães cresceu com mais velocidade depois de ganhar Hitler como arauto. Diferentemente dos oradores da época, quase todos senhores acostumados a fa-

Até meados da década de 1920, Anton Drexler, cujo panfleto defendia a luta contra o capitalismo, era chamado de führer pelos nazistas. E o economista Gottfried Feder, cuja palestra anticapitalista impressionou Hitler na reunião da cervejaria, foi em todo o início do nazismo a principal voz econômica dos nazistas – era conhecido como "o filósofo do partido".

zer discursos solenes e pomposos, ele usava a linguagem popular e um ritmo vibrante. Logo deixou as mesas compridas das cervejarias para discursar em auditórios apinhados. O tema de suas falas era quase sempre o mesmo: os judeus, tanto comunistas quanto capitalistas, eram a raiz de todos os males da Alemanha, os responsáveis por transformar o glorioso passado do país na miséria a que estava então submetido; portanto, era preciso eliminar os judeus a fim de que a Alemanha voltasse a ser uma potência. A veemência fanática dos comícios e a explicação simples para os problemas sociais atraíam adeptos e enfureciam os opositores (ou qualquer pessoa com o parafuso no lugar). No fim de 1921, o Partido Nazista já tinha 2 mil membros.

Nazismo e comunismo se tornaram, assim, lados opostos da mesma moeda revolucionária – ou "gêmeos heterozigotos", como descreve o historiador francês Pierre Chaunu. Um lado pretendia exterminar o outro, mas ambos queriam varrer a ordem capitalista para criar um mundo perfeito, sem conflitos de classe – e nenhum deles via problema em matar alguns milhões e alcançar sua versão do paraíso terrestre.

Havia tantas semelhanças entre o novo partido e os revolucionários comunistas que muita gente se confundia. Hitler achava graça dessa confusão. "Os espíritos nacionalistas da Alemanha cochichavam a suspeita de que, no fundo, não éramos senão uma espécie de marxistas, talvez simplesmente marxistas, ou melhor, socialistas", escreveu ele em sua biografia.[6]

Não era coincidência. Na autobiografia, Hitler conta que se inspirou nos movimentos comunistas para escolher o vermelho das bandeiras, os locais dos discursos, os símbolos do partido e até a ideia de panfletar pela cidade em caminhões "cobertos com o maior número possível de panos vermelhos, arvorando algumas bandeiras nossas".[7] A tática de criar confusão nos comícios também veio dos opositores. "Hitler aprendeu, com os organizadores dos comícios da esquerda, como eles deviam ser orquestrados, o valor da intimidação dos oponentes, as técnicas de disrupção e como lidar com os distúrbios", conta o historiador inglês Ian Kershaw. A cópia tinha um objetivo: atrair operários que até então simpatizavam com o comunismo. "De repente, nossas reuniões começaram a ficar repletas de operários. Eles entravam como inimigos e, ao saírem, se já não eram adeptos nossos, pelo menos submetiam sua própria doutrina a um exame refletido e crítico", escreveu Hitler. "Pouco a pouco, depois de um discurso meu, que durava 3 horas, adeptos e adversários chegaram a fundir-se em uma só massa cheia de entusiasmo."[8]

No fim de 1923, Hitler deu um golpe frustrado contra o governo da Baviera. Foi preso e teve o partido banido. Em 1925, o movimento voltou à legalidade e renasceu com força. Em 1926, já tinha 27 mil filiados e, a partir de então, dobraria a cada ano, até chegar a 800 mil em 1931.[9] O responsável por esse crescimento, além de Hitler, foi Gregor Strasser, "sem dúvida a figura mais poderosa da nova era do partido".[10] Strasser difundiu o nazismo para fora da Baviera, principalmente entre operários do norte da Alemanha, além de organizar a propaganda e a estrutura dos gabinetes locais.

Enquanto Hitler se concentrava nos grandes discursos e táticas políticas, Strasser era o homem que comandava o dia a dia partidário. A fórmula do sucesso para conquistar tantos participantes? Um discurso que hoje ganharia curtidas no Facebook e aplausos no Fórum Social Mundial. "Nós somos socialistas", dizia Strasser. "Somos inimigos, inimigos mortais do sistema econômico capitalista de hoje, com sua exploração dos economicamente fracos, seu sistema salarial injusto, sua maneira imoral de julgar o valor de seres humanos em termos de riqueza e dinheiro, em vez de por sua responsabilidade e seu desempenho, e estamos determinados a destruir esse sistema aconteça o que acontecer."[11]

Em 1934, o sociólogo americano Theodore Abel colheu depoimentos da velha guarda do Partido Nazista. Perguntou aos participantes como eles haviam aderido. Os testemunhos, que resultaram no livro *Why Hitler Came into Power*, mostram que o nazismo, para os alemães, era uma opção a mais entre os movimentos revolucionários socialistas. Um mineiro contou a Theodore Abel que se tornara nazista porque se interessava pela melhoria das condições dos trabalhadores, mas ficava perturbado com a negação marxista do valor da nação. "Eu me perguntava por que o socialismo precisava estar amarrado ao internacionalismo – por que ele não poderia funcionar tão bem, ou até melhor, combinado com o nacionalismo."[12]

Apesar do ódio de boa parte dos nazistas aos homens de negócio, não se pode dizer que Hitler surfava na mesma onda. "Seu anticapitalismo era puramente antissemita e permitido apenas para o ataque a capitalistas judeus, que, em sua opinião, controlavam tudo", afirmou o historiador alemão Karl Dietrich Bracher.[13] Hitler incomodava pouco os empresários "arianos" e, conforme o Partido Nazista ganhava importância na política alemã, tratou de tranquilizá-los de que não faria travessuras econômicas. Até então, a gritaria anticapitalista da turma da suástica deixava industriais e comerciantes assustados. "Os grandes

A origem da palavra "ariano" é tão esquisita quanto as teorias raciais sobre ela. Ariano quer dizer iraniano, o povo originário da Ária, a parte da Pérsia mais próxima à Índia, onde hoje fica o Irã. Os antropólogos racistas do século 19 achavam que as pessoas do Cáucaso (que inclui o Irã) eram os melhores exemplares da raça branca (daí ser chamada caucasiana). Hitler considerava que os alemães eram mais arianos que os próprios arianos, que haviam se miscigenado.

empresários não eram amigos da democracia. Mas em sua maioria, tampouco queriam ver os nazistas dirigindo o país", afirma o historiador Ian Kershaw.[14] Os empresários tinham razão ao temer os nazistas, pois a ascenção de Hitler também os levou à ruína.

Grandes empresários também foram parar em campos de concentração

No começo da década de 1930, a República de Weimar entrou em mais uma crise: nenhum partido conseguia a maioria necessária no parlamento para eleger o chanceler. Novas eleições eram convocadas e, em cada uma delas, o Partido Nazista ficava maior.

Diante da oportunidade de virar chanceler, Hitler apaziguou o discurso anticapitalista e começou a organizar reuniões e jantares com endinheirados alemães. Passou o fim de 1931 rodando o país em reuniões com empresários, industriais e aristocratas. O interessante é que fazia isso em segredo, sem motivar notícias nos jornais, para evitar a imagem de que era amigo dos ricos. "O partido tinha de manobrar entre os dois lados", conta o jornalista William Shirer no clássico *Ascensão e Queda do Terceiro Reich*. "Devia permitir a Strasser, a Goebbels e ao maníaco Feder seduzirem as massas com o grito de que os nacional-socialistas eram verdadeiramente socialistas e contra os magnatas do dinheiro. Por outro lado, o dinheiro para manter o partido devia ser obtido jeitosamente daqueles que o possuíam em abundância."[15]

Os membros mais anticapitalistas do grupo aos poucos se afastaram ou foram mortos nessa época. Gottfried

Feder, aquele que deu a palestra contra o capitalismo ao cabo Adolf Hitler na cervejaria, acabou se refugiando num cargo de professor universitário, mas apoiou o nazismo até sua morte, em 1941. Anton Drexler, o fundador, terminou a vida cheio de homenagens, condecorações e nenhuma importância política. Gregor Strasser brigou com Hitler em 1932 – dois anos depois, foi preso pelo governo nazista e fuzilado em sua cela por ordem de Hitler.

A proximidade do poder atraiu banqueiros, industriais e magnatas (por afinidade ideológica ou interesse nos saborosos contratos públicos, como acontece hoje). O caso mais interessante é de Gustav Krupp, dono do conglomerado de siderurgia que formava a maior empresa europeia. Monarquista, como a maioria dos grandes industriais, Krupp apoiava os conservadores e fez de tudo para que o presidente alemão, Paul von Hindenburg, rejeitasse Hitler como chanceler. Ao perceber que sua vontade foi ignorada, Krupp se tornou da noite para o dia um "supernazi", como disse o colega Fritz Thyssen.

A aliança dos empresários com Hitler fez muitos historiadores retratarem o nazismo como resultado dos famosos "interesses econômicos" e Hitler, como um fantoche de **empresários**. Essa tese foi refutada, já nos anos 60, pela teoria da primazia da política, segundo a qual os nazistas usaram as grandes empresas como títeres no esforço de guerra, submetendo lucros aos interesses da nação. "Ele [Hitler] ignorava totalmente os princípios da economia", conta o biógrafo Ian Kershaw. "Apesar de defender a propriedade privada, a empresa individual e a competição econômica, e desaprovar a interferência de sindicatos na liberdade de donos e gerentes de dirigir seus negócios, seria o estado,

A empresa que mais lucrou ao se aproximar da administração nazista foi IG Farben, que usou o trabalho escravo dos campos de concentração para fornecer ao governo borracha sintética, combustíveis e produtos químicos.

O antissemitismo na Alemanha não era uma exclusividade dos nazistas. Membros de outros partidos socialistas também desprezavam judeus – e até mesmo o judeu Karl Marx, o pai do comunismo, expressou opiniões que parecem ter inspirado Hitler. No ensaio *Sobre a Questão Judaica*, escrito em 1843, Marx diz: "Qual a base profana do judaísmo? A necessidade prática, o interesse pessoal. Qual o culto mundano do judeu? A usura. Qual o seu deus mundano? O dinheiro. Muito bem! Ao emancipar-se do tráfico e do dinheiro e, portanto, do judaísmo real e prático, a nossa época conquistará a emancipação do judaísmo".

MARX CONTRA OS JUDEUS

Trata-se da velha ideia de que o capitalismo imperou no mundo por causa dos judeus. Marx prossegue com uma receita de como eliminar o judaísmo de todas as esferas: "Uma organização da sociedade que abolisse os pressupostos da usura, por conseguinte, a própria possibilidade de comércio, impossibilitaria a existência do judeu. A sua consciência religiosa dissolver-se-ia como um vapor insípido na atmosfera real, tonificante, da sociedade. [...] Descobrimos, pois, no judaísmo um elemento antissocial universal do tempo presente, cujo desenvolvimento histórico, zelosamente coadjuvado nos seus aspectos perniciosos pelos judeus, atingiu agora o ponto culminante, ponto em que tem necessariamente de se desintegrar".

e não o mercado, que determinaria a forma de desenvolvimento econômico. Desse modo o capitalismo continuaria vigente – mas, em seu funcionamento, ele foi transformado em um adjunto do Estado."[16]

Até os magnatas mais comprometidos com o nazismo se arrependeriam do apoio a Hitler. "Com o passar do tempo, os empresários verificaram que o regime tinha interesses próprios que cada vez mais divergiam dos deles", afirma o historiador inglês Richard Evans.[17] Durante o Plano dos Quatro Anos, liderado pelo ministro Hermann **Göring**, o governo passou a direcionar toda a economia para a guerra. Expropriou minas e indústrias, criou uma penca de estatais, dificultou a exportação de produtos necessários ao rearmamento alemão, aumentou impostos dos mais **ricos** e interveio nas indústrias privadas determinando o que elas deveriam produzir e a que preço. Uma simples venda ao exterior exigia a apresentação de mais de 40 documentos. Ainda era preciso se submeter à extorsão de membros do partido, que exigiam contribuições para as campanhas.

Aos poucos, os empresários perceberam que o nazismo permanecera avesso ao livre comércio. O peso do governo sobre a economia convergia com antigos ressentimentos de Hitler. Na autobiografia escrita lá no começo, em 1925, ele diz: "Se durante a [Primeira] Guerra as fábricas alemãs tivessem exercido pressão, por meio de greves, sobre os acionistas famintos de dividendos, se tivessem se mostrado fanáticas no seu germanismo, em tudo que concerne à defesa nacional, se tivessem também dado à pátria o que é da pátria, sem restrição alguma, não teríamos perdido". Na revanche de 1939, Hitler forçaria as empresas a se sacrificarem pela pátria.

A partir de minas e fábricas nacionalizadas, o ministro criou uma estatal com seu próprio nome, a Siderúrgica Hermann Göring. Isso cheira a Hugo Chávez, não?

Hitler aumentou os impostos dos alemães mais ricos para 50% da renda pessoal.

Ao defenderem bandeiras abjetas como a eugenia, as leis discriminatórias e a deportação em massa, os nazistas diziam
estar apenas copiando feitos de outros países.
Não era uma mentira completa, apesar da eficiência do extermínio industrial de judeus ser inédita. Nos Estados Unidos, as
leis "Jim Crow" segregavam os negros em ônibus, trens, escolas
e universidades.

CHURCHILL
A FAVOR DA EUGENIA

Na Turquia, o Império Otomano praticou o primeiro grande
genocídio do século 20. Durante a Primeira Guerra Mundial
e pouco depois dela, quase toda a população de armênios, cerca de
2 milhões de pessoas, foi expulsa do país – boa parte dela morreu nas "marchas da morte" rumo a alguma fronteira. E a esterilização forçada era praticada em alguns estados do Canadá
e dos Estados Unidos, além do Japão e em quase todos os países do
norte da Europa – na Suécia, a eugenia era oficial até 1976.

Até mesmo Winston Churchill, o ídolo do autor deste livro, o maior líder político do século 20, o senhor da guerra que ganhou o Nobel de Literatura, cometeu a bobagem de defender a eugenia. Entre 1910 e 1911, quando foi ministro do Interior, Churchill tentou aprovar uma lei para permitir a esterilização de 120 mil deficientes mentais. Para Churchill, essas pessoas "mereciam tudo que podia ser feito a elas por uma civilização cristã e científica", mas deveriam ser "segregadas sob condições apropriadas para que sua doença morra com elas e assim não a transmitam para gerações futuras".

No mesmo ano, Churchill escreveu numa carta que "o crescimento rápido e artificial das classes insanas e débeis mentais, ao lado da constante restrição dos grupos prósperos, enérgicos e superiores, constitui um perigo à nação e à raça que é impossível de ser exagerado". Poucos parlamentares se opuseram à lei, que acabou sendo aprovada – sem permitir a esterilização, apenas o confinamento dos deficientes mentais. Décadas depois, quando a eugenia virou bandeira de radicais nacionalistas, Churchill mudou de ideia.

Membros do Partido
Nazista, armados
com machados e
martelos, saíram
- por cidades da
Alemanha e da
Áustria destruindo
sinagogas, lojas,
casas e cemitérios
de judeus, além
de matar e levar
milhares deles para
campos de trabalho.

Um dos industriais a apoiar Hitler com mais convicção foi Fritz Thyssen — e sua história é um excelente exemplo do que aconteceu com os empresários na Alemanha nazista. Thyssen era herdeiro das maiores minas e indústrias de siderurgia do país — em 1938, sua companhia era a quarta maior do país em número de funcionários. Foi o principal empresário aliado de Hitler desde que o conheceu, em 1923. Dez anos depois, foi por insistência de homens como Thyssen que o presidente Paul von Hindenburg acabou indicando Hitler para o cargo de chanceler. Aos poucos, porém, Thyssen começou a se assustar com o radicalismo dos nazistas no poder. Depois de 9 de novembro de 1938, a "Noite dos Cristais **Quebrados**", o magnata decidiu retirar seu apoio. No ano seguinte, avisou ao governo que discordava da guerra e fugiu para a Suíça. Acabou capturado por agentes nazistas na França, enviado a um sanatório e, depois, a um campo de concentração. Ficou preso com a mulher até o fim da Segunda Guerra Mundial. Pouco antes de morrer, ao reavaliar sua vida, disse: "Como fui estúpido".

OS MONSTROS POLITICAMENTE CORRETOS

Como o nazismo pôde acontecer?

Até 1930, a Alemanha discriminava os judeus tanto quanto outros países europeus. De acordo com uma extensa pesquisa do sociólogo americano William Brustein, que contabilizou artigos de jornais, ataques civis e leis discriminatórias, o antissemitismo era mais forte no leste europeu. Na Rússia e na Polônia, pogroms (os ataques repentinos a judeus, comuns no fim do século 19) aconteceram até a década de 1920. Pela pesquisa de Brustein, Inglaterra, França, Alemanha e Itália empatavam na quantidade de artigos associando judeus a crimes e à crise econômica.[18] Na Alemanha, os judeus se casavam mais com mulheres cristãs que com judias. O termo "casamento misto" nem mesmo era usado para casais judeus e cristãos, e sim para protestantes e católicos, ou brancos e negros ou asiáticos.

Entre muitos exemplos de antissemitismo britânico está o de Jack, o Estripador. Em 1888, quando vítimas do maníaco apareciam mortas nas ruas de Londres, moradores saíam em protestos contra judeus, que evitavam ir à rua e mantinham lojas fechadas.

Dez anos depois, porém, esse país, um dos mais educados da Europa e não mais antissemita que os vizinhos, fuzilava crianças judias em casa, invadia quartos de hotéis para flagrar judeus no ato com cristãs, defendia o direito de violentar qualquer judia que andasse pela rua à noite e planejava uma indústria de horror nunca antes vista em toda a história da humanidade, capaz de matar e cremar os corpos de 2 mil pessoas por hora. Como isso pôde acontecer?

A resposta mais frequente mira na repressão e no enorme poder de persuasão dos nazistas. A demonização dos oponentes, os cartazes de propaganda, os filmes extremamente bem construídos exaltando a raça e o regime, os discursos hipnóticos de Hitler e as enormes marchas anuais de Nuremberg resultaram numa lavagem cerebral das multidões alemãs. A população, vulnerável com a hiperinflação que destruiu a economia do país na década de 1920, se refugiou no radicalismo e na salvação que Hitler anunciava. A ideia de que os judeus eram a causa de todos os problemas do país fez os cidadãos, quando não apoiavam com feroz entusiasmo os terríveis crimes do governo, virarem as costas para os judeus. "O caminho para Auschwitz foi construído com ódio, mas pavimentado pela indiferença", diz uma famosa frase do historiador Ian Kershaw.

Alguns estudiosos adicionam mais itens a essa resposta. Um deles era as boas intenções, com as quais, diz o sábio ditado, se preenche o inferno. A força dos nazistas se nutria não só do ódio, mas também dos nobres sentimentos de esperança e otimismo, vontade de mudar o país, esforço para praticar somente ações que a ciência da época considera positivas e edificantes. Amparados em ideias raciais bem-aceitas nas universidades e em centros de pesquisa da Europa, apresentando-se como os guardiões da cultura nacional que restaurariam a glória de tempos passados, os nazistas eram os politicamente corretos da época. "O nazismo se baseou não só na repressão, mas no encanto de ideias coletivas de desenvolvimento cívico", afirma a historiadora americana Claudia Koonz, da Universidade Duke. "O caminho para Auschwitz foi pavimentado pela correção moral."[19]

Jovens revolucionários e politicamente corretos criaram Auschwitz

Se hoje a suástica nos faz lembrar de ódio, discursos furiosos e marchas impecáveis com centenas de milhares de coturnos, muitos alemães da época enxergavam naquela ideologia maluca o contrário: generosidade abnegada e amor fraternal pelos companheiros de etnia, alegria e celebração da cultura alemã. Nos discursos de Hitler, palavras como "amor", "coração", "alma", "ajuda mútua", "determinação", "futuro", "autossacrifício" são tão comuns quanto "judeus" e "comunistas". Ao lado do ódio às minorias, os jovens nazistas pregavam coisas que ainda hoje parecem do bem: deixar de pensar apenas em si próprio, respeitar o cidadão germânico como um irmão, preocupar-se menos com conquistas materiais – abandonando a cultura consumista e frívola –, dedicar-se mais à sociedade. "Trate seu camarada como você gostaria de ser tratado", dizia um slogan comum dos cartazes nazistas.

Por esse ponto de vista, os nazistas conquistaram o povo quando conseguiram difundir uma nova consciência moral na Alemanha. Nessa estranha noção de certo e errado, as atitudes mais éticas que poderiam tomar eram aquelas que preservavam a pureza do povo germânico e atendiam à necessidade de sacrifício pela pátria de modo incondicional. Em respeito às gerações passadas e futuras, os alemães deveriam se esforçar para não ter piedade e sentimentalismos com as "raças menores". Como pregava Heinrich Himmler, "tudo o que fazemos deve ser justificado em relação a nossos ancestrais. Se não encontramos esse vínculo moral, o mais profundo e o melhor porque mais natural, não seremos capazes de vencer o cristianismo e construir o Reich germânico que será uma benção para a Terra".[20]

Dentro dessa loucura moral, Hitler posava não como um monstro sem escrúpulos, mas como o fiel guardião do orgulho alemão, tão devastado pela derrota na Primeira Guerra Mundial e pela hiperinflação dos anos 20. "Como uma resposta ao sentimento de impotência nacional dos alemães, Hitler fez de si próprio um pregador da virtude", afirma Koonz.

A preocupação em parecer o alemão mais ético e virtuoso vinha de longe. Em 1919, em seu primeiro texto antissemita, Hitler defende o "renascimento das forças morais e intelectuais da nação"; cinco anos depois, preso por tentar derrubar o governo da Baviera, afirma que o comunismo só será vencido por um "nacionalismo extremamente radical da mais alta ética e moral social"; e em outubro de 1933, já líder supremo da Alemanha, promete num discurso de rádio "restaurar a ordem do nosso povo, dando trabalho e pão para as massas famintas e proclamando os conceitos de honra, lealdade e decência como elementos do código de moral e ética".[21] Para arrematar: "eu me vejo como o homem mais independente que existe, subordinado a ninguém, em dívida com ninguém, respondendo apenas à minha consciência. E a minha consciência tem apenas um comandante – o povo alemão".

Livros, institutos de pesquisa e professores universitários apregoavam os riscos da miscigenação, ao ponto que mesmo alemães tolerantes, que desprezavam Hitler e o nazismo, passaram a ter um preconceito polido contra os grupos perseguidos. E isso acontecia com alemães de qualquer idade. Em 1940, um garoto de 12 anos chamado Alfons Heck teve um amigo, um menino judeu chamado Heinz, capturado com a família por homens da Gestapo. Em vez de reclamar da intolerância dos policiais, Alfons considerou a deportação justa. E lamentou o "erro" da família do amigo. "Que azar que Heinz era judeu", escreveu **Alfons**.[22]

Em 1933, cinco meses depois da posse de Hitler, o governo mandou um comunicado aos professores intitulado *Diretrizes para os Livros de História*. O texto recomendava a esses profissionais que deixassem a educação tradicional dos livros e fossem com os alunos para perto da natureza. Então o texto partia para afirmar que era preciso resgatar velhos valores de lealdade, de heroísmo e de comprometimento com o futuro da nação. O professor deveria montar as aulas a partir "do conceito de heroísmo ligado à ideia de liderança", sugerindo redações sobre a unidade germânica sob a dominação de Hitler e a "revolução nacionalista como um começo de uma nova era".[23]

Nas aulas de matemática, os alunos calculavam quanto o governo gastava ao manter um doente mental no asilo, sugerindo a justificativa para o programa de eutanásia dos

Um exemplo lapidar dessa inversão de valores é a opinião de Carl Schmitt, na época um dos maiores juristas da Alemanha e – pasme – especialista em direito constitucional. "Nem todo ser com cara de humano é humano", resumiu ele ao defender o extermínio dos judeus.

doentes mentais. Outro manual de educação dizia aos professores que deixassem os alunos "ansiando por uma liberdade interior, para a alegria no trabalho em si e não apenas como um meio de enriquecer", afinal o "nacional-socialismo não é nada mais que a celebração da vida".

Como quase sempre acontece com ideias nefelibatas e revolucionárias, os jovens adoraram. O nazismo seduziu moças e rapazes dispostos a dedicar a vida pelo **país**. Eles participaram entusiasmados das fileiras e do governo nazista porque viam ali oportunidade de deixar de lado o tédio da vida burguesa e transformar-se em pessoas de ação. "Para a maior parte dos jovens alemães, o nacional-socialismo não significava ditadura, censura e repressão; significava liberdade e aventura", afirma o historiador alemão Götz Aly. "Eles enxergavam o nazismo como uma extensão natural do movimento jovem, um regime antienvelhecimento da mente e do corpo."[24] Praticar esportes, por exemplo, voltou à moda nessa época.

Como os nazistas consideravam a etnia uma entidade que se perpetuava além das gerações, era preciso cuidar da saúde, em respeito às gerações passadas e futuras. "O corpo não pertence a você, pertence à nação", dizia um pôster. "Aprenda a sacrificar-se pela pátria. Nós somos todos mortais. A pátria segue em frente", podia-se ler na legenda de fotos que exibiam um Hitler sorridente.[25] Pois é, Hitler sorria – profusa e calculadamente.

Muitos jovens sentiram que, enfim, haviam encontrado uma causa para se dedicar incondicionalmente, uma razão para viver. "Foi uma honra para mim estar entre os primeiros estudantes que participaram daquele trabalho pioneiro", escreveu uma estudante voluntária durante

Os estudantes captaram bem esse espírito. Ao vender rifas beneficentes ou pedir dinheiro para festas ou ações de caridade, eles repetiam o lema "primeiro a necessidade nacional, depois a ganância individual".

a guerra. "Estávamos unidos numa grande missão: usar nossas férias para trabalhar na Polônia com toda a força e conhecimento que tivéssemos". O diário de um rapaz de 27 anos, trabalhando na ocupação nazista em Praga, mostra a vontade dos jovens nazistas de parar com discussões e "sentimentalismos" e partir para a ação. "Nós aprendemos muito cedo, durante os dias de luta do movimento, a procurar por desafios, em vez de esperar que eles venham até nós."[26]

Um desses jovens era Melita Maschmann. "Eu queria fugir da vidinha pequena e infantil que levava com meus pais e me engajar em alguma coisa grande e fundamental", contou ela em sua biografia, lançada em 1965. Como muitos jovens, Melita grudou uma suástica no braço interessada não exatamente em política, mas nos esportes, caminhadas e acampamentos com fogueiras organizados pela Juventude Hitlerista. Logo, foi atraída pelas questões nacionais e virou líder da Liga das Moças Alemãs, a ala feminina da Juventude Hitlerista. "Minha família tinha planos conservadores para mim. Na boca dos meus pais, as palavras 'social' ou 'socialista' tinham sempre um tom de desprezo. Mas eu acreditava nos nazistas quando eles propunham acabar com o desemprego e tirar 6 milhões de pessoas da pobreza. Eu acreditava neles quando diziam que iam unificar a nação alemã, então dividida em mais de 40 partidos, e superar as consequências ditadas no Tratado de Versalhes", escreveu ela.[27]

Contra a vontade dos pais "conservadores", Melita passou a se dedicar integralmente ao nacional-socialismo. Em 1942, viajou à Polônia, então ocupada pelo exército alemão, para fazer trabalho voluntário. Com 23 anos, era a

Um bom livro a comparar nazismo e comunismo é *A Infelicidade do Século*, do historiador francês Alain Besançon. Apesar de ser recomendado e traduzido no Brasil por Emir Sader, eterno defensor de qualquer desvario socialista, o livro tem uma mensagem clara: nazismo e comunismo são irmãos gêmeos que brigam. Besançon compara as duas ideologias a partir de três tipos de destruição: física, política e moral.

Na destruição física, é difícil dizer quem foi pior. Os comunistas mataram mais (por volta de 80 milhões de pessoas,[28] contra 10 milhões dos nazistas), mas num período mais longo e em mais países. Deportações em massa, chacinas a céu aberto ou com gases asfixiantes ocorreram na União Soviética desde a década de 1920. A NKVD, a polícia secreta soviética, criou em 1936 uma câmara móvel de gás, instalada num caminhão que levava as vítimas para a vala comum enquanto elas morriam. Hitler copiou e aperfeiçoou esses métodos.

Os comunistas saem na frente na categoria repressão à população. Isso porque o inimigo principal dos nazistas pertencia a uma categoria delimitada – os judeus. Já no comunismo, qualquer pessoa é suspeita. "Daí o medo torturante que pesava sobre toda a população", diz Besançon. Todo um corpo de espiões e interrogadores era necessário para revelar os inimigos do sistema. Por esse motivo, a Stasi, polícia secreta da Alemanha Oriental, tinha um agente para cada 166 alemães (sem contar os milhões de informantes), enquanto na Gestapo, a polícia nazista, a razão era de um agente para cada 2 mil alemães.

Na destruição política, dá empate. No poder, comunistas e nazistas trataram não só de eliminar qualquer oposição como de remodelar as formas de vida social: a família, a religião, os clubes, os sindicatos, os demais partidos políticos. "As pessoas foram privadas de todo o direito de associação, de agregação espontânea, de representação", diz Besançon.[29]

NAZISMO E COMUNISMO: EXISTE DIFERENÇA?

A grande diferença está na destruição moral, a capacidade das duas ideologias de tornar o errado certo, de transformar crimes em práticas não só aceitáveis como necessárias. A princípio, nazismo e comunismo se parecem. Ambos justificaram milhões de mortes em nome de um pretenso ideal superior. Mao Tsé-tung defendia que "talvez metade da China tenha que morrer"; para Himmler, o comandante da SS, "tudo o que fazemos deve ser justificado em relação a nossos ancestrais". A diferença é que os vermelhos foram muito mais longe nessa perversão moral. "O regime comunista não esconde seus crimes, como fez o nazismo; ele os proclama, convida a população a se associar a eles", diz o historiador.[30]

Uma amostra dessa perversão é o fato de hoje, enquanto o nazismo está devidamente enterrado com seus horrores, ainda há gente, como fazia o historiador Eric Hobsbawm, a justificar as dezenas de milhões de mortes em nome da ideologia. Essas pessoas, justamente elas, são a prova da destruição moral que só o comunismo conseguiu realizar.

mais velha de um grupo de 12 colegas. A vida no país ocupado não tinha regalias nem conforto, mas isso só aumentava o espírito de aventura da empreitada, a autonomia e a responsabilidade. O trabalho de Melita não era dos mais limpos. A ocupação nazista expulsava judeus e eslavos dos povoados para levá-los aos campos de extermínio e, no lugar, estabelecia descendentes **germânicos**. Cabia a Melita e a suas colegas entrar nas casas dos judeus, limpá-las, rearranjar móveis, queimar fotografias e objetos pessoais sem **valor**. Quando os novos moradores chegavam, ela e as colegas organizavam aulas de alemão e teoria racial para os assentados. Até o fim da guerra, a garota trabalhou sem descanso em seu projeto de mundo melhor. Mesmo depois do suicídio de Hitler, Melita demorou 12 anos para se libertar das ideias nazistas.

Os líderes nazistas conheciam muito bem o entusiasmo desses voluntários. Uma década antes, eram eles os jovens idealistas. Na noite de 30 de janeiro de 1933, depois de sucessivas tentativas de formar um governo de coalizão, Hitler enfim foi nomeado chefe do governo. Nesse momento, Adolf Eichmann, que se tornaria o diretor dos campos de extermínio, tinha 26 anos; Reinhard Heydrich, o inventor do extermínio em massa, 28; Albert Speer, o arquiteto-chefe de Hitler, 27. Um dos mais velhos do grupo, com 35 anos, era o filósofo, doutor em língua alemã e escritor fracassado Joseph Goebbels. Naquela noite, ele registrou com uma alegria juvenil a festa que tomou conta de Berlim quando Hitler apareceu na janela do Parlamento alemão anunciando que ganhara o cargo de chanceler. Depois de dar entrevistas para quase todas as estações de rádio alemãs, Goebbels chegou a casa às

No século 18, Prússia, Áustria e Rússia conquistaram e dividiram a Polônia. Os poloneses só reouveram sua independência depois da Primeira Guerra Mundial, passando a abrigar em seu território povoados de origem alemã.

Não faltavam casas e povoados para serem organizados por Melita e suas colegas, pois 1942 foi o ano de maior extermínio dos judeus. Mais da metade das vítimas de Hitler seria morta nesse ano.

3 horas da manhã ainda eufórico. "É quase um sonho... um conto de fadas", escreveu ele em seu diário. "O novo estado acabou de nascer! Uma explosão de energia popular. Linda euforia, as pessoas enlouquecidas na rua. A revolução alemã começou!" Os jovens revolucionários que pregavam um mundo perfeito estavam prontos para criar o pior dos mundos.

NOTAS

1   Jonah Goldberg, *Fascismo de Esquerda*, Record, 2007, página 82.

2   Jonah Goldberg, páginas 457 a 460.

3   Disponível em www.schoah.org/shoah/eichmann/goetzen-0.htm. Agradeço a tradução a Cris Bindewald.

4   Simon Taylor, *Prelude to Genocide: Nazi Ideology and The Struggle for Power*, Duckworth, 1985, página 26.

5   Adolf Hitler, *Mein Kampf*, 1925, disponível em www.elivrosgratis.com/Down/347/pdfNerdLoad.html, página 208.

6   Adolf Hitler, página 447.

7   Adolf Hitler, páginas 462 e 463.

8   Adolf Hitler, página 448.

9   Karl Dietrich Bracher, *The German Dictatorship: The Origins, Structure, and Consequences of National Socialism*, Penguin Books, 1991, páginas 172 e 173.

10 Karl Dietrich Bracher, página 173.

11 Jonah Goldberg, páginas 84 e 85.

12 Jonah Goldberg, página 87.

13 Karl Dietrich Bracher, idem.

14 Ian Kershaw, *Hitler*, Companhia das Letras, 2011, página 256.

15 William Shirer, *Ascensão e Queda do Terceiro Reich*, Agir, 2008, página 201.

16 Ian Kershaw, páginas 303 e 304.

17 Richard Evans, *O Terceiro Reich no Poder*, Planeta, 2012, página 427.

18 William Brustein, *Roots of Hate: Anti-Semitism in Europe before the Holocaust*, Cambridge University Press, 2003, páginas 263-335.

19 Clauda Koonz, *The Nazi Conscience*, Harvard University Press, 2005, página 3.

20 Heinrich Himmler, em Alain Besançon, página 40.

21 Richard Weikart, *Hitler's Ethic*, Palgrave Macmillan, 2011, página 18.

22 Claudia Koonz, página 5.

23 Richard Evans, *The Third Reich in Power*, Penguin Books, edição Kindle, 2005, posição 4577.

24 Götz Aly, *Hitler's Beneficiaries: Plunder, Racial War, and the Nazi Welfare State*, Holt, 2008, página 14.

25 Claudia Koonz, página 145.

26 Götz Aly, página 15.

27 Melita Maschmann, *Account Rendered: A Dossier on My Former Self*, Abelard-Schuman, 1965, página 12.

28 Benjamin Andrey Valentino, *Final Solutions: Mass Killing and Genocide in the 20th Century*, Cornell University Press, 2013, página 275.

29 Alain Besançon, *A Infelicidade do Século*, Bertrand Brasil, 2000, página 66.

30 Alain Besançon, página 60.

TIBETE

QUANDO O TIBETE
NÃO ERA ZEN

Nos anos 50, o Brasil descobria que era o país do futebol, os americanos inventavam o rock'n'roll, e os alemães, a Kombi. Geladeiras elétricas levavam os brasileiros ao costume de ter gelo e comida fresca em casa; antibióticos e vacinas evitavam milhões de mortes de crianças; e, na novidade mais revolucionária da época, a televisão, Lima Duarte estrelava *Sua Vida me Pertence*, a primeira novela brasileira.

Enquanto isso, no Tibete, sob os pés do Himalaia, não havia televisão, hospitais ou estradas. Sete em cada dez cidadãos eram servos presos à propriedade. Se fossem flagrados fugindo, ganhavam castigos que iam de açoites à amputação de pés, mãos, nariz, orelhas e olhos. Garotos serviam como escravos sexuais dos monges, que governavam o país e a justiça local. À frente desse sistema estava ninguém menos que Tenzin Gyatso, o grande líder espiritual, o ga-

O termo "Dalai Lama" é uma invenção estrangeira: o título é uma mistura da designação de oceano na língua mongol (*dalai*) e da palavra tibetana que indica sábio (*lama*). Foi estabelecido em 1578 pelo líder mongol Althan Khan, que transformou o Tibete num aliado em sua tentativa de reavivar as conquistas mongóis.

Em apoio ao Tibete, os Estados Unidos planejaram uma ação similar à frustrada invasão da baía dos Porcos, em Cuba. A CIA chegou a treinar 259 tibetanos em Camp Hale, no Colorado, para um eventual ataque à China. O plano foi cancelado por causa da reaproximação diplomática dos Estados Unidos com a China, que culminou no encontro do presidente Richard Nixon com Mao em 1972.

nhador do Nobel da Paz, o homem que ainda hoje percorre o mundo espalhando mensagens de sabedoria e é conhecido como sua santidade, o Dalai Lama.

O Tibete foi um país independente por pouquíssimo tempo. Não era realmente livre desde que as invasões dos mongóis puseram fim ao já decadente Império Tibetano, em 1240. No século 18, o Tibete passou ao domínio indireto da China, como uma espécie de protetorado. E a partir de 1904, os ingleses, que já governavam a Índia, passaram a apoiar a rejeição do domínio chinês pelos lamas tibetanos, levando o país à autonomia, que durou de 1912 a 1950. Com o declínio do imperialismo inglês, o espaço ficou aberto para a China, que desde 1949 era governada pelo comunista Mao Tsé-tung. Os chineses invadiram o leste do Tibete em 1950, forçando o Dalai Lama a assinar um acordo de paz. O tratado estabelecia a soberania chinesa e permitia aos tibetanos manter o budismo e os líderes religiosos desde que consentissem no corte das relações com os ingleses.[1] O próprio Dalai Lama encontrou-se com Mao em Pequim e "foi fortemente afetado pelo que viu na China continental e pelos líderes que conheceu", de acordo com o antropólogo americano Melvyn Goldstein, um dos principais especialistas na história do Tibete.[2]

Nos anos seguintes, porém, os tibetanos começaram a se irritar com as reformas e a repressão chinesas. Surgiram movimentos de **guerrilha** que, atacando de surpresa, cortavam linhas de comunicação, matavam oficiais comunistas e bombardeavam escritórios chineses. Em 1959, depois de uma enorme revolta na capital Lhasa, milhares de monges fugiram do país e se exilaram na cidade indiana de Dharamsala, onde estão até hoje.

O Dalai Lama tinha então 24 anos. Na década de 1960, hippies se voltaram ao Oriente em busca de ensinamentos exóticos, e, assim, o líder vindo daquele país escondido e elevado começou a se transformar no que o Ocidente esperava dele: um mestre mundial da meditação e da paz interior. Sua luta justa contra a opressão chinesa passou a estampar camisetas em todo o mundo, enquanto o passado negro do Tibete foi sendo esquecido. Por isso é bom relembrá-lo, e uma boa forma de fazer isso é mostrando como o Tibete independente não vivia de acordo com os ensinamentos do Dalai Lama dos anos 2000.

"NÓS TODOS TEMOS O DIREITO DE LEVAR UMA VIDA FELIZ. SEM UM SENTIDO DE IGUALDADE, AMOR E COMPAIXÃO NÃO SE PODE VIVER."

Se hoje o Dalai Lama prega a igualdade e a livre busca pela felicidade, no país que ele conduzia as coisas não eram bem assim. Os tibetanos viviam num sistema de servidão bem parecido com o que vigorou na Europa até a Revolução Industrial, nos países eslavos até o século 19 e em muitas outras sociedades pré-capitalistas. Como dizem os livros didáticos sobre qualquer época ou país, "a sociedade se dividia em classes, e o poder e a posse de terras eram transmitidos de forma hereditária". Leis dividiam a população em nove castas, de acordo com o sangue, ou seja, o status dos antepassados. Como quase toda a riqueza vinha da agricultura e da criação de animais, e não do trabalho criativo, ter terras decidia tudo: famílias aristocráticas e lamas encarnados eram donos de três quartos delas. Na área de serviço, os servos viviam, em geral, num sistema de corveia: aravam campos dos senhores alguns dias por semana e nos demais cuidavam do próprio quintal.

Nos mosteiros, os servos faziam quase todo o serviço braçal, o que, muitas vezes, resultava em arrancar jovens de suas famílias para enviá-los a trabalhos insalubres em lugares distantes. Em 1940, por exemplo, o mosteiro de Drepung, o principal do Tibete, com cerca de 7 mil internos, enfrentou problemas de abastecimento de lenha para o chá que os monges bebiam diariamente. O problema foi resolvido obrigando-se 12 rapazes das famílias de servos a morar em tendas numa montanha distante. Lá, tiveram de cortar e transportar lenha durante dez anos, além de arranjar comida por conta própria.[3]

Esse sistema se fundamentava na visão de mundo dos tibetanos. Eles acreditavam em carma e reencarnação. Qualquer penúria nesta vida seria uma punição pelas más ações cometidas em vidas passadas. O sofrimento, portanto, não vinha da opressão dos aristocratas ou do governo, mas de um castigo divino por atos em vidas pregressas, dos quais o culpado não fazia a menor ideia. Para se livrar do carma e ter mais sorte na vida seguinte, o melhor caminho era aceitar o destino e ser obediente. Não havia razão para se revoltar contra os senhores ou batalhar para ter uma vida melhor.

Nem por isso o sistema era aprazível. O pior da vida dos servos era o vínculo eterno e a subserviência permanente. Os senhores aplicavam punições, eram juízes em disputas e controlavam cada movimento das pessoas sob seu domínio e proteção. Arranjar um casamento com alguém de outra propriedade era o assunto mais delicado, pois acarretava mudança e talvez a perda de um trabalhador. A forma mais simples e comum de resolver isso era trocando uma pessoa por outra.

O proprietário que perdia uma noiva era recompensado com alguém da outra fazenda que vinha morar em suas terras.

Outro jeito de resolver o problema era pagando um aluguel de si próprio, o "arrendamento humano". "Nesses casos, a pessoa ficava livre para se casar ou viver e trabalhar onde escolhesse, desde que pagasse anualmente as taxas especificadas no contrato", diz Goldstein. Se os filhos do casal nascessem mulheres, elas perteenceriam ao mesmo senhor para o qual a mãe devia obediência; se fossem homens, estariam sujeitos ao senhor do marido.[4] A prática de pagar um aluguel pela própria liberdade tampouco é exclusividade tibetana. Era o caso dos "escravos de ganho" que existiram no Brasil, principalmente nas cidades mais ativas, como a Ouro Preto do século 18 ou o Rio de Janeiro do século 19. Trabalhando como carregadores ou vendedores de comida, os escravos de ganho costumavam lucrar mais do que o aluguel que tinham de pagar a seus donos e, assim, juntavam o suficiente para comprar a alforria. No Tibete, isso era impossível, pois não existia por ali um sistema de alforrias. Por essas e outras, ver o Dalai Lama falando de igualdade e generosidade em palestras sustentáveis deveria soar tão estranho quanto um senhor de escravos brasileiro alcançar fama mundial pela luta contra a escravidão.

Hoje, os livros chineses de história dizem que o sistema de servidão tibetano foi o grande motivo que levou os chineses a invadir o país, em 1950. Alguns desses livros são pura propaganda política, como *História Social do Tibete*, publicado por uma editora estatal chinesa e frequentemente usado como referência em reportagens brasileiras sobre a questão. Acompanhado de uma carta de boas-vindas da embaixada chinesa no Brasil, o livro exagera os horrores da vida no Tibete antes da invasão e afirma que o governo chinês livrou imediatamente os tibetanos da servidão. Papo furado. "Libertar os servos não foi a principal razão para a tomada de controle do Tibete", diz o antropólogo Melvyn Goldstein. "Os chineses permitiram que o sistema tradicional continuasse até bem depois de invadirem o país."[5] Além disso, em poucos anos, o comunismo chinês causaria na região a maior crise de fome do século 20: diante dela, a servidão tibetana parecia uma colônia de férias.

"TODA AÇÃO HUMANA, QUER SE TORNE POSITIVA OU NEGATIVA, PRECISA DEPENDER DE MOTIVAÇÃO."

Outra característica que espantava os visitantes estrangeiros era a quantidade de monges e mosteiros no Tibete. Em 1940, quando o país tinha cerca de 5 milhões de habitantes, entre 10% e 20% dos homens eram monges celibatários vivendo em 250 monastérios. Os três maiores, ao redor de Lhasa, eram cidades que abrigavam, no total, 20 mil religiosos. Na Tailândia, outro país em que o budismo é expressivo, os monges representavam apenas de 1 a 2% da população masculina.[6]

Essa quantidade de sacerdotes existia por dois motivos. O primeiro não era nada espiritual: ingressar nos mosteiros era a forma mais fácil de escapar da servidão. Bastava pedir autorização para o senhor de terras, que costumava concedê-la, e pronto. Enquanto o cidadão permanecesse na ordem monástica, estava livre de realizar trabalhos forçados e passava a ocupar uma atividade vista como uma grande honra. Não é difícil imaginar a quantidade de tibetanos que escolhia a vida religiosa para fugir do trabalho nas lavouras e o número maior ainda de mães e pais que mandava seus filhos para um mosteiro buscando livrar pelo menos um familiar daquela sina. A maior parte dos monges ingressava nos monastérios entre 7 e 11 anos. Entre as famílias pobres, essa era uma forma de reduzir o número de bocas a serem alimentadas em casa e ao mesmo tempo garantir um futuro melhor à criança. Além disso, as famílias mandavam o filho ao mosteiro para cumprir alguma promessa feita quando o menino estava muito doente ou para respeitar o pedido de algum monge próximo. Em algumas regiões, servos com três filhos homens eram obrigados a transformar um deles em monge.[7]

O outro motivo é que, entre os tibetanos, a superioridade espiritual não estava na virtude ou na capacidade intelectual dos monges, mas na quantidade de religiosos. Por isso não era preciso ser aprovado em nenhum exame para entrar no monastério: provas de erudição eram necessárias apenas àqueles que pretendiam ocupar cargos administrativos. Até mesmo os analfabetos tinham lugar garantido, e era preciso fazer algo bem grave para ser expulso, como matar alguém ou ter uma relação sexual com uma mulher (*mas não com homens – vide quadro na página 218*).

Nem todas as crianças se sentiam vocacionadas. Apesar de o budismo tibetano recomendar o sacerdócio por livre e espontânea vontade, os monges consideravam os meninos jovens demais para entender a importância de sua nova e nobre missão. Por isso, quando os garotos fugiam, iam atrás deles e traziam-nos de volta à força. "Mesmo se o pequeno monge fugitivo conseguisse alcançar sua casa, costumava receber uma surra do pai, que imediatamente o devolvia ao monastério", diz o antropólogo Goldstein. Longe dos ensinamentos do Dalai Lama, nem toda a ação no Tibete dependia de motivação.

"A COMPAIXÃO TEM POUCO VALOR SE PERMANECE UMA IDEIA; ELA DEVE TORNAR-SE NOSSA ATITUDE EM RELAÇÃO AOS OUTROS, REFLETIDA EM TODOS OS NOSSOS PENSAMENTOS E AÇÕES."

A compaixão que o Dalai Lama defende hoje tampouco era o forte do Tibete. Criminosos e servos que tentassem fugir dos seus senhores ganhavam castigos não exatamente condizentes com a ideia de direitos humanos. Os tibetanos acreditavam que as punições deveriam ser breves, dolorosas e públicas. Por isso havia poucas prisões no país, elas serviam apenas para reter os réus enquanto eles esperavam o julgamento. A maior delas, em Lhasa, tinha capacidade para no máximo 50 pessoas. Em vez de longos períodos de encarceramento, os tibetanos usavam chicotes. Açoites eram uma punição tão frequente que foram desenvolvidas técnicas e ferramentas especializadas para cada tipo de castigo.

Para punições mais leves usava-se uma pequena vara de madeira com três ou quatro folhas de couro na ponta, amarradas por uma corda. O tibetano Tashi Tsering, que aos 13 anos foi dançarino da equipe oficial do país, conta que esse tipo de chicote era usado como uma leve medida disciplinar. Durante os treinos, era punido com chicotadas, mesmo por pequenos erros. No dia em que faltou a uma apresentação de dança, foi obrigado a deitar nu no chão enquanto um professor segurava suas pernas, outro sua cabeça e o terceiro lhe aplicava golpes com varas de madeira por todo o corpo.[8]

O chicote mais comum no Tibete era o *tachak*, uma versão maior dessas varas usadas nas escolas. Consistia numa haste flexível de madeira e três folhas de couro mais longas, com cerca de um metro de comprimento. Era o mais usado para açoitar suspeitos durante interrogatórios e criminosos condenados, que recebiam geralmente entre 200 e 250 chibatadas. "As duas funções da punição física eram impressionar o delinquente com a seriedade do crime e o público com os perigos da atividade criminosa", diz a antropóloga Rebecca Redwood French, autora de um livro baseado em relatos de **cidadãos tibetanos**.[9]

O chicote que fazia o maior estrago era o *ponpo wengyuk*, uma vara rígida de 60 centímetros, golpeada diretamente no corpo do condenado.

Uma das leis máximas do budismo tibetano é que não se deve matar seres vivos. Os monges budistas evitam matar animais (até baratas) por acreditar que eles poderiam ter sido gente em vidas passadas. Desse modo, não poderiam condenar os prisioneiros à morte. Mas para tudo há um jeitinho. Um deles era chicotear o condenado até que ficasse agonizante e então liberá-lo. Uma inglesa que visitou a cidade de Gyantse em 1922 testemunhou um chicoteamento público de uma pessoa que depois foi forçada a passar a noite no topo de uma montanha, onde congelou até morrer.[10] A morte era apenas questão de tempo, mas seria considerada "um ato divino". Mesmo quem concorda com essas punições para criminosos graves há de convir que elas não combinam com mestres da tolerância e da compaixão.

Outras formas de punição incluíam decepar mãos na altura dos pulsos, arrancar os olhos usando tiras de

No livro *The Struggle for Modern Tibet* ("A Luta pelo Tibete Moderno"), o tibetano Tashi Tsering relata sua vida como *drombo*, um escravo sexual de um monge influente. Os monges tibetanos eram celibatários, o que na sociedade tradicional tibetana significava essencialmente abster-se do sexo com mulheres. Por isso os homens mais poderosos arranjavam jovens amantes – os mais requisitados eram os que atuavam em papéis femininos na ópera tibetana. Ou aqueles que faziam parte de equipes de dança, como Tsering. Ele próprio, que se diz heterossexual, garante que a prática era considerada natural no Tibete.

SABEDORIA, MEDITAÇÃO E ESCRAVOS SEXUAIS

Enquanto entre os homens comuns ter relações sexuais com alguém do mesmo sexo não era algo bem aceito, ser amante de um monge era motivo de orgulho. Os tibetanos viam esse costume como alternativa ao celibato dos monges. Tashi Tsering diz que não tinha medo de ser estigmatizado ou cultivar uma má fama entre as mulheres, como aconteceria no Ocidente. Pelo contrário, seu novo status o fazia ainda mais desejável. "Quando o monge me solicitou, eu não fiquei chocado. A relação com ele não afetou minha identidade sexual, e eu sabia que não afetaria a opinião das pessoas sobre mim", diz Tashi Tsering.[11]

couro de iaque e ferro quente, pendurar um prisioneiro pelos dedões. Esses castigos parecem boatos criados pelos comunistas chineses para justificar a invasão. Não são. Em diversos relatos de oficiais ingleses e de outros estrangeiros que viveram no Tibete, há comentários sobre pessoas com olhos arrancados e sem uma das mãos ou uma das pernas por terem cometido crimes.[12] Uma reportagem da revista americana *Life*, publicada em 1950, durante a invasão chinesa, exibiu relatos e fotos de açoites públicos e de condenados presos pelo pescoço a tábuas de madeira, como se faz em bois para atá-los a uma carroça. Os condenados dessa ocasião eram seis oficiais de fronteira que atacaram, por engano, uma comitiva americana. Como um americano foi morto, o governo do Tibete decidiu condenar os oficiais, de modo que os americanos puderam acompanhar todo o método local de julgamento. O antropólogo Frank Bessac, um dos membros daquela comitiva, contou à revista *Life*:

> Fui informado que os seis oficiais haviam sido condenados e sentenciados pela corte militar. O líder teria nariz e orelhas cortados. O homem que deu o primeiro tiro também perderia as orelhas. O terceiro perderia uma orelha e os outros levariam 50 açoites cada um. [...] Achei que essa punição era severa demais, então perguntei se poderia ser aliviada. Meu pedido foi aceito, e os homens que seriam mutilados foram condenados a 200 chibatadas.[13]

Apesar da frequência de relatos como esse, a imagem que ficou dos monges tibetanos é a oposta. Um exemplo é o filme *Sete Anos no Tibete*, em que Brad Pitt interpreta o austríaco Heinrich Harrer, um alpinista refugiado no Tibete durante a Segunda Guerra. O Dalai Lama trava amizade com o estrangeiro e pede que ele o ajude na construção de um cinema no país. Quando as obras começam, o lama vai visitar o local, mas decide interromper a construção. As obras da fundação estariam machucando as minhocas do terreno. Pelo visto, as minhocas não eram culpadas por nenhum crime.

NOTAS

1 Melvyn Goldstein, *A History of Modern Tibet, 1913-1951: The Demise of the Lamaist State*, University of California Press, 2007, página 20.

2 Melvyn Goldstein, página 547.

3 Melvyn Goldstein, página 12.

4 Melvyn Goldstein, página 10.

5 Melvyn Goldstein, entrevista com o autor por e-mail em 22 de março de 2013.

6 Melvyn Goldstein, página 13.

7 Melvyn Goldstein, página 14.

8 Melvyn C. Goldstein, William R. Siebenschuh, Tashi Tsering, *The Struggle for Modern Tibet: The Autobiography of Tashi Tsering*, East Gate, 1999, páginas 3 e 27.

9 Rebecca Redwood French, *The Golden Yoke: The Legal Cosmology of Buddhist Tibet*, Snow Lion, 2002, página 321.

10 A. Tom Grunfeld, *The Making of Modern Tibet*, East Gate, 1996, página 24.

11 Melvyn C. Goldstein, William R. Siebenschuh, Tashi Tsering, idem.

12 A. Tom Grunfeld, página 24.

13 Frank Bessac, "This was The Perilous Trek to Tragedy", *Life Magazine*, 13 de novembro de 1950, página 140.

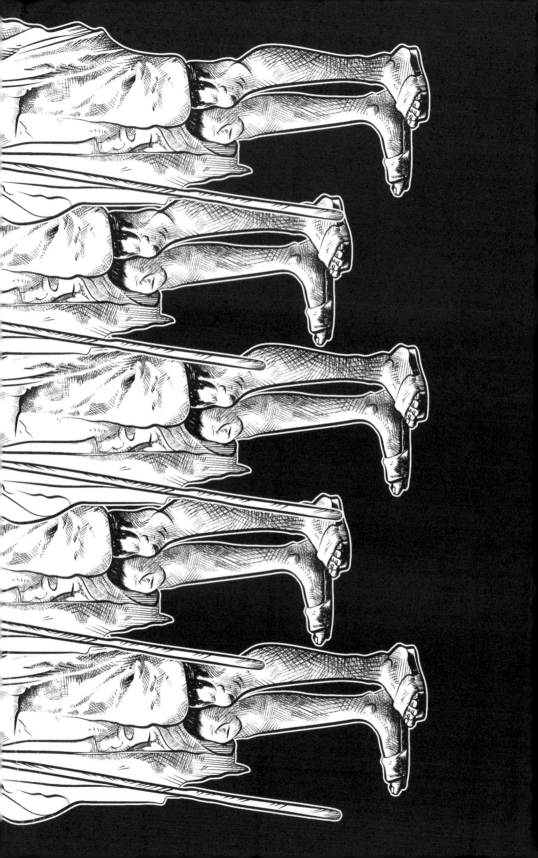

GANDHI

EM DEFESA DO
GANDHI CANASTRÃO

Quem tenta arrancar o indiano Mohandas Gandhi do seu pedestal de líder espiritual e herói da não violência costuma usar armas conhecidas. Dizem que Gandhi considerava os negros uma raça inferior, tinha teorias sexuais excêntricas e incompatíveis com as cenas do tipo tarja preta de sua vida e até escreveu cartas carinhosas a Adolf Hitler. Essas histórias são suficientes para desmascarar o grande líder indiano? Antes de responder, vamos a elas.

As esquisitas teorias sexuais de Gandhi

Gandhi era uma estranha espécie de puritano radical em relação ao sexo. Se, hoje, os católicos mais fervorosos defendem sexo só para reprodução, ele ia além: aconselhava as pessoas a não se casarem e, se casassem, a evitarem ter filhos. Gandhi descreveu essas crenças sexuais em seu primeiro livro, *Hind Swaraj: Autogoverno da Índia*, de 1909: "Quando um marido e uma esposa desfrutam da paixão, não fazem mais do que atender ao instinto animal. Esse desfrute, a não ser para fins de preservação da espécie, é estritamente proibido. Mas um resistente passivo tem que evitar até mesmo esse desfrute bastante limitado porque não pode ter nenhum desejo de ter uma prole. Um homem casado, portanto, pode observar a castidade perfeita".[1] Gandhi evitava tomar leite e comer pimenta, por acreditar que esses alimentos eram afrodisíacos. Certa vez, chegou a repreender um dos filhos, Harilal, quando soube que a mulher dele estava grávida: "Um homem que não é casto torna-se emasculado e covarde", dizia.

Gandhi nasceu em 1869, numa família hindu de boa posição social, no oeste da Índia. O pai e o avô tinham sido *Diwans*, oficiais do alto escalão dos principados que formavam a Índia antes e durante o domínio do Império Britânico. Aos 18 anos, o rapaz foi estudar direito em Londres; depois de formado, foi morar com a **mulher** e com os dois filhos em outra colônia do império, a África do Sul. Cerca de 100 mil indianos viviam na África do Sul, quase todos gente miserável que tentava ganhar a vida em canaviais e minas de carvão. Entre eles, Gandhi era um imigrante de elite, um raro caso de advogado não branco. Vestido à inglesa, de terno, gravata e colarinho alto, trabalhava como representante legal de ricos comerciantes indianos estabelecidos na África. Aos poucos, se tornou um líder local contra a cobrança de impostos e leis que limitavam os direitos dos indianos de votar, adquirir propriedade e fazer negócios. Foi nessa época que criou a estratégia da não violência. Num

Gandhi se casou com Kasturba aos 13 anos, num típico casamento arranjado entre as famílias hindus. Teve o primeiro filho aos 15 anos – mas o bebê morreu recém-nascido. Quatro outros filhos sobreviveram.

protesto em Johannesburgo, contra a lei que exigia apenas dos indianos documentos de registro, Gandhi recomendou aos conterrâneos que queimassem os cartões de registro ou simplesmente se recusassem a preenchê-los.

A *satyagraha*, termo que Gandhi resgatou do hindu, não era só um tipo de protesto, mas uma opção de vida. Consistia em dedicar-se integralmente aos outros e ter como objetivo viver na pobreza. Com isso em mente, Gandhi montou comunidades alternativas autossuficientes na África do Sul. Na primeira delas, a comunidade Phoenix, deixou a mulher e os quatro filhos, indo embora em seguida. Em 1906, aos 36 anos, Gandhi concluiu que sexo era essencialmente uma violência, um desperdício de energia vital, um perigo para o corpo, a mente e o espírito. Por carta, comunicou à mulher que não faria mais sexo com ela. E foi morar em Johannesburgo com um arquiteto e fisiculturista alemão.

A biografia *Mahatma Gandhi e sua Luta com a Índia*, lançada em 2011 pelo jornalista americano Joseph Lelyveld, irritou milhares de indianos por sugerir que Gandhi mantinha o celibato com mulheres – mas só com mulheres. O livro expôs detalhes do relacionamento do mahatma com um homem chamado Hermann Kallenbach. Judeu nascido na Prússia oriental, Kallenbach era um arquiteto solteiro que gostava de esportes. Dois anos mais velho que Gandhi, ele praticava, além de fisiculturismo, patinação no gelo, ginástica, natação e ciclismo. Os dois se conheceram em 1904 e logo passaram a travar longas conversas sobre política, religião e literatura (eram fãs do escritor russo Leon Tolstói). Tornaram-se melhores amigos e decidiram morar juntos. "Não era segredo na época, ou depois, que Gandhi, após abandonar a mulher, tinha ido viver com um homem", afirma o jornalista Joseph Lelyveld na biografia.[2]

Quando um deles viajava, os dois trocavam longas cartas entre si. Gandhi queimou quase todas as mensagens que recebeu do amigo, mas o arquiteto manteve os originais que recebeu. Foi assim que chegaram aos dias de hoje trechos saborosos desse relacionamento. A caminho de Londres, em junho de 1909, Gandhi tratou da grande consideração que tinha pelo amigo: "Quando o coração fala ao coração, palavras são supérfluas. Mesmo assim, eu não posso deixar de dizer que não entendo o seu extraordinário amor. Espero merecê-lo. Nosso apego mútuo é o mais forte testemunho de termos vivido juntos antes, em corpos diferentes dos atuais". Fãs de Gandhi na Índia argumentam que essas mensagens não deixam evidente um relacionamento sexual – o estilo florido de Gandhi seria comum na época. Termos calorosos podem ter sido mais comuns há um século que atualmente, mas é preciso haver uma generosidade maternal para não reparar em outros trechos das cartas. Numa das últimas escritas em Londres, as confidências de Gandhi ficam mais quentes: "Seu retrato (o único do quarto) fica na lareira do meu quarto. O aparador da lareira fica diante da cama. O algodão e a vaselina são uma lembrança constante". A carta termina assim: "O que eu quero é mostrar a nós dois como você tomou completamente a posse do meu corpo. Isso é escravidão com vingança. Mas e a recompensa, o que será?"[3]

Em 1910, Kallenbach, influenciado por Gandhi a adotar a pobreza voluntária, vendeu boa parte de suas propriedades e comprou uma fazenda de 445 hectares perto de Johannesburgo. Os dois amigos fundaram ali a fazenda

Tolstói, a segunda comunidade rural criada por Gandhi na África do Sul. Os moradores do lugar produziam as próprias roupas e calçados, cultivavam hortas e pomares, além de terem aulas de cultura geral e sobre a doutrina de não violência de Gandhi. Os objetivos dos *ashrams*, como Gandhi chamava essas vilas, eram muito parecidos com os das comunidades alternativas de hoje: valorizar a vida rural, cultivar a austeridade da pobreza e montar uma economia autossuficiente. A diferença é o sexo. Se comunidades anarquistas praticavam o amor livre, para morar com Gandhi era necessário fazer votos de celibato, praticar o vegetarianismo e deixar de discriminar moradores de acordo com a casta. Também era preciso aceitar os estranhos experimentos de autocontrole sexual que Gandhi fazia com as crianças da comunidade.

Em sua autobiografia, de 1928, Gandhi detalha o método de repressão: "O meu experimento consistiu no seguinte. Mandei os garotos mais levados e as jovens moças para tomar banho no mesmo lugar, ao mesmo tempo. Eu havia explicado claramente a todos eles quanto à obrigação de autocontrole".[4] O grupo tinha entre 12 e 13 anos — na época, idade de casamento de muitos indianos, como o próprio Gandhi e sua mulher. Em outro teste, Gandhi levou os meninos e as meninas para dormir com ele na mesma sala. "Fiz o experimento acreditando que garotos e garotas poderiam viver juntos sem perigo, e os pais deles, com sua imensa fé em mim, me autorizaram a isso."

A experiência mostraria que não se deve apostar o almoço na castidade de pré-adolescentes. Duas meninas acabaram flagradas em "brincadeiras maliciosas" com rapazes. Quando Gandhi ficou sabendo, passou uma noite em claro pensando em como castigar o grupo. "Eu queria que as duas garotas tivessem um sinal do corpo como advertência aos rapazes que nenhum olhar devasso deveria cair sobre elas, e como uma lição às garotas de que não deveriam romper sua pureza".[5] Depois de algum esforço, Gandhi as convenceu a deixá-lo raspar-lhes o cabelo.

Por essas e outras, a fazenda Tolstói durou pouco. Em 1913, Gandhi voltou a viver com a família e, um ano depois, ele, a mulher e o amigo viajaram juntos a Londres. Com a Primeira Guerra Mundial, Kallenbach acabou retido na Inglaterra como prisioneiro de guerra, e os dois amigos se separaram.

Muitos anos depois, na Índia, já fantasiado em sua tanga de guru, Gandhi faria as experiências de celibato consigo mesmo. Seu método era dormir quase nu com moças jovens, também seminuas, para pôr seu autocontrole à prova e, assim, purificar-se. Já septuagenário, o líder indiano praticou esses experimentos com, pelo menos, quatro mulheres: Manu, sua sobrinha-neta de 19 anos (58 anos mais nova que Gandhi); Abha, de 18, mulher de um sobrinho-neto; Sushila Nayar, de 33, irmã de um de seus secretários; e Sucheta Kriplani, de 37, mulher de um aliado político. A tarefa das moças era segurar o guru caso ele começasse a tremer, a ter calafrios ou apresentasse qualquer outra manifestação noturna.

As moças não aceitavam essa tarefa com facilidade. Com o malabarismo intelectual que só gurus indianos e intelectuais franceses são capazes de possuir, Gandhi conseguia convencê-las unindo, numa mesma frase, o problema da independência da Índia à necessidade de dormirem juntos, ou os conflitos entre muçulmanos e hindus na Índia à necessidade de tirarem a roupa ao irem para a cama. Durante uma peregrinação à localidade de Bengala Oriental (hoje Bangladesh) em 1946, Gandhi disse à sobrinha-neta Manu: "Nós dois podemos ser mortos a qualquer momento pelos muçulmanos. Temos que colocar nossa pureza ao teste mais extremo, para então sabermos que estamos oferecendo nosso mais puro sacrifício. Por isso, devemos dormir juntos e nus a partir de agora".[6]

Mesmo os aliados de Gandhi estranhavam esses testes de castidade. Jawaharlal Nehru, um dos principais seguidores de Gandhi e o primeiro líder político da Índia independente, considerava a prática "anormal e antinatural". R. P. Parasuram, um jovem que trabalhava como estenógrafo anotando os artigos que Gandhi ditava, deixou o líder ao vê-lo dormindo pelado com a sobrinha-neta. O antropólogo Nirmal Bose, intérprete de bengali, reclamou com Gandhi sobre os efeitos psicológicos que aquela experiência deixaria na jovem Manu. Diante dessas críticas, o guru voltava com a ladainha da pureza espiritual. Dizia que um celibatário perfeito era aquele que "nunca teve nenhuma intenção luxuriosa, aquele que, em constante devoção a Deus [...], é capaz de se deitar nu com mulheres nuas, não importa o quão belas elas fossem, sem ficar de nenhuma maneira excitado".[7]

Nos anos 70, Sushila, que costumava dormir e tomar banho nua com Gandhi, questionou o fundo espiritual dessas práticas. Disse numa entrevista que a base teórica dos experimentos em castidade apareceu após o costume gerar comentários. Em outras palavras, Gandhi adaptava discursos e razões espirituais de acordo com sua vontade do momento. "Só depois, quando as pessoas começaram a perguntar a Gandhi sobre seu contato físico com mulheres – com Manu, com

Um dos atos mais célebres de Gandhi foi a Marcha do Sal, em 1930. Em protesto contra os impostos que os ingleses cobravam sobre a produção do tempero, Gandhi caminhou 320 quilômetros até o mar. Fez o trajeto descalço, apoiado numa vara de bambu – e por onde passava atraía multidões que jogavam flores e folhas pelo caminho. Ao atingir o litoral, produziu sal ele próprio, sem seguir as regras do império. Esse ato simbólico inspirou milhares de indianos a entrar em greve e a boicotar produtos ingleses, rendendo notícias positivas em todo o mundo. Meses depois, o franzino Mohandas Gandhi foi escolhido o homem do ano na tradicional edição de fim de ano da revista *Time*.

O MELHOR INIMIGO DE GANDHI

A repercussão da marcha mostra que a não violência era uma estratégia inteligente, criativa e eficiente. Gandhi sabia como ninguém manipular a opinião pública e conquistar a benevolência dos adversários. Entretanto, para a *satyagraha* dar certo, havia um requisito: um adversário minimamente tolerante a ideias dissidentes e a opositores políticos.

É o caso do Império Britânico. Nas quatro ocasiões em que foi preso pelos ingleses na Índia, Gandhi podia receber visitas, publicar artigos no jornal e escrever cartas – às vezes, mais de 50 por dia. Era tratado com admiração por alguns guardas e não há notícia de que tenha sido torturado.[8]

Em 1931, convidado a compor uma mesa de negociações em Londres, foi recebido pelo rei George V no Palácio de Buckingham. A advertência do rei, para que o indiano não criasse confusão na colônia, aconteceu entre xícaras de chá. Depois de conversar com George V, o indiano aceitou um convite para visitar Lancashire, a tradicional região produtora de tecidos da Inglaterra. Havia ali muitas mulheres desempregadas justamente por causa do boicote a produtos ingleses realizado na Índia. Para a surpresa de Gandhi, que esperava uma recepção hostil, as operárias o trataram como uma celebridade, cobrindo-o de sorrisos e abraços.

Diante de inimigos menos tranquilos, a não violência seria apenas autossabotagem. Foi o que Gandhi deixou transparecer durante a Segunda Guerra, quando recomendou aos judeus que se entregassem aos nazistas. "Se esses senhores [Hitler e Mussolini] quiserem ocupar suas casas, vocês devem abandoná-las. Se eles proibirem que saiam do país, vocês devem deixar que vocês mesmos, homens, mulheres e crianças, sejam abatidos." Achando que poderia dissuadir Hitler da guerra, Gandhi escreveu duas cartas ao alemão – uma delas começando com "meu amigo Hitler". É claro que a estratégia de Gandhi não daria certo. Hitler sabia da existência do indiano e ridicularizava seu método de ação. "Tudo o que vocês têm a fazer é dar um tiro em Gandhi. Vão se surpreender com a rapidez com a qual o problema vai se resolver", disse Hitler a um ministro inglês em 1937.[9]

"É difícil acreditar que os métodos de Gandhi poderiam ter sido aplicados num país onde os opositores do regime desaparecem no meio da noite e nunca mais dão notícias", escreveu George Orwell em 1949. "Sem imprensa livre e o direito de se reunir, é impossível não apenas apelar à opinião pública, mas criar movimentos de massa ou mesmo ter suas intenções conhecidas pelo adversário."[10] O sucesso da estratégia de Gandhi prova que a Inglaterra, com todas as suas agressões e interferências, foi um dos impérios mais benevolentes da história do mundo.

Abha, comigo –, é que a ideia dos experimentos de pureza foi criada", disse ela.[11] Seria a prova de que o grande líder indiano improvisava razões espirituais para justificar um fetiche?

Melhor responder com outra pergunta: deveríamos mesmo nos preocupar com a vida privada de personagens históricos como Gandhi? As descobertas de Darwin ou de Einstein, as decisões de Churchill ou de Napoleão Bonaparte teriam menos valor se descobríssemos detalhes sobre vaselina, filhos bastardos ou travesseiros mordidos? É verdade que, diante de teorias sexuais incrivelmente reacionárias, o obscuro relacionamento de Gandhi com o arquiteto e fisiculturista alemão Hermann Kallenbach ganha um toque ridículo. Também é verdade que o hábito de dormir pelado com moças de 18 anos nos convida a compará-lo com algum líder de seita californiano. Mas Gandhi não fez nada contra a vontade das pessoas que entraram nessas histórias com ele – e o fato de provavelmente ter vivido uma relação homossexual só é um problema se o caro leitor se incomoda com a opção sexual alheia. Por fim, que atire a primeira pedra o primeiro septuagenário que não sonha em passar a noite com garotas cinco décadas mais jovens. É divertido saber que Gandhi tinha um lado velho babão, mas isso não é o suficiente para invalidar sua importância política.

Gandhi: "Os **negros** são, em geral, **encrenqueiros** e **imundos**"

Outra acusação recorrente contra Gandhi é a de racismo. Nos 21 anos em que viveu na África do Sul, Gandhi organizou os imigrantes indianos e cunhou a expressão "não violência". Também participou de duas guerras a favor dos ingleses e escreveu diversas frases genuinamente racistas. Sua luta, afirmou ele em 1894, era uma "luta contra a degradação imposta pelos europeus, que desejam nos rebaixar à condição de cafres **grosseiros**,[12] cuja maior ocupação é caçar e a única ambição é conseguir gado para comprar uma esposa e passar a vida na vadiagem e na nudez".

O termo "cafres" vem do árabe *kaffir*, "imundo", usado para se referir aos infiéis, mas também extremamente pejorativo para negros.

Declarações como essa são o principal argumento de um inflamado livro chamado *Gandhi: Behind the Mask of Divinity* ("Gandhi: Por trás da máscara de divindade"), publicado em 2004. O autor, um coronel do exército americano de origem indiana, passou 20 anos lendo cartas, declarações e artigos que Gandhi escreveu em seu jornal, o *Indian Opinion*. Descobriu que a baixa consideração de Gandhi com os negros não foi apenas a primeira impressão de um recém-chegado. Depois de 15 anos de vivência na África do Sul, Gandhi ainda desprezava os africanos. Em 1908, por causa dos protestos contra o registro obrigatório de indianos, Gandhi e seus seguidores foram presos. Semanas depois, já em liberdade, o líder escreveu ao *Indian Opinion* que os negros "são, em geral, incivilizados, principalmente os criminosos. São encrenqueiros, imundos e vivem quase como **animais**".[13]

"Não temos aversão aos nativos. Mas não podemos ignorar o fato de que não há um terreno comum entre nós e eles nos aspectos cotidianos da vida", escreveu Gandhi em 1909.

Pouco antes, em 1906, o exército britânico declarou guerra contra os zulus, o maior grupo de nativos sul-africanos. Recusando-se a pagar mais um imposto às autoridades locais, eles haviam matado dois coletores de impostos brancos. Quando os ingleses organizavam uma vingança fulminante, Gandhi, já com 36 anos, decidiu entrar na guerra para ajudar os britânicos. Em seu jornal, conclamou os leitores a criar tropas de soldados voluntários. "Os indianos têm a excelente oportunidade de mostrar do que são capazes e de conhecer os deveres da cidadania", afirmou ele. "Este é o momento em que os líderes brancos precisam que demos um passe adiante; se deixarmos essa oportunidade passar, podemos nos arrepender depois." Para arrebanhar voluntários, o criador da doutrina da não violência elogiou a guerra e as forças armadas. "Aqueles que conseguem cuidar de si próprios na fronte de batalha vivem em saúde e felicidade. [...] Um homem que vai para o campo de combate é obrigado a cultivar o hábito de viver em camaradagem com um grande número de companheiros."[14] Nomeado sargento, Gandhi acabou liderando um grupo de 20 voluntários indianos. Eles participaram da guerra durante quase dois meses como padioleiros – carregadores de macas com soldados ingleses feridos no campo de batalha.

O curioso é que, em sua autobiografia publicada na Índia 20 anos depois do conflito com os zulus, o ex-sargento omite o apoio aos ingleses e os inúmeros artigos que publicou a favor dos ataques aos negros. E ainda chega a dizer que a participação de sua tropa "consistia apenas em ajudar os zulus feridos".

Ainda que muita gente se valha de tropeços mais leves que esses para destratar figurões da história, e ainda que o próprio Gandhi tenha omitido sua ajuda ao exército britânico, há certo anacronismo em desconsiderar o líder indiano somente pelas suas afirmações racistas. No começo do século 20, o racismo era um pensamento predominante em quase todo o mundo, o que dirá na África do Sul e na Índia. A ideia da inferioridade dos negros havia sido assentada e popularizada no século 19 por inúmeros livros e estudos científicos de intelectuais que na época eram, infelizmente, respeitados. Empurrõezinhos nas evidências pareciam provar que o san-

Em 1932, durante negociações em Londres para a reforma da constituição da Índia, representantes indianos estavam a ponto de aprovar um sistema eleitoral com votos separados, reservando um número mínimo de cadeiras no parlamento para os intocáveis e adeptos de religiões com menos expressão, como os budistas e muçulmanos. B. R. Ambedkar, representante das castas rebaixadas, acreditava que esse era o melhor meio de evitar que o poder se concentrasse entre hindus privilegiados.

GANDHI CONTRA AS COTAS

O governo britânico já havia dado um ok a um sistema provisório de cotas quando Gandhi entrou em greve de fome contra a proposta. Como muitos opositores das cotas raciais nas universidades nos dias de hoje, ele dizia que o sistema aumentaria a discriminação e dividiria ainda mais os indianos. Depois de uma semana de um jejum dramático, o governo britânico e o representante dos intocáveis recuaram da decisão.

gue africano e a mistura de raças eram deteriorantes. Quando Gandhi escrevia seus artigos no jornal *Indian Opinion*, cientistas e antropólogos ainda levariam alguns anos para botar cultura de um lado e etnia de outro. Os britânicos, em geral, não só tinham certeza de sua superioridade como se incumbiam da missão de civilizar o **mundo**.

Para piorar, Gandhi cresceu imerso em outro ambiente ainda mais preconceituoso: a cultura de castas da Índia. Como se sabe, os hindus se dividem em inumeráveis castas, cada uma com seu nível hierárquico e suas restrições. Os intocáveis, hoje *dalits*, sofriam uma discriminação que faz o *apartheid* parecer um progresso. Eram proibidos de entrar em templos hindus, comer na mesma sala, beber a mesma água, andar em determinadas ruas, tocar e até mesmo fazer sombra nas pessoas de classes mais altas. Ainda hoje, há indianos que são impedidos de entrar em tribunais e hospitais públicos, apesar das leis de antidiscriminação. Até mesmo a mulher de Gandhi custou a aceitar jantar na mesma mesa com cristãos ou muçulmanos, tomar a mesma água ou dormir no mesmo quarto de pessoas de castas inferiores.

Gandhi tem, na verdade, o mérito de conseguir desgarrar-se do racismo de sua época e, mais maduro, pregar o fim da discriminação racial. Mais tarde, ele compensaria suas frases racistas ao dizer que os negros eram até mesmo superiores e que tinha os zulus em seu coração. Mesmo em 1908, entre tantos textos cheios de discriminação, foi capaz de fazer afirmações como esta:

> Se olharmos para o futuro, não é esta a herança que devemos legar à posteridade, a de que todas as diferentes raças se misturem e produzam uma civilização que o mundo ainda não conheceu?[16]

Era o "fardo do homem branco", expressão criada por Rudyard Kipling, britânico nascido na Índia, num poema de 1899: "Assuma o fardo do Homem Branco/Envia teus melhores filhos/Vão, condenem seus filhos ao exílio/Para servirem aos seus cativos".[15]

As obsessões sexuais e os equívocos racistas de Gandhi rendem histórias curiosas, estarrecedoras e, sobretudo, verdadeiras. Mas não são elas que fazem a estátua do indiano tombar e se despedaçar. O ponto fraco de Gandhi não está nos tropeços que ele próprio tentou esconder, mas em bandeiras das quais ele mais se orgulhava.

A influência de Gandhi aumentou a miséria da Índia

Se, hoje, o rosto de Gandhi está em camisetas e mensagens de paz e amor, isso se deve a dois traços de sua personalidade. O primeiro deles é a doutrina da não violência, o método de protesto por meio de jejuns, marchas pacíficas e boicotes. John Lennon, Martin Luther King, o Dalai Lama e até Albert Einstein contaram que se inspiraram na resistência pacífica. "Cristo nos deu os objetivos e Mahatma Gandhi nos deu os métodos", disse Martin Luther King. O outro traço é a mistura de peregrino e de político, que lutava não só para tornar a Índia independente do Império Britânico mas também por uma vida de pureza espiritual e simplicidade. Pura ironia, a primeira dessas características é a prova de que o Império Britânico foi o inimigo mais compreensivo e benevolente que Gandhi poderia encontrar (*veja o quadro nas páginas 232-233*). E a segunda ajudou a afundar os indianos na miséria.

Produzir fios para tecidos era uma das obsessões de Gandhi. O homem operava sua pequena roda de fiar mesmo em reuniões com autoridades britânicas ou com seus principais aliados. Ele acreditava que a produção caseira criaria milhões de empregos nas aldeias indianas e tornaria possível um grande boicote ao comércio com os ingleses, quebrando as correntes de dependência ao comércio internacional.[17] Com essa ideia na cabeça, ele fazia seu próprio *khadi* – o tecido para a famosa tanga branca – e insistia para que os indianos agissem da mesma **forma**.

O "faça você mesmo" não seria só a solução da Índia, mas parte de uma doutrina sagrada. O mahatma pregava aos indianos que alguns dos passos para se atingir a pureza espiritual eram construir a própria casa, fiar a própria roupa e comer o mínimo possível, apenas alimentos de sua própria produção, evitando prazeres instantâneos como o álcool, o cigarro, a carne e o sexo. Em suma, ele pretendia criar um país de monges, no qual a fome seria virtude. Mesmo o escritor George Orwell, que nutria alguma simpatia por Gandhi, não conseguiu engolir essa mania de santidade. "Sem dúvida álcool, cigarro e assim por diante são coisas que santos devem evitar, mas a santidade também é algo que os seres humanos devem evitar", afirmou num brilhante ensaio sobre Gandhi publicado em 1949. "Os ensinamentos de Gandhi só fazem sentido assumindo que Deus existe e que o mundo dos objetos sólidos é uma ilusão da qual se deve escapar."[18]

Gandhi acreditava que as indústrias estrangeiras, o comércio internacional e o consumo eram os grandes problemas da Índia. E pregava que a nação deveria largar isso tudo em nome dos antigos costumes das aldeias. Impossível pensar em algo mais romântico e reacionário que esse "programa medievalista", como descreveu o jornalista Christopher Hitchens.[19] O sonho de Gandhi, diz Hitchens, baseava-se na "ideia altamente duvidosa de que o ascetis-

Chegou a propor que todo membro do partido do Congresso Nacional Indiano operasse a roda de fiar pelo menos uma hora por dia, mas pouca gente lhe deu atenção.

mo e a simplicidade – até a pobreza – são bons para a alma". Baseava-se também na ideia falsa de que a autossuficiência faz bem a uma sociedade. Na verdade, o aumento da qualidade de vida nos últimos séculos só foi possível por causa da divisão de trabalho e da cooperação entre pessoas, aldeias e países (como você já deve ter lido nos capítulos "Revolução Industrial" e "Paz mundial"). O jeito mais barato, por exemplo, de um sapateiro conseguir um quilo de arroz é consertando sapatos, e o modo mais fácil de um produtor adquirir um par de óculos é vendendo arroz, e assim por diante. Optar pela autossuficiência é escolher a miséria como estilo de vida.

Foi um pouco o que os herdeiros de Gandhi fizeram quando passaram a governar a Índia, em 1947. Jawaharlal Nehru, que dirigiu o país da independência até 1964, fechou o território ao comércio internacional, criou indústrias estatais para substituir as importações e aumentou impostos para proteger empresas nacionais. Os **sul-coreanos**, que na década de 1940 tinham uma renda média próxima à dos indianos, fizeram o contrário e, hoje, estão entre os habitantes mais ricos da Ásia. Como a população da Índia cresceu muito mais que a economia, a miséria alcançou um nível que espantaria até mesmo os adeptos de uma vida de subsistência. Os filhos de Gandhi tiveram de se acostumar a viver na pobreza, bem como sonhava o grande líder da Índia.

Em 1947. a Coreia estava ao lado da Índia como um dos países mais pobres do mundo. Um coreano ganhava 24% mais que um indiano. Enquanto a Índia se fechou na autossuficiência de Gandhi, os sul-coreanos se abriram ao comércio internacional. Em 1987, a diferença de renda per capita já era de 600%.[20]

Madre Teresa de Calcutá não era nenhuma
madre-teresa. A defensora dos oprimidos e
moribundos, o sinônimo do que há de bon-
dade no mundo, não se importava em
tratar os doentes sob seus cuidados e
costumava negar a eles remédios
para aliviar a dor.

MADRE TERESA, A SÁDICA

A primeira pessoa a denunciar esses problemas foi o médico inglês
Robin Fox, editor do jornal médico *The Lancet*. Ele visitou o principal centro dirigido por Madre Teresa em Calcutá em 1994. Saiu de lá
assustado com "a falta de analgésicos ao lado da total negligência de
diagnóstico".[21] Segundo ele, as irmãs passavam por cima da
decisão dos médicos e receitavam remédios inapro-
priados. Os abrigos não tinham triagem entre os pacientes curáveis
e incuráveis, e agulhas eram lavadas com água da torneira e reusadas.
Pouquíssimos pacientes ganhavam remédios para dor – mesmo os
doentes terminais tomavam, no máximo, analgésicos leves como aspirina.

Em 1995, o lado oculto de Madre Teresa foi tema do livro *The
Missionary Position* (um trocadilho com "posição missionária", o
equivalente em inglês para a posição "papai-mamãe"), do jornalista britânico-americano Christopher Hitchens. O autor entrevistou
ex-voluntárias das casas de caridade – e ficou tão assustado
quanto o médico inglês.

De acordo com uma ex-voluntária chamada Mary Loudon, em Calcutá, as irmãs também se negavam a encaminhar pacientes para cirurgias. "Uma médica americana tentava tratar um garoto de 15 anos. Ele tinha um problema simples no rim que se agravou por falta de antibióticos. Era preciso operá-lo", disse Loudon. Bastava pegar um táxi e levá-lo, mas as freiras não permitiam. "Diziam que, se fizessem por um, teriam de fazer por todos".[22] O rapaz acabou morrendo no abrigo em Calcutá.

As freiras até poderiam tentar fazer por todos, pois dinheiro não faltava. Susan Shields, missionária que por nove anos fez parte da ordem e trabalhou nas casas de caridade de Roma, São Francisco e Nova York, conta que a madre recebia doações milionárias. No fim dos anos 80 não havia no mundo defensora dos pobres mais famosa que ela. Susan conta que, só na conta da instituição de Nova York, havia 50 milhões de dólares.[23]

Assim como Gandhi, Madre Teresa defendia a austeridade e a pobreza como objetivo de vida. Dizia que a dor aproximava os doentes de Deus. Durante uma entrevista para um canal de TV, perguntaram a ela por que deixar os moribundos sentir tanta dor e agonia. Ao responder, ela descreveu um diálogo com uma mulher que tinha câncer terminal e sofria uma dor insuportável. Dando um sorriso para a câmera, a madre contou ter dito: "Você está sofrendo como Cristo na cruz. Então Jesus deve estar te beijando". Sem se dar conta da ironia da situação, Madre Teresa revelou a resposta da paciente:

– Então, por favor, peça para Jesus parar de me beijar.[24]

NOTAS

1   Mohandas Gandhi, *Hind Swaraj: Autogoverno da Índia*, Fundação Alexandre de Gusmão, 2010, página 87.

2   Joseph Lelyveld, *Mahatma Gandhi e sua Luta com a Índia*, Companhia das Letras, 2012, página 115.

3   Joseph Lelyveld, página 116.

4   Mohandas Gandhi, *Satyagraha in South-Africa*, Navajivan, 1928, página 151.

5   Idem.

6   Jad Adams, "Thrill of the chaste: the truth about Gandhi's sex life", *The Independent*, 7 de abril de 2010, disponível em www.independent.co.uk/arts-entertainment/books/features/thrill-of-the-chaste-the-truth--about-gandhis-sex-life-1937411.html.

7   Joseph Lelyveld, *Great Soul*, Alfred A. Knopf, 2011, página 304.

8   Joseph Lelyveld, *Mahatma Gandhi e sua Luta com a Índia*, página 267.

9   Rajmohan Gandhi, *Mohandas: A True Story of a Man, His People, and an Empire*, Penguin, 2007, página 422.

10 George Orwell, *The Complete Works of George Orwell*, Secker & Warburg, 1997.

11 Jad Adams, "Thrill of the chaste: the truth about Gandhi's sex life", idem.

12 Joseph Lelyveld, *Great Soul*, página 57.

13 Joseph Lelyveld, *Mahatma Gandhi e sua Luta com a Índia*, página 78.

14 Gandhism, disponível em www.gandhism.net/sergeantmajorgandhi.php.

15 Rudyard Kipling, *The White Man's Burden*, 1899, disponível em www.fordham.edu/halsall/mod/kipling.asp.

16 Joseph Lelyveld, *Great Soul*, página 60.

17 Joseph Lelyveld, *Mahatma Gandhi e sua Luta com a Índia*, página 194.

18 George Orwell, idem.

19 Christopher Hitchens, "The real Mahatma Gandhi", revista *The Atlantic*, julho/agosto de 2011.

20 Angus Maddison, "Historical statistics of the world economy: 1-2008 AD", disponível em www.ggdc.net/maddison/Historical_Statistics/ horizontal-file_02-2010.xls.

21 Christopher Hitchens, *The Missionary Position*, Twelve, 2012, página 40.

22 Christopher Hitchens, página 42.

23 Christopher Hitchens, página 50.

24 Christopher Hitchens, página 44.

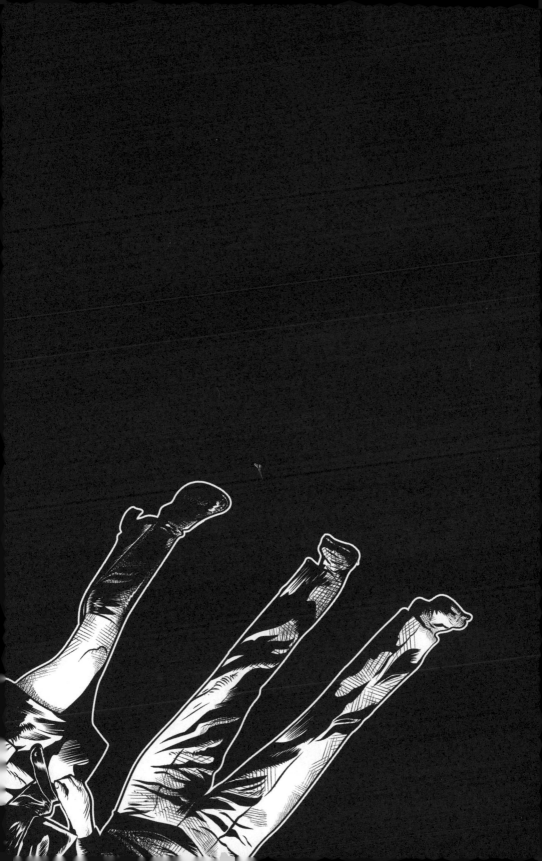

MAIO

DE

68

O ENIGMA DO MAIO DE 1968

A revolta dos estudantes franceses em maio de 1968 é considerada um momento sem precedentes da história mundial, "a maior greve geral da história"[1] e "um levante mundial simultâneo com o qual revolucionários sonhavam desde a Revolução Russa de 1917".[2] Cada vez que "o ano que não acabou" completa mais uma década, universidades organizam simpósios comemorativos e jornais imprimem cadernos especiais cheios de análises, fotos artísticas e artigos saudosistas. No entanto, passados mais de 40 anos desse festejado episódio, uma pergunta permanece no ar:

Contra ou a favor do que, afinal, os jovens franceses protestavam?

A vida nunca havia sido tão fácil para os franceses quanto em 1968. Os anos entre 1945 e 1975 ganharam o nome de *les trente glorieuses*, os trinta gloriosos anos em que a França passou das ruínas da guerra para uma melhoria espetacular de consumo e de padrão de vida. Coisas que hoje consideramos básicas, mas que na época eram reservadas aos ricos, como carro, geladeira, rádio, telefone e televisão, espalhavam-se pela população francesa e por toda a Europa ocidental. O turismo – outra mordomia da qual, por muito tempo, só os ricaços podiam desfrutar – começava a virar tradição entre os jovens franceses de classe média. De poucos milhares de turistas antes da guerra, a Espanha e a Itália passaram a receber, cada uma, mais 25 milhões de pessoas por ano no fim da década de 1960 – boa parte desses visitantes eram os vizinhos que comiam escargot. O desemprego na França havia despencado, os salários tinham aumentado, as crises alimentares e racionamentos viraram conversas dos pais e avós, assim como as histórias de trabalho duro na fazenda. Os jovens já não precisavam trabalhar na lavoura: podiam estudar. A imensa maioria dos estudantes de 1968 eram os primeiros da família a sentar na cadeira de uma faculdade. Do fim da guerra até aquele ano, o número de universitários se multiplicou por seis, enquanto a população da França foi de 39 milhões para 49 milhões. E o que esses jovens de famílias remediadas fizeram quando, enfim, conquistaram o privilégio de passar boa parte da vida estudando e dormindo à tarde?

Coisas muito mais divertidas que estudar. Depois das brigas dos universitários com a polícia e com a direção da Universidade de Nanterre, começaram protestos na margem esquerda do rio Sena. No dia 10 de maio, os estudantes trocaram pedras por bombas de gás com a polícia e arrancaram placas de trânsito, lixeiras e paralelepípedos da rua para fazer barricadas. Também tombaram carros pela rua (tradição que prossegue em todo o fim de ano) e improvisaram escudos com tampas de lixeira. Durante quinze dias, houve alguns confrontos com a polícia e muitos discursos eloquentes. Operários de diversas indústrias entraram em greve para apoiar os universitários (a despeito de alguns sindicatos e do Partido Comunista Francês não apoiarem os protestos dos **estudantes**). Semanas depois, apesar dos discursos inflamados pregando revolução, invasão e tomada de poder, e apesar de até a cúpula do presidente Charles de Gaulle temer uma derrubada do governo, os protestos acabaram espontaneamente. Todos voltaram a dormir de pijama nos edredons de casa.

O mistério sobre os motivos do Maio de 1968 é contemporâneo ao fato. Aqui no Brasil, numa crônica daquele mês, o escritor Nelson Rodrigues conta que percebeu a falta de motivo da revolta durante um jogo de futebol:

O PCF representava a velha esquerda, ainda fiel à tradição soviética, que andava fora de moda desde 1956, quando Kruschev denunciou os crimes de Stálin. O partido não considerou o protesto dos estudantes como uma ação revolucionária legítima e fingiu que nada estava acontecendo.

> No intervalo de Fluminense x Madureira, um "pó de arroz", muito aflito, veio me perguntar: – "Afinal, por que é que estão brigando na França? O que é que os estudantes querem?". O torcedor me olha e me ouve como se eu fosse a própria Bíblia. Começo: – "Bem". Faço um suspense insuportável. Fecho os olhos e pergunto, de mim para mim: – "O que é que os estudantes querem?". Era perfeitamente possível que eles não quisessem nada. Por sorte minha, o jogo ia começar. Enxoto o torcedor fraternalmente: – "Vamos assistir ao jogo!".
>
> Depois da vitória, fui para casa, na carona do Marcelo Soares de Moura (para mim, uma das poucas coisas boas do Brasil é a carona do Marcelo Soares de Moura). Quando passamos pelo Aterro, só uma coisa me fascinava, ou seja: – a hipótese de que os estudantes franceses estejam lutando por nada. Vejam bem. Hordas estudantis fazendo uma Revolução Francesa por coisa nenhuma.[3]

Um dos poucos intelectuais franceses a ficar de fora da euforia dos jovens (e ganhar, por isso, a fama de chato de plantão) foi o filósofo Raymond Aron. Logo depois dos protestos, ele escreveu artigos e um livro afirmando que o Maio de 1968 não foi uma revolução, e sim uma encenação de revolução, uma sessão de psicodrama destinada a tratar problemas afetivos e emocionais, não políticos. "Em vez de levar os estudantes a sério, temos que entender o que eles sentem", escreveu. Para Aron, as exigências em si não eram importantes: o principal era a renovação do sentimento de esperança numa época em que as utopias pegavam poeira. "Os homens de esquerda, privados de sua utopia desde o stalinismo, acharam ter redescoberto o que sempre sonharam, uma revolução que não acabaria em tirania e brutalidade", ele escreveu no livro *La Revolution Introuvable* ("A revolução esquiva"). Aron ainda acrescenta: "Por que deveríamos admirar esses clubes pseudojacobinos onde pseudorrevolucionários discutem pseudorreformas em sessões intermináveis?".[4]

Alguns traços bem conhecidos do Maio de 1968 são os grafites e os cartazes com os dizeres "É proibido proibir" ou "Seja realista: exija o impossível". As frases das ruas mostram que os jovens tinham consciência de que viviam um tempo mais agradável que o dos pais, como essa: "Desde 1936, eu luto por aumento de salário. Meu pai, antes de mim, lutou por um aumento de salário. Agora, eu tenho TV, geladeira e um Volkswagen. Mas toda a minha vida tem sido uma chatice". Chatice e tédio são palavras comuns. "Nós não queremos um mundo onde a garantia de não morrer de fome traz o risco de morrer de tédio", dizia um grafite. "Tédio é contrarrevolucionário", dizia outro. Será essa a resposta? Os estudantes destruíram ruas e jogaram pedras nas pessoas só por tédio, aquele sentimento que jovens bem nutridos têm quando precisam arrumar o quarto?

Há explicações mais criativas. A psicanalista francesa Janine Chasseguet-Smirgel defendeu que os protestos e as ideias utópicas dos estudantes, assim como dos intelectuais que os apoiaram, eram puro narcisismo, uma revolta contra pai e mãe – e mais: um desejo freudiano de voltar ao útero materno. No livro *Freud or Reich? Psychoanalysis and Illusion*, Janine afirma que manifestantes foram seduzidos por "ideias paranoicas que provocam a negação da realidade e a mobilização da ilusão, uma ilusão fundamentada na racionalização maníaca". Essa é uma daquelas teorias psicanalíticas **de boteco** que fazem a testa franzir imediatamente; no entanto, diante dos incompreensíveis atos dos estudantes de Maio de 68, talvez o raciocínio encalacrado da psicanalista seja uma explicação adequada.

Aqui entre nós: qual não é?

É claro que os estudantes tinham causas e bandeiras – mas é aí que a coisa fica pior. Eles pediam o fim da proibição de casais nos dormitórios universitários, o recomeço das aulas na Universidade de Nanterre e Sorbonne (fechadas depois dos primeiros conflitos), o fim da presença da polícia nas universidades e mudanças no horário de fechamento dos prédios. Além dessas questões mundanas, faziam ataques gerais à sociedade de consumo, à Guerra do Vietnã e uma grande ode à Revolução Cultural Chinesa.

É, a China. Nos anos 60, uma desilusão com o comunismo soviético pairava na Europa. Em 1956, o líder soviético Nikita Kruschev deixou o mundo de queixo caído ao denunciar, em pleno congresso do Comitê Central do Partido Comunista da União Soviética, as perseguições, os assassinatos e os casos de genocídio de seu antecessor, Josef Stálin. Logo depois do discurso, no entanto, o próprio Kruschev mostraria seu lado malvado ao reprimir protestos na Hungria. Depois de milhares de pessoas marcharem por Budapeste e derrubarem o governo comunista local, Kruschev revidou com tanques e soldados, matando 2.500 rebeldes húngaros e prendendo muitos outros. Depois desses eventos, o regime de Moscou ganhou pelo mundo a fama de um sistema envelhecido e burocrático, sem o ardor revolucionário do passado. Quem não se desencantou com o comunismo nesse momento teve de encontrar outros modelos a defender. Foi assim que jovens e intelectuais viraram os olhos para a China e seu líder, Mao Tsé-tung.

Mao parecia aos estudantes e intelectuais franceses um líder mais zen que os colegas soviéticos. O homem escrevia poesias e dava ensinamentos políticos tão esquisitos que lembrava um mestre de filme B de *kung fu*, como "a ação não deve ser uma reação, mas sim uma criação" ou "viver não consiste em respirar, e sim em fazer". Em 1966, Mao lançou no país a Revolução Cultural. Era mais um massacre bizarro de inimigos políticos que algum tipo de renovação, mas os franceses mais descolados projetaram ali a tão sonhada revolução dentro da revolução, um sistema que nunca perderia os objetivos utópicos e o ímpeto revolucionário. "A China de Mao se tornou a projeção para as superaquecidas fantasias estudantis", conta o historiador americano Richard Wolin.[5]

Entre os radicais chiques franceses, virou bacana planejar viagens à China, citar passagens do *Livro Vermelho* de Mao e até usar o terno de colarinho típico do líder chinês. Em meados de 1967, Jean-Luc Godard lançou o filme

A revista pornô *Lui* caiu na onda chinesa publicando um ensaio fotográfico com oito páginas de modelos seminuas em chapéus de palha e em trajes da guarda vermelha de Mao.[6]

La Chinoise (A Chinesa, no Brasil), sobre cinco estudantes que sonhavam derrubar o governo francês. Por que a China, Godard? "Porque todos estão falando sobre a China", disse ele ao jornal Le Monde. "A China propõe soluções que são únicas... O que diferencia a Revolução Chinesa e a Revolução Cultural é a juventude, a busca moral e científica, livre de preconceitos."[7] Meses depois, quando a polícia e os universitários começaram a se estranhar, era esse filme e essas ideias que estavam em cartaz.

A simpatia dos estudantes pelo maoismo acabou criando interessantes contradições.

Duas das maiores vitórias dos operários que apoiaram o Maio de 68 foram o aumento do salário mínimo e a conquista da quarta semana de férias. Enquanto isso, nas comunas populares implantadas por Mao, chineses trabalhavam com números nas costas, numa tentativa do governo de abolir o nome dos cidadãos.

No dia 10 de maio de 1968, apareceu em Paris o grafite "É proibido proibir", em oposição ao tradicional "É proibido colar cartazes". Enquanto isso, na China, Mao Tsé-tung proibia a população de reclamar da educação (sob pena de morte), de se mudar para outras regiões do país, de abandonar a lavoura, de armazenar grãos e, até mesmo, de ter fogão e panela em casa.

"O patrão precisa de você, você não precisa dele", gritavam os estudantes franceses simpatizantes do maoismo. Enquanto isso, na China, os trabalhadores precisavam da boa vontade dos chefes dos campos de produção para serem autorizados a se alimentar. Aqueles que não trabalhavam o suficiente ganhavam uma "punição leve": ficar um dia sem comer.[8]

Veja mais sobre os regimes soviético e chinês no capítulo "Comunistas".

Por sorte, o tempo passou. Muitos dos filhos do Maio de 68 seguiram o conselho de Nelson Rodrigues ("Jovens, envelheçam o mais rápido possível!"), largaram antigas crenças, pararam para pensar e, com uma tremenda cara de amnésia, se perguntaram: "Onde, afinal, estávamos com a cabeça?". Um deles foi o filósofo Luc Ferry, ministro de Educação da França durante o governo Jacques Chirac. "Tínhamos duas grandes utopias, a pátria e a revolução, e eu sou daqueles que acordam todos os dias e se alegram quando lembram que essas coisas acabaram", diz ele. "O maoismo matou milhões de pessoas. Qual é a nostalgia que se pode ter por isso? O que admirávamos era lixo."[9]

O mais impressionante é que, naquele mesmo ano, uma revolução legítima e verdadeira estava acontecendo na Europa: a Primavera de Praga. Desde o começo de 1968, os tchecoslovacos tentavam se livrar das unhas da União Soviética e cuidar da própria vida. Liderados pelo reformista Alexander Dubcek, por alguns meses eles sentiram o aroma dos direitos que os franceses tomavam como garantidos, como a liberdade de associação e de imprensa, e imaginaram um sistema com mais partidos políticos. A festa em Praga acabou quando a União Soviética mandou 2 mil tanques invadirem a cidade e botarem o povo em seu lugar. Os estudantes franceses, se não simpatizavam com a velha burocracia soviética, tampouco se solidarizaram com os tchecoslovacos. Pouca gente falava sobre o evento, nenhum cartaz exibiu frases em apoio aos tchecoslovacos.

"O que nos revela sobre as ilusões do Maio de 1968 o fato de eu não me lembrar de uma única menção à Primavera de Praga e, muito menos, do levante dos estudantes poloneses, em nossos debates mais sinceramente radicais?",

Para atrapalhar a trajetória dos tanques, a população trocava placas de trânsito de lugar e apagava os nomes dos locais. Somente as placas que apontavam a direção de Moscou ficavam intactas.

escreveu o historiador Tony Judt, na época jovem estudante inglês que viajou a Paris para conhecer as barricadas. "Rebeldes? Em que causa? A que preço? Mesmo aqueles poucos espíritos corajosos que eu conhecia, desventurados o bastante para passar uma noite na cadeia, voltavam para casa na hora do almoço."[10]

Depois de 15 dias de barricadas e choques com a polícia, os jovens, que empunharam cartazes dizendo que iriam tomar o que quisessem e que aboliriam os chefes, voltaram para casa e foram arrumar o quarto. A polícia e o governo se surpreenderam com a facilidade em debelar a multidão. No dia 30 de maio, cerca de 1 milhão de franceses marcharam pela avenida Champs-Élysées contra os estudantes e em apoio ao general De Gaulle. Nas eleições parlamentares de junho, os partidos conservadores, que o apoiavam, obtiveram uma vitória acachapante, com a esquerda perdendo 99 assentos na Assembleia Nacional Francesa. Os paralelepípedos voltaram ao chão das ruas de Paris, e as universidades reabriram. Mas houve, sim, um grande legado do Maio de 68: uma infinidade de intelectuais tentando entender o que, afinal, aqueles jovens queriam.

Ninguém esteve tão fora de moda nos últimos séculos quanto o filósofo britânico Edmund Burke, um dos pais do pensamento conservador. Enquanto intelectuais se entusiasmavam com utopias e sonhos de um mundo totalmente novo, Burke lembrava que é racional dar valor a tradições – não por elas guardarem algo sagrado, mas por serem resultado de um longo conhecimento adquirido e testado através dos séculos. Políticos botavam tudo a perder em nome de um ideal superior, enquanto Burke considerava a cautela e a prudência as maiores virtudes políticas; multidões se encantavam pela revolução, e Burke, o chato de plantão, dizia que mudanças correm o risco de acabar em miséria e devastação se não forem pacíficas e graduais.

REVOLUÇÃO FRANCESA, A IDADE DAS TREVAS

Mas ninguém fez previsões tão corretas a respeito do futuro da política quanto Edmund Burke, especialmente sobre a Revolução Francesa. Em 1790, um ano depois da queda da Bastilha, ele escreveu o livro *Reflexões sobre a Revolução em França* antecipando: vai dar tudo errado. Quando o livro foi publicado, o rei Luís XVI não só tinha a cabeça sobre os ombros como participava de decisões políticas – e havia quem acreditasse que tudo terminaria como a Revolução Gloriosa, de 1688, que manteve a Coroa britânica mas a submeteu à Constituição. No entanto, líderes franceses mais radicais, como Danton e Robespierre, logo ganharam força. Inspirados no filósofo Rousseau, tentaram implantar na França uma utopia em que só os mais virtuosos teriam voz.

Cenas de pesadelo já eram comuns em 1792 – a Princesa de Lamballe, por exemplo, teve a cabeça enfiada numa lança com a qual os revolucionários rodaram a cidade em festa. No ano seguinte, o rei Luís XVI foi executado na "máquina", como os franceses chamavam a guilhotina. Depois foi a vez da rainha Maria Antonieta (que nunca disse "que comam brioches" ao saber que o povo passava fome). Não só os nobres morreram. Padeiros foram executados por causa do preço do pão, além de carpinteiros, camponeses, mendigos, adolescentes. "A república consiste no extermínio de todos que se opõem a ela", disse Louis de Saint-Just, um rapaz de 26 anos que se tornou um dos líderes do país – e morreu na guilhotina logo após dizer essa frase.[11]

Em nome da nova humanidade, o holocausto estava permitido. Com todas as letras, como atesta um panfleto da época: "que nas cidades o sangue dos traidores seja o primeiro holocausto à liberdade".[12] Em um ano, a partir de setembro de 1793, o Terror matou cerca de 40 mil pessoas, pelo menos 16 mil na guilhotina. Esse total é pelo menos cinco vezes o da Inquisição espanhola, aquela de Tomás de Torquemada, nos séculos 15 a 17.[13] Uma amostra de que o espírito por trás da revolução era um fanatismo mais cego que o do grande inquisidor.

No fim das contas, a revolução mudou tudo para não mudar nada. Em 1794, Danton e Robespierre foram, eles próprios, guilhotinados. Dez anos depois, a monarquia foi restituída com a autocoroação de Napoleão, um militar que ascendeu nas tropas revolucionárias. Como previu Edmund Burke, depois de tanto sangue derramado, a revolução terminou com um líder muito mais despótico que Luís XVI.

NOTAS

1   Alan Woods, "A Revolução Francesa de Maio de 1968", *In Defence of Marxism*, 8 de maio de 2008, disponível em www.marxist.com/revolucao-francesa-maio-1968.htm.

2   Eric Hobsbawm, *Era dos Extremos*, Companhia das Letras, 2008, página 292.

3   Nelson Rodrigues, "O destino de ser traída", *O Óbvio Ululante*, Companhia das Letras, 1993, página 240.

4   Raymond Aron, "Reflections after the psychodrama", revista *Encounter*, dezembro de 1968, disponível em www.unz.org/Pub/Encounter-1968dec-00064, páginas 64 e 65.

5   Richard Wolin, *The Wind from the East: French Intellectuals, the Cultural Revolution, and the Legacy of the 1960s*, Princeton University Press, edição Kindle, 2010, página 122.

6   Richard Wolin, página 114.

7   Idem.

8   Jung Chang e Jon Halliday, *Mao: A História Desconhecida*, Companhia das Letras, 2006, página 537.

9   Entrevista com Rita Loiola, realizada em maio de 2008.

10 Tony Judt, *O Chalé da Memória*, Objetiva, 2012, página 125.

11 Simon Schama, *Cidadãos, uma Crônica da Revolução Francesa*, Companhia das Letras, 2009, página 632.

12 Simon Schama, página 510.

13 Os estudos mais aceitos sobre o total de mortes na Inquisição espanhola nesse período apontam um total de processos entre 125 mil e 375 mil, dos quais menos de 3% acabaram em execuções. O total de mortes, portanto, varia de 810 a 10 mil pessoas. Fonte: Joseph Pérez, *The Spanish Inquisition*, Profile Books, 2006, página 173.

AGRO
TÓXICOS

OS AGROTÓXICOS
SALVARAM FLORESTAS
E BILHÕES DE VIDAS

O homem que mais ajudou a tirar as pessoas da fome em todo o século 20 não foi um político comprometido com o povo nem um líder espiritual benevolente. Dificilmente figuraria em camisetas jovens — e sequer se pode dizer que ele era uma boa pessoa. Trata-se do químico alemão Fritz Haber. Albert Einstein o considerava "vaidoso sem autêntica autoestima" e "cru no discurso, na voz e nos sentimentos" — e olha que Einstein foi um de seus melhores amigos.[1] Cientista-chefe do departamento de armas químicas da Alemanha durante a Primeira Guerra Mundial, Haber difundiu o uso do gás cloro nas trincheiras. Em abril de 1915, ele coordenou um ataque em Ypres, na Bélgica, onde as armas químicas alemãs mataram cerca de 5 mil soldados franceses e canadenses. Dias depois, sua mulher se suicidou, provavelmente por causa da participação do marido na guerra. Mais por ambição que por patriotismo, Haber voltou ao trabalho no mesmo dia do enterro da esposa, deixando em casa o filho de 12 anos que encontrara a mãe morta.

Mas se deve a esse homem irremediavelmente sem encanto uma invenção que transformou o mundo. Tudo começou em 1908, com uma discussão acadêmica. Um eminente professor de química chamado Walther Nernst questionou cálculos e estudos publicados por Haber sobre a combinação de hidrogênio e nitrogênio a altas temperaturas. A possibilidade de ser humilhado pela comunidade científica deixou Haber com problemas de pele, prisão de ventre e insônia — e ainda mais obcecado pelo trabalho. Ao refazer seus cálculos, o químico acabou inventando um jeito de fixar o nitrogênio. Em julho de 1909, num laboratório montado pela Basf do sul da Alemanha, ele misturou hidrogênio com o nitrogênio do ar numa câmara a 600 graus de temperatura e pressão 200 vezes a do nível do mar, conseguindo produzir amônia. Só depois dessa façanha foi possível falar em fertilizantes artificiais e agricultura industrial. Como se disse na época, o homem transformou o ar em pão.

Para entender a importância dessa descoberta, é preciso lembrar como funcionava a agricultura até então. Assim como os químicos antes de Haber, as plantas não são capazes de tirar nitrogênio do ar — em vez disso, absorvem-no do solo. A cada colheita, o solo se torna mais pobre em nitrogênio — o que tradicionalmente era remediado com esterco. Mas o método de sua tataravó, dos hippies e de quem lucra com os orgânicos está longe de ser eficiente. Para a obtenção de 10 quilos de nitrogênio, são necessárias 15 toneladas de esterco de galinha — e esse é o esterco mais rico em nitrogênio. Já um saco de 50 quilos de fertilizante industrial tem mais de 15 quilos do elemento.[2]

Com a ascensão de Hitler, Fritz Haber, que era judeu, se mudou para a Inglaterra. Por sorte, não viu uma de suas criações, o gás Zyklon A – criado para eliminar insetos que infestavam celeiros e moinhos de trigo –, ter odores de alerta retirados para se tornar o Zyklon B, o gás das câmaras de morte nazistas.

Antes de Haber, a agricultura era sonho dos sustentáveis – desde que o sustento não seja o de vida humana. Não havia pesticidas ou fertilizantes sintéticos. Os agricultores evitavam as pragas e as doenças das plantas com técnicas milenares; o esterco e as sementes vinham da natureza. Famílias plantavam e colhiam com as mãos ou com poucas ferramentas rudimentares. Esse mundo idílico e ecologicamente correto tinha um resultado: a fome. Como a produção dependia da fertilidade do solo e da disponibilidade de adubos naturais, as colheitas eram ralas – um hectare rendia com sorte 700 quilos de trigo, um quarto do que se produz hoje. A falta de variedades mais resistentes deixava a plantação vulnerável demais ao clima. Por causa disso, faltar comida era rotina. A fome matou 10% dos ingleses entre 1315 e 1317, um terço dos russos entre 1601 e 1603, 10% dos franceses e noruegueses no fim do século 17, quase 20% dos irlandeses entre 1845 e 1849, entre muitas outras crises de alimentação.

O esterco servia para recuperar o solo pobre em nitrogênio, mas precisava ser usado em quantidades mastodônticas para ter algum efeito. Com o perdão da expressão, não havia merda que bastasse. A saída era importar. Por muito tempo os europeus compraram do Peru o guano, uma espécie de areia formada pela decomposição de fezes de morcegos e de aves marinhas, encontrada em ilhas do Pacífico. Também se comprava, de minas do norte do Chile, pedras de nitrato de sódio, o "ouro branco", que eram levadas em **veleiros** mais longos que um estádio de futebol até a Europa e espalhadas pelas plantações. Os fabricantes de explosivos competiam com os de fertilizantes na compra do guano, pois o nitrogênio também era usado para fazer

Para transportar nitrato do Chile à Europa, os alemães usavam o *Preussen*, o maior veleiro já construído. Tinha cinco mastros com 47 velas e 143 metros de comprimento, 23 metros a mais que os maiores campos de futebol.

nitroglicerina, empregada na dinamite. A demanda jogava o preço para cima.

Era urgente tornar esse processo mais simples e barato. Numa palestra em 1898, o presidente da Associação Britânica pelo Avanço da Ciência, William Crookes,[3] entendeu tudo: o grande desafio da ciência era converter o nitrogênio do ar em compostos mais úteis, como a ureia ou a amônia. "Será pelo laboratório que a fome será transformada em abundância", profetizou Crookes. Foi o que fez o químico alemão Fritz Haber, para felicidade geral dos povos e do seu próprio bolso.

Mas houve um longo caminho dos laboratórios de química até o campo. Com as guerras mundiais, a maior parte da produção serviu para a fabricação de explosivos. Também foi preciso desenvolver variedades de plantas, pois, com a adubação, os pés de trigo, milho e arroz ficavam tão cheios de grãos que tombavam. Isso se resolveu com a criação de variedades anãs: com o caule mais curto e grosso, a planta economizava energia e conseguia suportar o peso dos grãos. A partir de 1944, em um centro de pesquisas do México, o agrônomo Norman Borlaug desenvolveu variedades de trigo que não só se adaptavam a climas diferentes como suportavam a adubagem intensa e eram resistentes a doenças. Suas mudas se tornaram concorridas entre agricultores mexicanos: em 1963, quase todos eles aderiram ao sistema de variedades anãs de trigo e adubação intensa, multiplicando por seis o tamanho da colheita. Ao levar suas técnicas para a Ásia, Borlaug daria início ao fenômeno que ganhou o nome de Revolução Verde.

Com o apoio das fundações Ford e Rockefeller (duas organizações a todo momento acusadas de imperialismo americano), **Borlaug** implantou a agricultura industrial do

O esforço rendeu a Norman Borlaug o Prêmio Nobel da Paz em 1970.

trigo na Índia e em países vizinhos. Outras empresas e organizações desenvolveram inovações similares para os campos de trigo, milho e soja. Por onde passou, a combinação dos fertilizantes artificiais com máquinas e sementes selecionadas criou outro problema: fez armazéns de grãos ficarem cheios demais. Fazendas de Bangladesh, da Índia ou das Filipinas passaram a produzir 20% a mais, depois dobraram a colheita e, em três décadas, a triplicaram. A Índia, que até os anos 60 importava grãos dos Estados Unidos, se tornou uma das maiores exportadoras de arroz, trigo, batata e frutas. "A colheita de 1968 foi tão grande que, em algumas áreas, foi preciso fechar as escolas e usá-las para armazenar os grãos", conta o jornalista Tom Standage.[4] No século 20, enquanto a população aumentou 3,7 vezes, a produção de alimentos se multiplicou por sete.[5]

É verdade que nem todos os efeitos da Revolução Verde foram positivos. Ambientalistas dizem que boa parte do nitrogênio jogado ao solo vai parar em rios, incentivando a proliferação de algas que diminuem o oxigênio da água. Mas também é fato que os agroquímicos evitaram a derrubada de milhares de hectares de florestas. Afinal, se é possível plantar mais no mesmo espaço, fica menos necessário avançar sobre árvores para aumentar a área de cultivo. Na Índia, por exemplo, enquanto a produção de arroz aumentou quase 400%, a área destinada a esse cultivo subiu apenas 40%. Sim, você está lendo direito: os agrotóxicos e os fertilizantes evitaram que milhares de hectares de florestas fossem **derrubados**.

Também houve um impacto na economia e na população. Tratores e semeadoras deixaram milhões de pessoas sem emprego, criando uma história que se conhece muito

Também se diz que o uso de agrotóxicos e de fertilizantes fez a incidência de câncer subir. Isso é uma completa bobagem. Com exceção do câncer de pulmão, todos os tipos de câncer diminuíram ou ficaram mais ou menos estáveis dos anos 50 para cá. A maior redução ocorreu justamente nos casos relacionados ao aparelho digestivo, pois a geladeira e os conservantes fizeram as pessoas comer alimentos mais frescos.[6]

bem no Brasil: êxodo rural, aumento espantoso das metrópoles, miséria nas periferias. Mas, no geral, os pobres saíram ganhando. Primeiro, porque a mão de obra do campo foi liberada para outras atividades. Depois, porque as colheitas mais pesadas deixaram agricultores com mais dinheiro para gastar, aquecendo outras áreas da economia. Em lugares pobres, onde a maior parte da população costuma se ocupar da agricultura, esse efeito foi ainda mais expressivo. Além disso, a comida ficou mais barata para os consumidores. Como a oferta aumentou, o preço caiu: em 2000, o preço da tonelada de arroz na Índia era um terço daquele de 1970. Uma pesquisa de 1996 estimou que o aumento de 1% na produtividade agrícola da Índia gera uma redução de 0,4% da pobreza em curto prazo e de 1,9% em longo prazo.[7] "Diversos estudos sobre a Revolução Verde na Ásia concluíram que o crescimento da produtividade levou a um maior consumo de calorias e de proteína nas vilas rurais", afirma Peter Hazell, diretor do Instituto de Pesquisa Internacional de Política Alimentar.[8]

Não à toa, as maiores crises de fome do século 20 aconteceram justamente onde a agricultura industrial não pegou. É o caso da África, onde as novas técnicas sofreram resistência de governos apegados à ideia da agricultura de subsistência. Na Etiópia, o governo comunista fez tudo que podia para atrapalhar: bloqueou a importação de fertilizantes, avançou contra as fazendas comerciais, tabelou preços e amontoou camponeses em fazendas estatais, tornando a agricultura menos atraente. Como resultado, a população aumentou mais rapidamente que a produção de alimentos. Quando veio a seca, entre 1983 e 1985, não havia estoques: 400 mil pessoas morreram de fome.

Na China, onde houve a maior crise de fome do século – por baixo, 15 milhões de mortos entre 1958 e 1961 –, o governo de Mao Tsé-tung ligava pouco para os fertilizantes químicos. Por causa disso, os camponeses chineses saíam desesperados atrás de qualquer fonte de nitrogênio. Qualquer mesmo. "Nas áreas urbanas, cada lugar onde se despejavam dejetos humanos era alocado para uma determinada aldeia e os camponeses vinham antes do amanhecer para recolhê-los com seus barris oblongos sobre carroças", contam a escritora Jung Chang e o historiador Jon Halliday. "Os dejetos humanos eram tão preciosos que irrompiam brigas frequentes entre pessoas de aldeias diferentes devido a invasões de território com suas conchas de cabos longos."[9] Se você se lembra daquelas aulas de biologia da escola sobre como ocorrem as verminoses, consegue imaginar o que acontece quando as pessoas usam fezes humanas para fertilizar a roça.

As fezes deixaram de valer tanto em 1972, quando o presidente americano Richard Nixon foi a Pequim se encontrar com Mao Tsé-tung. Na comitiva que acompanhou o presidente americano, estava um executivo da companhia Kellogg, fabricante de fertilizantes. Os chineses encomendaram-lhe a construção de cinco enormes fábricas de amônia – e compraram outras oito de companhias europeias.[10] Alguns anos depois, a China já era a maior produtora de fertilizantes nitrogenados do mundo.

Em 1909, naquele laboratório patrocinado pela Basf, o químico alemão Fritz Haber conseguiu produzir poucos centímetros cúbicos de amônia – menos que um pote de Danoninho. Hoje, a produção de nitrogênio é de 143 milhões de toneladas por ano.[11] Cerca de 3 bilhões de pessoas,

É numa hora dessas que percebemos o mal que os Estados Unidos fizeram ao mundo.

quase metade da população da Terra, teriam pouco o que comer caso a agricultura orgânica ainda predominasse. Na próxima vez em que o leitor, um filho da Revolução Verde, saborear pão, leite e cereais no café da manhã, agradeça a cientistas ambiciosos, indústrias químicas e grandes fazendeiros – e respire aliviado por viver na época em que a agricultura orgânica não impera no mundo.

NOTAS

1 Daniel Charles, *Master Mind*, HarperCollins, edição Kindle, 2005, posição 1834.

2 Parker F. Pratt e Javier Z. Castellanos, "Available nitrogen from animal manures", disponível em http://ucce.ucdavis.edu/files/repositoryfiles/ca3507p24-61767.pdf.

3 Daniel Charles, posição 1119.

4 Tom Standage, *Uma História Comestível da Humanidade*, Zahar, 2009, página 228.

5 Tom Standage, página 212.

6 "Cancer facts & figures 2012", disponível em www.cancer.org/acs/groups/content/@epidemiologysurveilance/documents/document/acspc-031941.pdf.

7 Peter B. R. Hazell, "The Asian Green Revolution", IFPRI, novembro de 2009, disponível em www.ifpri.org/sites/default/files/publications/ifpridp00911.pdf, página 11.

8 Peter B. R. Hazell, página 12.

9 Jon Halliday e Jung Chan, Mao, *A História Desconhecida*, Companhia das Letras, 2006, página 530.

10 Daniel Charles, posição 1433.

11 "Current world fertilizer trends and outlook to 2015", Food and Agriculture Organization of the United Nations, 2011, disponível em ftp://ftp.fao.org/ag/agp/docs/cwfto15.pdf.

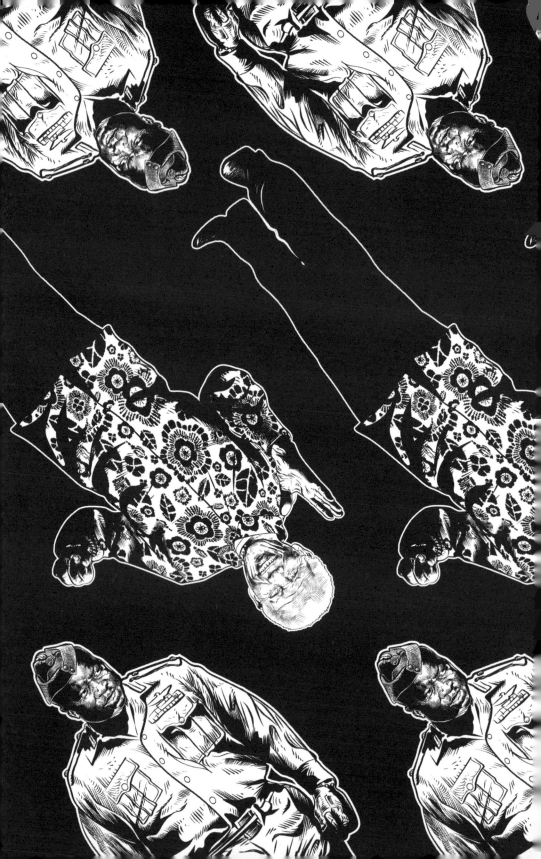

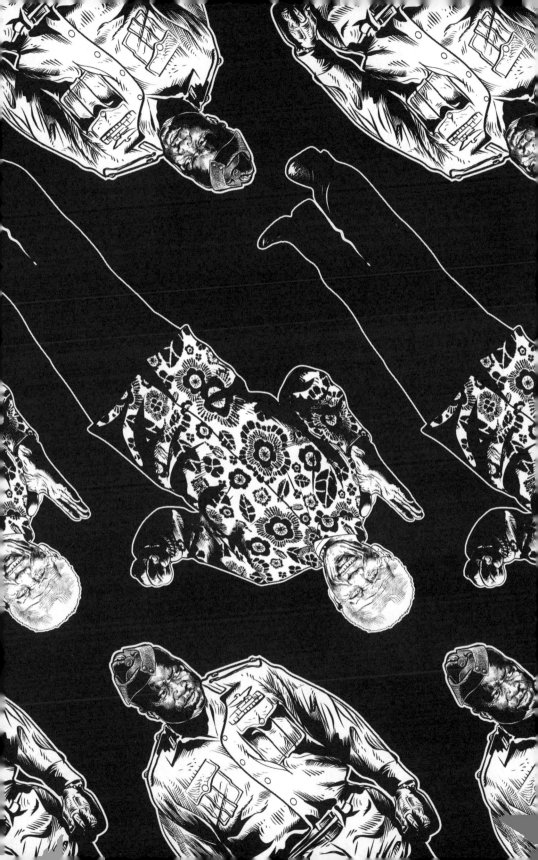

AFRICA

O ENEM E A ÁFRICA

Não há livro didático, prova de vestibular ou resposta correta do Enem que não atribua a miséria e os conflitos internos da África a um fator principal: a partilha do continente pelos impérios europeus. A Conferência de Berlim, entre 1884 e 1885, teria criado fronteiras artificiais "sem respeitar a antiga organização tribal e a distribuição geográfica das etnias no continente", como diz um exame de vestibular.[1] Essas fronteiras acabariam acotovelando no mesmo território diversas nações e grupos étnicos, fazendo o caos imperar na África. Quem não concordar com isso não passa no vestibular. No Enem de 2005, uma das respostas corretas para uma pergunta sobre as principais causas dos problemas do continente era: "as fronteiras artificiais, criadas no contexto do colonialismo, após os processos de independência, fizeram da África um continente marcado por guerras civis, golpes de estado e conflitos étnicos e religiosos".[2]

Esse raciocínio é o cerne da teoria externalista, que atribui todos os problemas da África a causas externas. Além de empastelar fronteiras, os países europeus teriam sabotado o continente ao saquear suas riquezas, como marfim, diamante e ouro. Um dos primeiros livros a criar essa culpa coletiva foi *Imperialismo: um Estudo*, escrito pelo inglês J. A. Hobson em 1902. Com um pé no antissemitismo, o autor retrata o imperialismo europeu como uma grande conspiração de banqueiros judeus como os **Rothschild**, além de investidores e fabricantes de armas a quem interessava manter os africanos na miséria. Ainda hoje essa tese é repetida, sem o toque antissemita. O diplomata Kofi Annan, ex-secretário geral da ONU, disse durante um discurso que "os recursos minerais da África, em vez de serem explorados em benefício do povo, têm sido tão mal-administrados e saqueados que agora são a fonte de nossa miséria".[3]

É verdade que os europeus não agiram como ursinhos carinhosos na África. Com a ideia de incentivar os camponeses a largar a agricultura de subsistência, movimentar a economia e assim recriar a civilização europeia no continente africano, os colonizadores ingleses, franceses, belgas e portugueses caíram na tentação da engenharia social. Criaram impostos per capita, obrigando os moradores a trabalhar para pagá-los, provocaram migrações e tiraram terras de proprietários africanos para abrigar nelas colonos brancos. Depois que parlamentares belgas se recusaram a gastar dinheiro na África, o rei da Bélgica, Leopoldo II, declarou o Congo como sua propriedade pessoal. A partir de então, passou a extrair de lá borracha e marfim por meio de um sistema de escravidão que incluía cortar as mãos dos trabalhadores que não atingissem cotas de produção. Quan-

Rothschild era a família de magnatas e banqueiros mais poderosos da Europa do século 19. Eles bancaram enormes empreendimentos da época – o mais conhecido foi a colonização do sudoeste da África por Cecil Rhodes, na região que ganhou o nome de Rodésia. No século 20, os Rothschild perderam poder, mas seguiram financiando grandes projetos. Veio deles parte do dinheiro para a construção da ponte Rio-Niterói, entre 1969 e 1974.

do a Maxim, a primeira metralhadora automática, chegou à África, milhares de guerreiros armados com lanças e alguns fuzis passaram a ser mortos em minutos. Por fim, as fronteiras delineadas na Europa causaram, sim, alguns problemas. No Congo, por exemplo, etnias rivais se viram sob o mesmo governo; em Gana e no Togo, a comunidade ewe foi cortada pela metade; no Chifre da África, os somalis se viram divididos entre franceses, ingleses e italianos.

Mas o colonialismo europeu não explica tudo – e não é a principal causa dos conflitos e das misérias da África. Nos anos 60, pouco antes de a maioria dos países africanos se tornar independente, havia mais escolas, leitos de hospitais, comida e africanos alfabetizados que 20 anos depois. Se os impérios praticaram atrocidades, também é verdade que construíram estradas, pontes, escolas; difundiram um sistema judiciário e financeiro; mantiveram muitos reinos tradicionais e estabeleceram uma ordem mínima para que famílias e negócios **prosperassem**.

A ideia de que o imperialismo serviu para escoar o dinheiro de sobra de investidores é uma completa bobagem: em muitos casos, o imperialismo dava prejuízo, e a maioria dos investidores preferia botar dinheiro em países nos quais eles não tinham domínio político. Os britânicos, por exemplo, investiam em projetos de estradas e ferrovias nos Estados Unidos, na Europa e na América Latina. Entre 1870 e 1913, foi para a África só 13% do dinheiro que os ingleses investiram fora de casa – e em boa parte das vezes as apostas fracassavam.[5]

Se as fronteiras artificiais ajudam a explicar alguns conflitos, atribuir a elas a maioria dos problemas dos mais de 50 países da África, como faz a prova do Enem, é um ra-

O que os britânicos fizeram pelas colônias? Como responde o escritor americano Harry Crocker, "fora estradas, ferrovias, portos, escolas, um sistema parlamentar de governo, direitos civis, separação de poderes, império da lei e a língua inglesa... nada!".[4]

ciocínio grosseiro, superficial e insuficiente. É incrível que uma teoria tão frágil e generalista tenha durado tanto – provavelmente isso acontece porque ela serve para alimentar a condescendência de quem toma os africanos como "bons selvagens" e tenta isentá-los de qualquer responsabilidade por seus problemas. Na África, o costume de atribuir a miséria e as guerras aos europeus já está obsoleto – e isso há algumas décadas. "No começo dos anos 80, os africanos estavam fartos da ladainha do colonialismo/imperialismo e da recusa de seus líderes a assumir a culpa por seu próprio fracasso", escreveu o economista George Ayittey, de Gana.[6]

Os **europeus** destruíram a **África**
(mas não do jeito que você está pensando)

A ideia de que as fronteiras criadas pelos europeus são as principais causas da desordem africana cai diante de pelo menos cinco argumentos:

1. Guerras entre nações rivais e disputas pela sucessão de tronos existiam muito antes de os europeus aparecerem no litoral ou atingirem o interior da África. Em quase todas as culturas nômades, a guerra a grupos inimigos e o ataque a povoados sedentários fazem parte da ordem natural das coisas. Em boa parte da África subsaariana, a África negra, secas prolongadas e crises de fome provocavam invasões, disputas por territórios e grandes migrações. Bem antes da chegada dos europeus, ataques com o objetivo de arrebanhar escravos eram comuns – havia um intenso mercado de escravos para os árabes, por rotas que atravessavam o **Saara**. No meio dessas rivalidades, o domínio de um império teve

Tem mais sobre isso no *Guia Politicamente Incorreto da História do Brasil.*[7]

um efeito pacificador.[8] "Por meio de sua *pax*, os impérios fornecem o bem público mais básico − a ordem − numa sociedade internacional anárquica", afirma o historiador e economista indiano Deepak Lal.[9] Sem essa força apaziguadora, velhas rixas tribais reapareceram. "Em muitas partes do mundo pós-colonial, os maiores beneficiários foram elites nacionalistas predatórias que falharam ao prover até mesmo o mais elementar bem público", diz Lal.[10] Os próprios reinos conheciam os benefícios da paz imperial. Durante o colonialismo, alguns deles procuraram voluntariamente se aliar aos europeus. Em 1881, por exemplo, dois reis do atual Camarões escreveram ao primeiro-ministro britânico William Gladstone: "Nós queremos que nosso país seja governado pelo Império Britânico. Estamos cansados de chefiar este país: toda disputa leva a uma guerra, geralmente com um grande número de mortes".[11]

2. É uma enorme simplificação dizer que as fronteiras foram criadas de forma aleatória pelos países europeus. Depois dos acordos internacionais, comissões demarcatórias iam a campo apurar possíveis problemas. "As comissões, muitas vezes, mudaram o traçado combinado para assegurar o acesso de vilarejos a terra e fontes de água, ou para evitar dividi-los pela metade e, claro, para adaptar a fronteira ao relevo", escreveu o cientista político Saadia Touval num detalhado estudo sobre as fronteiras africanas.[12] Quando líderes locais não gostavam de uma demarcação, reclamavam − e houve muitos casos em que conseguiram o que pediam. Em 1895, três chefes de reinos do atual Zimbábue se irritaram ao saber que o território deles se anexaria ao da África do Sul. Em protesto a essa decisão, os três viajaram a Londres para ter uma conversa com o secretário de estado das colônias, Joseph Chamberlain. Voltaram com o acordo de que seguiriam como um protetorado britânico.[13]

3. Graves conflitos étnicos aconteceram também em países que tiveram suas fronteiras mantidas pelos acordos europeus. O território de Ruanda e de Burundi, dois pequenos países cercados por montanhas e habitados há séculos por tútsis e hutus, é quase o mesmo desde antes da colonização europeia. Em 1919, quando os belgas permitiram que os ingleses anexassem 5 mil quilômetros quadrados do território de Ruanda, para facilitar a construção de uma ferrovia, a população reclamou. O caso foi levado à Liga das Nações, que considerou a divisão "dificilmente justificável do ponto de vista do bem-estar, da ordem política e da estabilidade", e a fronteira voltou ao antigo traçado. Esse respeito à fronteira tradicional não impediu que os hutus de Ruanda matassem 800 mil tútsis, a golpes de facão, granadas e tiros de AK-47, em três meses de 1994.

4. O fato de povos distintos dividirem o mesmo lugar não necessariamente implica guerra e genocídio. Em muitos países – na verdade, é difícil encontrar um país onde isso não aconteça –, pessoas de etnias, de religiões e de línguas diferentes convivem juntas. Espanhóis castelhanos, galegos e catalães; belgas flamengos e valões; canadenses franceses e ingleses podem não morrer de amores entre si, mas o máximo que costumam fazer é trocar olhares de antipatia ou mover campanhas civilizadas de separatismo. Há exemplos de convivência pacífica na África, como Burkina Faso. Sete grupos étnicos se espremem no país, cujo território é fruto de fronteiras aleatórias impostas pelos europeus. O resultado? Uma rica tradição de piadas, não muito diferente do que os brasileiros do norte fazem com os gaúchos.

Do mesmo modo, muitos povos e culturas são dividi-dos por fronteiras – e uni-los num novo país nem sempre é necessário. Em todo o mundo, acordos internacionais preveem que povos nômades possam ignorar as linhas imaginárias.[14] É o caso de índios que vivem entre as fronteiras internacionais da Amazônia e de diversos grupos nômades da África.

5. O maior argumento contra a teoria das fronteiras tem mais de 1 milhão de quilômetros quadrados. Trata-se da Etiópia, o único país africano que não foi colonizado pelos europeus. Os italianos tentaram invadir a Etiópia em 1896, mas sofreram uma humilhante derrota militar. Entre 1935 e 1942, Mussolini tentou de novo, usando até mesmo armas químicas; mais uma vez os italianos foram postos para correr pelos guerreiros etíopes (com uma mão salvadora dos britânicos). Com essas vitórias, a Etiópia seguiu governada pelo imperador Hailé Selassié, pertencente a uma das linhagens monárquicas mais antigas do mundo e que – segundo a mitologia oficial – descendia diretamente do rei **Salomão**. O que aconteceu com esse país que expulsou os europeus e manteve boa parte de suas fronteiras? Os etíopes tiveram o mesmo destino dos vizinhos colonizados.

Em 1974, o imperador **Hailé Selassié** foi deposto por um grupo que somava tudo o que há de pior: intelectuais marxistas, revolucionários e militares. Havia décadas, um conjunto influente de pensadores etíopes defendia que, para modernizar o país, era preciso acabar com a tradição da monarquia. Seduzidos pela teoria de Lênin, segundo a qual os intelectuais devem formar as elites de vanguarda e organizar as massas para a revolução, eles se atribuíam uma

Durante o Império Romano, a Etiópia recebeu influência latina e se cristianizou. Guerreiros etíopes chegaram a participar das Cruzadas contra os árabes, ao lado dos europeus.

Sabe-se lá por que motivo, Selassié virou deus do movimento rastafári e do reggae. Em 1966, ao visitar a Jamaica, ele se assustou ao ver, da janela do avião, que 100 mil pessoas o esperavam, muitas delas tragando cachimbos e cigarros de maconha.

"superioridade moral que os colocava acima de prestação de contas com o povo".[15] Ao invadirem o palácio do imperador, asfixiaram Selassié com um travesseiro e enterraram seu cadáver atrás de uma latrina no jardim do palácio.[16]

No lugar do mítico imperador etíope, assumiu um amigo de **Fidel Castro** – Mengistu Hailé Mariam –, que passou a governar sob consultoria da KGB e da Stasi, a polícia secreta da Alemanha Oriental. A União Soviética, com a ideia de aproveitar a oportunidade da descolonização e formar uma federação comunista no Chifre da África, passou a armar o exército etíope. O ex-diretor da KGB Vasili Mitrokhin conta que, durante o inverno de 1977 e 1978, aviões militares soviéticos carregados de armamentos aterrissavam a cada 20 minutos na Etiópia. A operação envolveu 225 aviões, um satélite de reconhecimento, mil agentes soviéticos, além de 400 da Alemanha Oriental. Cuba enviou 17 mil soldados que estavam em Angola para ajudar **Mengistu**.[18] Vencidas as batalhas contra os territórios vizinhos, o governo voltou sua força contra os próprios cidadãos, instituindo a execução sumária para contrarrevolucionários. Bem ao estilo de Lênin, o governo pregava o terror vermelho e a morte de todos os dissidentes políticos. Meio milhão de etíopes, de acordo com a Anistia Internacional, morreu em dois anos por causa de perseguições políticas. Esse valor é 1.300 vezes os mortos em 20 anos de ditadura militar brasileira (379 pessoas, segundo a Comissão de Familiares dos Mortos e Desaparecidos Políticos). Entre as vítimas do terror etíope, houve pelo menos mil "contrarrevolucionários" de 11 ou 13 anos de idade. O governo ainda remexeu todo o sistema de produção rural. Dez anos depois dessas medidas, veio o resultado: a Etiópia viveu uma terrível crise de fome.

Em 1978, Fidel Castro foi à Etiópia celebrar os quatro anos do governo revolucionário. Sentou-se à direita de Mengistu, na cadeira de convidado de honra. Ao todo, Cuba se envolveu nos assuntos internos de 17 países africanos, enviando 65 mil soldados à África (entre eles, Che Guevara). Nos anos 70, 11% do orçamento cubano era gasto na África.[17]

Mengitsu foi deposto em 1991, quando se exilou no Zimbábue, onde ainda vive. Em 2006, a Justiça etíope o condenou à morte por genocídio, mas o governo do Zimbábue se negou a extraditá-lo.

Além desses atos de crueldade, os revolucionários etíopes fizeram uma grande bobagem: a "etnização da política", a tática de fomentar conflitos entre etnias para ganhar poder. Políticos e intelectuais passaram a pregar a destruição dos amharas, a etnia da antiga família real. Os amharas eram identificados como opressores proprietários rurais e formavam 20% da população do país. "A odisseia de intelectuais generosos liberando os trabalhadores da exploração foi reencenada, com grande fervor, quando esses intelectuais se imaginaram liberando o povo da opressão racial", afirma o filósofo etíope Messay Kebede.[19]

A transformação da luta de classes em luta de etnias também é clara em Ruanda. Logo depois da independência, missionários e líderes marxistas disseminaram a ideia de que os hutus eram oprimidos pela elite tútsi, a minoria urbana e mais educada. Era esse o retrato que os europeus e líderes da ONU tinham de Ruanda: por esse motivo, demoraram tanto para agir quando os hutus começaram a matar todos os tútsis que encontrassem.

Esse é um ponto importante que passa longe de Enem e das provas de vestibular. Na Etiópia, em **Ruanda** e em vários outros países africanos, como burguesia e proletariado eram conceitos alienígenas das nações industrializadas, a ideia de luta de classes foi transmutada em luta de etnias. Mais desastrosa que as fronteiras artificiais foi a ilusão de que um povo só conquistaria direitos básicos se derrotasse aquele que o "oprimia". Foi essa a verdadeira motivação para empunhar uma arma e apontá-la para o vizinho. Como diz o filósofo Messay Kebede, "os conflitos étnicos da África são mais bem explicados pelo fato de as elites africanas, para conquistarem poder, mobilizarem o povo adaptando o discurso de luta de classes para luta de etnias".[20] Desse ponto de vista, o que realmente acabou com a África foi mesmo a Europa – não o imperialismo, mas um punhado de ideias erradas exportadas por europeus.

Mas houve, é claro, uma grande ajuda dos líderes revolucionários africanos. Se o imperialismo europeu não construiu um paraíso, foram eles que transformaram boa parte da África em um inferno.

Não é novidade para ninguém que o apartheid da África do Sul impunha uma cruel discriminação aos negros em universidades, hospitais, banheiros públicos, bebedouros, estádios, bancos de parques, praias e urnas de votação. O que pouco se comenta é que, em muitos outros países africanos, houve segregações e perseguições ainda mais perversas.

OS OUTROS APARTHEIDS

- Entre as décadas de 1950 e 1960, 250 mil judeus africanos foram expulsos do Egito, Líbia, Marrocos, Tunísia e Argélia. Os poucos que ficaram foram confinados em guetos.[21]

- Negros não muçulmanos tiveram direitos reduzidos e foram expulsos da maioria dos países islâmicos do norte da África. Só em 1989 e 1990, 90 mil negros mauritanos foram mandados embora, tendo de se refugiar nos países vizinhos.

- Na Tanzânia, árabes foram privados de direitos e depois expulsos do país.

- A tradicional comunidade de artesãos e comerciantes indianos, que surgiu na África durante o século 19 por influência do Império Britânico, teve problemas em diversos países do Chifre da África e da região central do continente. Em Uganda, no ano de 1972, o presidente Idi Amin comunicou, de uma hora para outra, que os 75 mil indianos locais teriam 90 dias para abandonar o país, deixando propriedades para trás.

- Mesmo os camponeses negros se deram mal em países governados por negros. Assim como no apartheid da África do Sul, o governo de Angola, Burundi, Etiópia e Moçambique, entre outros, passou a exigir dos moradores passaportes internos e autorização para viajar e trabalhar.[22]

- Por fim, em represália à colonização, moradores brancos foram perseguidos em vários países africanos independentes.

Quem destruiu a África foram os líderes africanos

Uma onda de otimismo em relação à África passou pelo mundo no fim dos anos 50. Depois de um século de colonização, os países estavam se tornando independentes, a maioria deles por meios pacíficos. Os africanos poderiam enfim escolher seus próprios líderes – e parecia haver bons nomes a escolher. Nas metrópoles, grupos de intelectuais, muitos deles educados em universidades europeias como consequência da colonização, mantinham jornais, partidos e movimentos cujas ideias deviam pouco às de seus equivalentes europeus. Entre eles, havia jovens iluminados que pareciam encarnar os anseios espirituais do povo. Era o caso de Julius Nyerere, da Tanzânia, chamado pelo povo de "o pai da nação", e Kwame Nkrumah, "o redentor" de Gana. Em 1960, quando 17 países conquistaram independência e o primeiro-ministro britânico, Harold Macmillan, afirmou que era preciso aceitar os "ventos de mudança" das colônias africanas, não houve dúvidas: aquele era o ano da África.

Então os ventos da realidade arrombaram a porta, quebraram os vidros e espalharam poeira pela sala de TV.

Em Gana, a mais rica colônia da África, o governo independente começou com o cofre cheio: tinha 481 milhões de dólares em caixa. O dinheiro era fruto de impostos e da intermediação que a administração colonial britânica fazia da exportação de cacau. O presidente Kwame Nkrumah tinha planos audaciosos de industrialização, com o objetivo de reduzir as importações e assim "romper os laços com o comércio internacional". Um de seus projetos foi o de uma

Nkrumah, o líder mais promissor da África independente, era o porta-bandeira do pan-africanismo, a doutrina de unir os governos africanos num mercado comum, com uma mesma moeda e política externa, além de um sistema de comunicação continental.

fábrica de sapatos – construída na região do país oposta à dos curtumes. Outra realização foi uma espécie de Mangobrás, uma indústria estatal de mangas enlatadas, capaz de processar 7 mil toneladas por ano. Comédia típica das economias de planejamento central, somente quando a fábrica estava pronta o governo percebeu que não havia mangueiras: foi preciso esperar sete anos até que as primeiras árvores dessem frutos. Outro projeto foi o da usina hidrelétrica de Akosombo, a maior do país. Essencial para alimentar outra obsessão do presidente – uma indústria de produção de alumínio –, a construção esgotou quase todas as reservas financeiras, alagou 3,6% do território de Gana e desalojou 80 mil pessoas. Contudo, resultou em algum benefício: até hoje Gana exporta energia para os países vizinhos.

Quando o dinheiro para esses planos visionários minguou, Nkrumah aumentou os impostos sobre os produtores de cacau. Mas a queda do preço internacional do produto levou o país e o presidente à beira do abismo. Com a população descontente, o homem que era a esperança da África democrática virou ditador. Proibiu greves, suspendeu todos os partidos políticos com exceção do seu e usou os tribunais de justiça para perseguir adversários. O mais lamentável é que, até então, o sistema judiciário de Gana, criado pelos britânicos, era exemplar, marcado pela aplicação de um direito imparcial e ponderado. "Politizando a economia, Nkrumah rapidamente eliminou o superávit de Gana; em meados dos anos 60, o país tinha acumulado uma enorme dívida externa e uma baixa credibilidade para o crédito internacional", escreveu o historiador Paul Johnson.[23] Nove anos depois de assumir, o líder mais promissor da África foi deposto por um golpe militar. Apesar da lambança política – ou justamente por causa dela –, Nkrumah ganhou, em 1963, o Prêmio Lênin da Paz, concedido pela União Soviética aos maiores defensores do socialismo.

Na Tanzânia, que se tornou independente da Inglaterra em 1964, o presidente Julius Nyerere assumiu prometendo uma sociedade socialista. Logo se apropriou de indústrias, bancos, companhias de seguros, companhias de comércio exterior e grandes fazendas.[24] Como a maioria da população da Tanzânia era composta de pequenos agricultores, o governo decidiu unificá-los em fazendas coletivas. Nos primeiros dez anos, Nyerere se negou a forçar os camponeses a se mudar, procurando seduzi-los com alimentos e benefícios. Como menos de 20% dos camponeses toparam a mudança, Nyerere usou métodos um pouco mais incisivos. Queimou pequenos vilarejos e ordenou que 10 milhões de pessoas caminhassem até as fazendas coletivas.

O governo instituiu também um rígido tabelamento de preços. Como sempre acontece quando se tabela preços, os produtores pararam de trabalhar, já que não havia lucro para incentivá-los. Os poucos que continuaram produzindo passaram a vender o que tinham no mercado negro, onde os preços eram ainda mais altos para compensar o risco de repressão. Para acabar com o contrabando de comida, Nyerere fechou as fronteiras, dando um golpe em outra preciosa fonte de renda da Tanzânia: o turismo. "Em poucos anos, o país passou da posição de maior exportador para a de maior importador de alimentos na África", conta o economista Sven Rydenfelt.[25] Apesar da lambança econômica – ou justamente por causa dela –, Nyerere ganhou, em 1987, o Prêmio Lênin da Paz.

Na Guiné, antiga colônia francesa, foi quase a mesma coisa – ou um pouco pior. O presidente Ahmed Sékou Touré nacionalizou grandes empresas, prendeu opositores, fechou partidos e invadiu fazendas de colonos franceses. Com a velha ideia revolucionária de criar um novo homem, "o novo guineano", Touré instituiu um regime de terror que prendia, torturava e executava qualquer suspeito de traição. O governo criou um pequeno campo de trabalhos forçados que ficou conhecido como Gulag da Guiné, onde cerca de 50 mil prisioneiros políticos foram mortos.[26] Apesar da lambança política – ou justamente por causa dela –, Touré ganhou, em 1961, o Prêmio Lênin da Paz.

Em comum, os jovens e intelectualizados líderes da nova África acreditavam que os problemas econômicos poderiam ser resolvidos pela política. Afinal, se o imperialismo era a causa da miséria dos países colonizados, o combate a ele levaria automaticamente à **prosperidade**. Esses líderes prometiam ficar tão longe da União Soviética quanto dos Estados Unidos, mas na prática compartilhavam com os regimes socialistas a crença no dirigismo econômico. Achavam que um eficiente planejamento central e intervenções na economia teriam o poder mágico de tirar países da miséria e trazer a todos justiça e igualdade social. Esses homens de ideias ousadas, atitudes enérgicas e moral superior arruinaram a **África**. Acabaram com o básico do básico necessário à prosperidade da economia: segurança jurídica e ordem pública. Sem isso, produtores deixam de produzir, comerciantes e empreendedores levam seu dinheiro para longe, oportunidades e empregos míguam. "As antigas colônias tornaram-se excelentes presas para o grande flagelo humano do século 20: o político profissional", resume o historiador Paul Johnson.[27]

Essa ideologia, que recebeu o nome de "terceiro-mundismo", teve sua formulação mais conhecida na obra do economista brasileiro Celso Furtado.

Os líderes africanos se sentiam tão ungidos por uma iluminação especial que consideravam qualquer oposição desprezível. O presidente Nkrumah chegou a pronunciar a seguinte frase: "Todos os africanos sabem que eu represento a África e falo em nome dela. Portanto, nenhum africano pode ter opinião diferente da minha".

Fora esses redentores sabiamente equivocados, a África sofreu com caudilhos dos mais cruéis, excêntricos e curiosos. O caso mais estranho é o de Uganda. Uma das regiões mais bonitas da África, Uganda costumava encantar os viajantes europeus. Winston Churchill passou por ali em 1907, quando era um deputado de 33 anos e viajava como representante do Império Britânico. Churchill não gostou de tudo o que viu na África, pois boa parte das colônias e dos protetorados britânicos se resumia a "selvagens nus e pintados batendo lanças e balbuciando em coro para os chefes tribais".[28] Houve uma exceção: Uganda. Churchill se apaixonou por Uganda.

"Em vez de um pé de feijão, você sobe uma linha de trem e no final há um maravilhoso mundo novo", escreveu Churchill no livro *My African Journey*. "Uganda é de uma ponta a outra um jardim maravilhoso, onde o principal alimento do povo cresce quase sem trabalho, e onde quase tudo pode ser cultivado melhor e mais facilmente do que em qualquer outro lugar."[29] Numa altitude média de mil metros, o país tem planaltos ótimos para o cultivo de grãos e é perfeito para o turismo: tem cadeias de montanhas, picos nevados, florestas tropicais, rios cheios de cachoeiras e terras que beiram grandes lagos – como o Vitória, o maior lago da África e a nascente do rio Nilo.

Mas não só a natureza encantou Churchill. Ele também gostou da "polidez completa e elaborada" do povo e do reino local, a dinastia Baganda. "Mais de 200 mil nativos sabem ler e escrever. Há uma corte, há regentes e ministros, há um sistema regular de leis e tribunais. Eu me pergunto se há outro lugar em toda a Terra onde os sonhos e esperanças da negritude, tantas vezes escarnecidos pelos fatos, alcançaram tal feliz realização."[30] Certamente Uganda não era tão bela assim – só entre 1900 e 1920, 250 mil habitantes morreram de doença do sono. Mas estava longe do inferno que surgiria com a independência.

Em 1962, depois de uma negociação pacífica com a Inglaterra, Uganda se tornou independente. Os líderes do país seguiram os mesmos: o rei passou a ocupar o cargo de presidente, e a chefia do governo seguiu com o primeiro--ministro Milton Obote. Quatro anos depois, acusado de participar de um esquema de tráfico de marfim, Obote suspendeu a constituição, prendeu aliados e adversários, invadiu o palácio real, expulsou do país o antigo rei e passou a acumular os cargos de presidente e de primeiro-ministro. Em 1970, numa guinada à esquerda, o homem se apoderou de 60% da participação dos bancos e das grandes empresas. Até aí, nada a que a África já não estivesse acostumada. Mas no ano seguinte Obote foi deposto por Idi Amin, o chefe das forças armadas que costumava torturar prisioneiros cortando-lhes o pênis, o presidente canibal, o homem que se intitulava "conquistador do Império Britânico", o ditador mais excêntrico e assassino da África.

Com o apoio do líder palestino Yasser Arafat e de Muamar Kadafi, ditador da Líbia, Idi Amin implantou uma ditadura árabe-muçulmana, sem ligar para o fato de menos de 5% dos ugandenses adotarem essa religião. Montou uma polícia secreta nos moldes da KGB, massacrou minorias étnicas, executou inimigos reais e imaginários e expulsou do país 75 mil asiáticos. De acordo com a Anistia Internacional, em oito anos o governo matou cerca de 300 mil **pessoas**. O próprio Amin participou de algumas dessas execuções, incluindo a de uma de suas mulheres e

Sim, exatamente como no filme *O Último Rei da Escócia*, de 2006.

Nos anos 70, auge da opressão racial do apartheid, centenas de milhares de africanos negros se mudaram para a África do Sul para trabalhar nas minas de ouro, carvão mineral e diamante do país. Um terço dos quase 400 mil trabalhadores da Câmara de Mineração Sul-Africana vinha de países recém-independentes, como Zâmbia, Malaui, Zimbábue e Moçambique.[31]

ELES PREFERIRAM O APARTHEID

Diante dos governos revolucionários que se apoderavam de propriedades e reprimiam comerciantes, as pessoas preferiram ir atrás de oportunidades melhores, nem que fosse na racista África do Sul. Esses imigrantes provam que, se o apartheid era ruim, nada é mais insuportável do que uma economia socialista.

de um de seus filhos. O homem ainda tinha hábitos de canibalismo ritual, guardando partes de corpos em seu refrigerador. Seguia uma antiga crença africana de que comer o inimigo resultava em proteção espiritual.

Relatos como esses parecem mentiras e nunca foram admitidos por Amin, mas vêm de seus próprios ministros. Alguns deles fugiram do país ao perceberem que seriam os próximos – o chefe já havia eliminado o presidente do Banco de Uganda, o vice-reitor de uma universidade, o presidente do Supremo Tribunal, um arcebispo e três ministros, dos quais dois foram espancados até a morte pelo presidente.[32] "Ele mataria ou mandaria matar qualquer pessoa sem hesitar", contou o ex-ministro da Educação, Edward Rugumayo, num memorando que enviou a todos os chefes africanos.[33] "Ele mata fria e racionalmente", escreveu o ministro da Justiça. Num comunicado que enviou aos subordinados em março de 1973, Amin sugere: "Se algum ministro sentir que sua vida está em perigo, por causa de multidões ingovernáveis ou pessoas insatisfeitas, está livre para atirar e matar".[34]

Apesar dessas barbaridades, Idi Amin seguiu conquistando corações (em sentido figurado). Mesmo durante as execuções, Amin era admirado em todo o mundo. Em 1975, líderes africanos foram a Uganda e o elegeram presidente da Organização da Unidade Africana (OAU, na sigla em inglês). "Os chefes de estado cumularam felicitações durante o encontro, quando, depois de devorar pedaços de sua ex-mulher, Amin casou-se com outra, uma dançarina de pole dance de sua Unidade Mecanizada Suicida", conta o historiador Paul Johnson. "Eles aplaudiram na hora em que Amin apareceu, carregado numa liteira por quatro empresários brancos, acompanhado de um sueco que segurava um guarda-sol sobre sua cabeça".[35] Também em 1975, Amin participou da Assembleia Geral da ONU, em Nova York. Depois de um discurso indignado contra Israel, no qual defendeu a aniquilação total do estado judeu, foi aplaudido de pé por líderes do terceiro mundo. No dia seguinte, ganhou um jantar de homenagem promovido pelo secretário-geral da ONU. Deposto em 1979, Amin fugiu para a Líbia e depois para a Arábia Saudita, onde morreu, em 2003. Esse, pelo menos, não ganhou o Prêmio Lênin da Paz. Mas certamente faria justiça ao prêmio.

Para não entediar o leitor, basta dizer que o mesmo roteiro (revolucionários que se tornam tiranos, culto à personalidade do líder, apropriação de empresas, perseguições políticas, guerras internas e externas) foi encenado por toda a **África**. Na República Democrática do Congo, o ditador Mobutu proibiu nomes cristãos e mudou o seu para Mobutu Sese Seko Kuku Ngbendu Wa Za Banga, que significa "o galo que não deixa as galinhas em paz". O líder do Gabão, de um metro e meio de altura, proibiu a palavra "pigmeu" e contratou uma guarda pessoal de altos soldados alemães. Na Guiné Equatorial, o presidente Francisco Macías Nguema matou a pauladas o ministro do Exterior e membros de sua família, provocou o exílio de mais de um terço dos habitantes e fez o país ganhar o apelido de "Dachau da África", em referência ao campo de extermínio nazista.[36] Com graus diferentes de repressão, trapalhadas econômicas e psicopatia, 18 dos 30 mais populosos países africanos viveram regimes de inspiração socialista – sem falar nos governos islâmicos, ditaduras anticomunistas e guerras civis igualmente **desastrosas**.

Um dos poucos países onde heróis socialistas e senhores de guerra não fincaram o pé foi Botsuana, ao norte da África do Sul. O primeiro presidente não se apropriou de empresas, não fechou o país ao comércio internacional nem levou as contas públicas à falência. Foi reeleito e depois sucedido pelo suplente, que também foi reeleito e sucedido por seu suplente. A estabilidade rendeu o maior avanço em qualidade de vida entre os países africanos.

De 150 chefes de Estado que governaram a África entre 1957 e 1991, apenas seis deixaram o poder voluntariamente.

"Pergunte a esses líderes sobre as causas dos problemas da África", sugere o economista ganense George Ayittey. "E eles vão tagarelar sobre o colonialismo, o imperialismo americano, os efeitos perniciosos da escravidão, a injustiça do sistema econômico internacional, a exploração das multinacionais. É claro que nunca mencionarão sua própria incompetência e a adoção de políticas equivocadas." Os revolucionários e ditadores mais cruéis da África se sairiam muito bem numa prova do Enem.

NOTAS

1 Geografia para Todos, disponível em www.geografiaparatodos.com.
br/index.php?pag=capitulo_30_conflitos_etnico-nacionalistas_e_se-
paratismo.

2 Professor.bio.br, disponível em http://professor.bio.br/historia/pro-
vas_vestibular.asp?origem=Enem&curpage=4.

3 George B. N. Ayittey, "Why Africa is poor", em Julian Morris, *Sustainable Development: Promoting Progress or Perpetuating Poverty*, Profile Books, 2002, página 1.

4 Harry Crocker, *The Politically Incorrect Guide to The British Empire*,
Regnery, edição Kindle, 2011, posição 122.

5 Niall Ferguson, *Império*, Planeta, 2010, páginas 256-260.

6 George B. N. Ayittey, página 3.

7 Leandro Narloch, *Guia Politicamente Incorreto da História do Brasil*,
Leya, 2011.

8 Paul Johnson, *Tempos Modernos: O Mundo dos Anos 20 aos 80*, Insti-
tuto Liberal, 1990, página 399.

9 Deepak Lal, *In Defense of Empires*, AEI Press, 2004, página 2.

10 Deepak Lal, página 4.

11 Deepak Lal, página 1.

12 Saadia Touval, *The Boundary Politics of Independent Africa*, Harvard
University Press, 1999, página 11.

13 Saadia Touval, página 9.

14 Saadia Touval, página 10.

15 Messay Kebede, "From marxism-leninism to ethnicity: the sideslips
of Ethiopian elitism", *Northeast African Studies*, volume 10, número 2,
2003, página 10.

16 Christopher Andrew, *The World Was Going Our Way: The KGB and The
Battle for The Third World*, Basic Books, 2005, página 456.

17 Pamela S. Falk, "Cuba in Africa", *Foreign Affairs*, verão, 1987, disponível em www.foreignaffairs.com/articles/42294/pamela-s-falk/cuba-
-in-africa.

18 Christopher Andrew, página 460.

19 Messay Kebede, páginas 16 e 17.

20 Entrevista com o autor em 9 de fevereiro de 2013.

21 Paul Johnson, página 444.

22 George B. N. Ayittey, *Africa Betrayed*, St Martin's Press, 1992, página 121.

23 Paul Johnson, página 432.

24 Sven Rydenfelt, "Lessons from socialist Tanzania", *The Freeman*, 15 de janeiro de 2013, disponível em www.fee.org/the_freeman/detail/lessons-from-socialist-tanzania/#axzz2I13GfEmH.

25 Idem.

26 Camp Boiro Internet Memorial, disponível em www.campboiro.org/cbim-documents/cbim_intro.html.

27 Paul Johnson, página 430.

28 Winston Churchill, *My African Journey*, William Briggs, 1909, página 86.

29 Winston Churchill, páginas 87-89.

30 Winston Churchill, página 90.

31 Paul Johnson, página 443.

32 Paul Johnson, página 451.

33 Paul Johnson, página 450.

34 Idem.

35 Paul Johnson, página 452.

36 Paul Johnson, página 448.

COMUNISTAS

32 RAZÕES PARA NÃO LEVAR O COMUNISMO A SÉRIO

Os líderes da Coreia do Norte, posando em seus casacões quadrados e cortes de cabelo de inspiração alienígena, diante de armas nucleares da última tecnologia dos anos 50, soam como uma versão bizarra, tardia e enlouquecida do comunismo. Na verdade, basta lembrar algumas histórias dos regimes socialistas desde a Revolução Russa, em 1917, até hoje para constatar: as maluquices da Coreia do Norte não são exceção, são a regra. Formam o básico, o tradicional, o esperado de um governo socialista. Em sua história de milhões de mortes, crises de fome, guerras, genocídios e inúmeras crueldades contra povos e indivíduos, o comunismo conseguiu, ainda assim, produzir episódios curiosamente ridículos.

1.

Uma das variantes mais criativas da ideologia socialista é o "posadismo", doutrina delineada pelo teórico argentino Homero Cristalli, vulgo J. Posadas. De acordo com o posadismo, não era preciso ter medo de uma invasão extraterrestre. Afinal de contas, se os ETs dominam a tecnologia para viajar pelo espaço, é porque formam uma civilização mais avançada que a humana. E, se são intelectualmente superiores, então é óbvio e elementar que todos eles vivem num perfeito comunismo. A invasão alienígena, portanto, destruiria os Estados Unidos e levaria os habitantes da Terra a um socialismo perfeito não só entre nações, mas entre planetas e – por que não? – galáxias. Como não pensamos nisso antes! O socialismo posadista teve representação em pelo menos 13 países, incluindo o Brasil e os Estados Unidos.

2.

Em 1963, o escritor gaúcho Sergio Faraco, então um jovem estudante encantado pelo comunismo, foi à União Soviética fazer um curso de filosofia e economia política. Seu quarto em Moscou até era confortável, tinha aquecimento e uma boa escrivaninha, mas um item do alojamento o levou à loucura, pelo menos segundo as autoridades soviéticas. Na parede, um rádio com um único botão, de volume, reproduzia sem cessar a programação em espanhol da Rádio Moscou. Faraco não conseguia dormir, pois não era possível desligar o rádio. "O fio do aparelho era embutido na parede e tive de arrancar-lhe o cofre para fazê-lo calar", contou ele.[1] Essa transgressão, aliada a pequenas outras, levou o jovem a conhecer um lado oculto do regime soviético: o uso dos hospitais psiquiátricos como prisões. As autoridades o internaram à força no Hospital do Kremlin. Faraco ficou três meses trancado e a base de tranquilizantes, até poder **voltar correndo ao Brasil.**

Sergio Faraco levou quase 40 anos para conseguir contar essa história. Só a publicou em 2002, no livro *Lágrimas na chuva – uma aventura na URSS.*

3.

Millôr Fernandes explicou tudo quando disse: "O comunismo é uma espécie de alfaiate que quando a roupa não fica boa faz alterações no cliente".[2] Esse ímpeto de adaptar não o sistema à sociedade, mas a sociedade ao sistema fica claro nas ideias de Zlata Lilina, uma das pensadoras educacionais soviéticas da década de 1920, ainda quando Lênin estava vivo. Seu plano de educação: tirar todas as crianças de seus pais e interná-las em instituições públicas, evitando que os pais as amassem. O amor, dizia ela, evitava o aparecimento do homem comunista, pois a criança tornava-se individualista e era encorajada a ver-se como o centro do universo.[3]

4.

Para rastrear dissidentes e suspeitos, a Stasi, polícia secreta da Alemanha Oriental, usou radioatividade. De acordo com o radiologista alemão Klaus Becker, membro da comissão oficial que investigou os arquivos da Stasi, documentos da época mostram que os espiões etiquetavam o carro dos suspeitos disparando no pneu, a uma distância de 25 metros, pequenas balas de chumbo impregnadas com material radioativo. Depois disso seguiam os suspeitos com medidor de radioatividade Geiger, podendo rastreá-los até mesmo atrás de muros e prédios.[4]

5.

Muito antes da invenção dos CDs e DVDs piratas, os jovens da União Soviética pirateavam discos LP. O governo censurava boa parte das músicas do mundo capitalista – Kiss, Julio Iglesias e Pink Floyd, por exemplo, eram considerados propaganda neofascista. Para escapar da censura, alguém teve a ideia de imprimir LPs em radiografias médicas (na época mais espessas que as atuais). Nasceu assim um intenso mercado negro de música dos anos 60 a 80. Os LPs clandestinos ganharam o nome "rock nas costelas" ou "jazz em ossos", já que preservavam a imagem de costelas, bacias e colunas vertebrais das radiografias. A qualidade do som era terrível, mas bem mais agradável que as **canções soviéticas**.[5]

Basta lembrar o *Trololo*, clipe russo do barítono Eduard Khil que, de tão ridículo, virou hit do YouTube, em 2010.

6.

Na Polônia, logo depois da Segunda Guerra, a polícia secreta soviética passou a catalogar cidadãos que poderiam oferecer alguma oposição ou perigo ao regime. Em 1954, dividida em 43 categorias, a lista tinha 6 milhões de nomes, ou um a cada três adultos.[6]

7.

Nicolae Ceaușescu, o líder romeno, decidiu em 1967 que a população deveria aumentar 30% numa década. Enquanto no Ocidente a revolução sexual começava, Ceaușescu baniu pílulas anticoncepcionais e proibiu quase todos os tipos de aborto. Para garantir a obediência à medida, ele foi mais longe: obrigou que todas as mulheres em idade fértil visitassem um ginecologista uma vez por mês. Caso uma gravidez fosse detectada, um cadastro era feito pela polícia, que acompanhava o caso até o momento do parto.

8.

Entre eles, 250 dos 300 maiores cargos da marinha e do exército.

Entre 1936 e 1939, Josef Stálin armou o Grande Terror, a onda de perseguições que resultou em 1,3 milhão de presos, dos quais 680 mil acabaram **executados**.

À frente dessa inquisição estava Nikolai Yezhov, o homem mais poderoso do regime depois de Stálin. Conhecido como o "Anão Sanguinário" (tinha um metro e meio de altura), Yezhov era o chefe da NKVD, a polícia secreta soviética. Naqueles dois anos, foi recebido 1.100 vezes por Stálin. De vez em quando ia às reuniões com a manga do casaco manchada de sangue das torturas durante a madrugada.[7] Nas horas de lazer, o inquisidor soviético colecionava miniaturas de iates, participava de orgias com mulheres e amigos e organizava campeonatos de flatulência. É, campeonatos de flatulência. "Ele comandava competições entre comissários sem calças para ver quem jogava mais longe as cinzas de um cigarro com um peido", conta um dos principais biógrafos de Stálin, o historiador Simon Montefiore.[8] Não consta que isso era usado durante as torturas.

9.

O mais estranho do Grande Terror stalinista é que muitas vítimas eram funcionários que seguiam as ordens, membros da cúpula e suas esposas, camponeses apaixonados por Stálin e comunistas convictos. Os líderes soviéticos sabiam disso e não se importavam. "É melhor o sofrimento de dez pessoas inocentes que a fuga de um espião", dizia o pequeno inquisidor de Stálin. "Quando se corta a madeira, soltam-se lascas."[9] O próprio Yezhov, um devoto do sistema, seria vítima do moedor de carne que criou. Em 1940, depois da ascensão de Beria na NKVD, Yezhov foi eliminado pela polícia. É ele um dos comissários que "desaparecem" nas famosas fotos adulteradas de Stálin.

10.

A perseguição da NKVD aos inocentes gerou uma ótima piada na época, ainda que um tanto dolorosa. Conta-se que uma ovelha foi barrada por guardas na fronteira da Rússia com a Finlândia:

— Por que você quer deixar a Rússia? — perguntam os guardas.

— É por causa da NKVD – diz a ovelha. – Beria mandou que todos os elefantes fossem presos.

— Mas você não é um elefante – replicou o guarda.

— Vai explicar isso para a NKVD...[10]

11.

A perseguição aleatória fazia os soviéticos evitarem qualquer deslize. Nascido na Geórgia, Stálin assassinava a língua russa quase tão eficientemente quanto fazia com os dissidentes. Se, durante uma reunião, o líder errasse a pronúncia de uma palavra, quem discursava depois dele repetia o erro, por medo de acabar no crematório como inimigo do povo. "Se eu falasse certo, Stálin teria achado que eu o estava corrigindo", disse Vyacheslav Molotov, um dos principais dirigentes de Kremlin no auge do stalinismo (e origem do nome dos "coquetéis molotov").[11]

12.

Em 2011, durante o funeral de Kim Jong-il, o segundo ditador norte-coreano, imagens de TV mostraram pessoas exageradamente desesperadas, como se tivessem sido obrigadas a se expressar daquele modo ou temessem uma represália caso não parecessem tristes. No livro *Arquipélago Gulag*, o escritor Alexander Soljenítsin descreveu a mesma situação na Rússia. Durante uma homenagem a distância a Stálin, na reunião de um comitê local, ninguém queria ser o primeiro a parar de aplaudir o grande líder. "Os homens da NKVD estavam de pé no salão aplaudindo e vendo quem seria o primeiro. Naquele obscuro, pequeno salão, desconhecido pelo Líder, o aplauso continuou por seis, sete, oito minutos! No fundo da sala, que estava lotado, se poderia trapacear um pouco, aplaudir com menos frequência e vigor, mas e na frente, diante da junta administrativa, onde todos poderiam vê-los? Nove minutos! Dez! Até que, depois de onze minutos, o diretor da fábrica de papel assumiu uma expressão de homem de negócios e se sentou. Ah, foi um milagre!" Na mesma noite, o diretor da fábrica estava preso.[12]

13.

Os crimes de Stálin foram revelados pelo seu sucessor, Nikita Kruschev. Durante o famoso discurso de 1956 no qual admitiu o Grande Terror, Kruschev se esforçou para limpar a barra de Lênin. Disse que Stálin havia traído os ensinamentos do primeiro líder soviético. Surgiu assim o mito do "bom Lênin" em contraposição ao "mau Stálin", ideia que fez nascer, no Brasil e em todo o mundo, grupos revolucionários marxistas-leninistas ou trotskistas. Na verdade, Stálin aprendeu tudo com Lênin. Vem do líder da Revolução Russa a ideia de que o comunismo só seria vitorioso se os revolucionários se livrassem, sem sentimentalismos, de uma parte da população (o que hoje chamamos de genocídio). "Longe de perverter ou minar o legado de Lênin, como muitas vezes se presume, Stálin foi seu herdeiro lógico", diz o historiador Robert Gellately. "O primeiro ditador da União Soviética e seu futuro sucessor não tinham grandes desavenças teóricas ou políticas na área da doutrina comunista, muito menos no uso implacável e geral do terror." Lênin, também com o apoio de Trótski, inaugurou o costume de exigir cotas de mortos por região, que depois Stálin aprimoraria. É isso mesmo, cotas, plano de metas de mortes. A cúpula soviética espalhava um mapa sobre a mesa e definia a quantidade de execuções que deveria ocorrer em cada região. "Não permitiremos quaisquer concessões, quaisquer meias medidas", dizia Lênin com frequência.[13]

14.

Nem mesmo Kruschev ficou bem nessa história. Durante o Grande Terror, ele não só cumpria as cotas de mortos estabelecidas por Stálin como ia além delas. Em julho de 1937, o governo estabeleceu que 72.950 pessoas deveriam ser mortas e 259.450 levadas a campos de trabalho forçado. Kruschev, líder da burocracia soviética nessa época, era responsável por uma cota de 50 mil funcionários mortos. **Matou 55.741.**[14]

Por coincidência, detalhes sobre essa e outras matanças desapareceram dos arquivos soviéticos pouco antes de Kruschev revelar ao mundo os crimes de Stálin.

15.

Se você fosse um produtor de arroz, fabricante de carros ou um costureiro, o que faria se um inspetor do governo de repente o informasse que, daquele dia em diante, sua empresa pertenceria ao governo, mas que você deveria continuar trabalhando, e ainda o ameaçasse de prisão se você escondesse parte das mercadorias? Não é difícil prever que as pessoas se empenhariam menos na produção, afinal a recompensa não mudaria caso fabricassem 30 quilos ou uma tonelada. É por causa dessa falta de incentivo que todos, exatamente todos os regimes comunistas resultaram em quedas da colheita, prateleiras vazias, falta de produtos básicos, atrasos em serviços, cartões de racionamento e promessas do governo dizendo que o desabastecimento iria acabar em breve. Essa carestia gerou uma abundância – de piadas. Como a do homem que vai comprar um carro numa loja em Moscou e, depois de pagar o combinado, pergunta ao vendedor quando receberá o automóvel. O vendedor consulta suas listas e informa que será um dia dali a dez anos. O comprador pensa um pouco e replica:

— De manhã ou à tarde?

— Que diferença faz? – pergunta o vendedor estupefato.

— É que o encanador marcou de aparecer pela manhã.[15]

16.

Outra consequência embaraçosa dos racionamentos é a falta de papel higiênico. Sem ele, a saída mais comum dos cidadãos é improvisar com papéis que não faltam no mundo comunista: jornais estatais. Os cubanos usam as páginas do *Granma* – mais macias e com menos tinta que o jornal *Trabajadores*.[16] E fazem piadas com o problema:

— O que é mais útil, a televisão ou o jornal?

— O jornal, claro. Você não pode limpar-se na televisão.

17.

Nas prisões da NKVD em Moscou, a falta de papel higiênico reverteu-se num pequeno benefício aos pobres prisioneiros. Os guardas davam a eles folhas de livros que haviam sido apreendidos pela polícia – o que incluía quase toda a literatura pré-soviética, até mesmo Dostoiévski. Ao acertar as contas com a natureza, o preso poderia passar o tempo lendo obras subversivas, tornando assim a visita ao banheiro uma importante forma de adquirir conhecimento. As obras que rendiam cadeia por todo o país estavam disponíveis somente e justamente na cadeia. No fim das contas, a cultura adquirida não ajudaria em muita coisa, já que poucos prisioneiros sairiam vivos dali.[17]

18.

A mais grave consequência da quebra do sistema produtivo é a fome. Sem possibilidade de lucro na produção de alimentos, os países comunistas e suas fazendas coletivas abrigaram as maiores crises de fome do século 20. Foram entre 10 milhões e 30 milhões de mortos em apenas três anos na China (entre 1958 e 1961), 5 milhões de mortos na União Soviética de Lênin entre 1921 e 1922, cerca de 3 milhões na Coreia do Norte entre 1995 e 1999, 2 milhões no Camboja entre 1975 e 1979, 400 mil da Etiópia governada sob influência da KGB. Na Ucrânia, entre 1932 e 1933, a fome foi planejada e aprovada por Stálin, que pretendia punir os rebeldes camponeses ucranianos. Sete milhões de pessoas morreram – mais que os judeus sob Hitler e num período menor. A falta de comida levou os líderes comunistas a inventar as histórias mais criativas para explicá-la. Na União Soviética, o governo dizia que terroristas trotskistas matavam cavalos, sabotavam colheitas e fábricas de tratores. O escritor George Orwell captou muito bem esse padrão no livro *A Revolução dos Bichos*: a queda na colheita de trigo foi explicada pela sabotagem de um porco dissidente, que teria jogado joio nas plantações. Apesar de o livro de Orwell falar sobre o stalinismo, acabou prevendo táticas similares de outros regimes. Em Cuba, além da velha história do embargo americano, Fidel

Castro chegou a atribuir a tragédia na colheita de batatas aos Estados Unidos, que teriam jogado, de avião, larvas para infectar as plantações. Uma equipe internacional investigou o caso e concluiu que era uma completa bobagem, claro. Apesar disso, a ladainha dos vermes nas batatas ainda faz sucesso: está no livro *Os Últimos Soldados da Guerra Fria*, de Fernando Morais.[18]

19.

Ao arranjar culpados para as crises de fome, nenhum líder comunista foi tão criativo quanto o chinês Mao Tsé--tung. Em 1958, ele concluiu que o motivo da falta de comida eram quatro pestes que infestavam as plantações: ratos, mosquitos, moscas e pardais. Estes últimos eram os grandes inimigos de Mao, pois não só atacavam plantações como armazéns e árvores frutíferas. A solução: implantar uma força-tarefa, a Grande Matança de Pardais. Os chineses foram obrigados a destruir ninhos e ovos de pardais e a bater panelas, sacudir vassouras e pedaços de madeira 24 horas por dia para evitar que os pássaros pousassem, e assim eles foram levados à morte por cansaço. Parece insano, mas deu certo – ou melhor, deu tudo errado. Os pardais foram eliminados da China. Só que, como eles ajudavam a comer insetos que atacavam as plantações, a matança acabou gerando um desequilíbrio ainda pior. O jeito foi chamar os pássaros de volta. Anos depois, numa ação secreta, os chineses importaram 200 mil pardais da União Soviética.[19] Nem o ditador da Coreia do Norte da época, Kim Il-sung, caiu na história da peste desses pássaros. Mao recomendou a ele a matança de pardais. O coreano deu um curtir na proposta, mas logo a ignorou.

20.

A tática mais comum para explicar a falta de comida e produtos é culpar o desabastecido pelo desabastecimento. O governo semissocialista da Venezuela faz isso toda semana. Durante o racionamento de energia (provocado pela estatização da infraestrutura do país), Chávez dizia que a culpa era dos cidadãos que tomavam banhos demorados demais e usavam muito ar-condicionado. Por isso, pediu aos venezuelanos que limitassem o banho a três minutos e usassem lanternas quando se levantassem para ir ao banheiro à noite, para não acender a luz.[20] Diante da falta de papel higiênico, o governo arranjou uma desculpa genial: o produto faltava porque os venezuelanos estariam comendo mais – e indo ao banheiro com mais frequência.

21.

Apesar de surgirem em nome da igualdade, regimes comunistas quase sempre resultam em sistemas de castas impostas pelo governo. Na Coreia do Norte, desde 1958, as famílias são divididas conforme a importância política e o comportamento de um parente. Filhos e netos de heróis e líderes do partido formam a casta dos amigáveis, seguida pelos cidadãos neutros, que compõem metade da população. Os habitantes de boa ascendência moram melhor, podem fazer faculdade e têm chance de ocupar cargos do governo. Já os descendentes de traidores e inimigos – um quinto dos norte-coreanos – são considerados hostis e passam a vida nos campos de trabalho forçado. "Inimigos de classe, sejam eles quem for, devem ter sua semente eliminada por três gerações", ordenou o ditador Kim Il-sung em 1972. A China tem uma nobreza vermelha similar.

Os filhos de líderes do Partido Comunista costumam se valer das conexões pessoais para montar empresas que vivem de contratos governamentais. Acumulam assim enormes fortunas. Por causa da semelhança com herdeiros de famílias reais, ganharam o nome de *princelings*.

22.

A casta privilegiada da Coreia do Norte tem outra vantagem: pode comer arroz com frequência. Para os habitantes menos favorecidos e os prisioneiros dos campos de concentração, o prato do dia (de todo dia, do começo ao fim da vida) é mingau de milho e sopa de repolho. "Desertores adolescentes da Coreia do Norte, ao chegar à Coreia do Sul, contam a psicólogos disponibilizados pelo governo um sonho recorrente: estão sentados a uma mesa com a família, comendo arroz quentinho", afirma o jornalista Blaine Harden.[21]

23.

Uma das grandes contradições da Coreia do Norte é que por muito tempo ela recebeu socorro alimentar justamente dos Estados Unidos e da Coreia do Sul, países que ocupam, na ficção oficial, o mesmo papel dos orcs de *O Senhor dos Anéis*. Também foi assim no começo da União Soviética. Depois da fome do início da década de 1920, líderes revolucionários, como o escritor Máximo Górki, pediram ajuda internacional. Quem atendeu ao pedido foram os Estados Unidos, por meio da Administração Americana de Auxílio (ARA). "No verão de 1922, a ARA alimentava quase 11 milhões de pessoas por dia", conta o historiador Robert Gellately. "Os americanos ficaram consternados ao saber que, mesmo no auge da fome, o governo soviético continuou exportando grandes volumes de grãos, supostamente para financiar a industrialização."[22]

24.

A arte de motivar os funcionários costuma levar a práticas estranhas, como o vale-coxinha das empresas de telemarketing ou as patéticas placas de funcionários do mês no supermercado. Nenhum dos métodos atuais é tão simples e direto quanto o usado por Mao Tsé-tung para os campos de trabalho da China. Em 1958, o líder comunista recomendou aos diretores dos campos a diminuição da alimentação dos trabalhadores doentes. Os internos das fazendas coletivas eram proibidos de ter cozinha em casa, para que dependessem completamente das cantinas públicas. Com a chegada da crise de fome, muitas pessoas ficaram doentes ou fracas demais para trabalhar. Mao ficou furioso ao saber que elas continuavam sendo alimentadas. "É melhor cortar pela metade a ração básica, assim, se ficarem com fome, terão de dar duro", recomendou o grande líder chinês.[23]

25.

Um dos episódios mais lamentados na história do Brasil é a deportação de Olga Benário, durante o governo de Getúlio Vargas, para a Alemanha nazista. Nas mãos de Hitler, Olga, que era judia, foi presa num campo de concentração, onde morreu em 1942. Mas e se Getúlio Vargas tivesse sido camarada e deixado Olga voltar a Moscou? Ela teria o mesmo destino. A NKVD, a polícia secreta de Stálin, costumava executar espiões fracassados ou entregá-los a seu país de origem. Os espiões russos Pavel Stuchevski e Sofia Stuchskaia, que formavam a cúpula da conspiração comunista no Brasil ao lado de Luís Carlos Prestes e Olga, foram liberados por Getúlio Vargas no Rio de Janeiro e voltaram a Moscou. Em 1938, foram mortos pela NKVD. Se fosse libertada, a espiã chegaria à União Soviética em 1936 ou 1937, época um tanto perigosa para aparecer por lá. Durante o Grande Terror, dois terços dos comunistas alemães que viviam na URSS foram vítimas do regime que entusiasticamente defendiam. De 1.136 presos, a maioria foi executada ou morreu na cadeia, e 132 foram mandados de volta para a Alemanha nazista. Apenas 150 conseguiram, décadas depois, escapar da União Soviética. Após o pacto germano-soviético, outras centenas, a maioria judeus, foram entregues pelos soviéticos diretamente aos oficiais alemães de fronteira.[24] Entre os comunistas alemães deportados por Stálin estava Margarete Buber-Neumann, que seria enviada pelos nazistas ao campo de trabalhos forçados de Ravensbrück, onde ficaria amiga de... Olga Benário.

26.

A Coreia do Norte vem assustando o mundo ao exibir imagens de mísseis intercontinentais. O governo diz que as armas são suficientes para destruir os Estados Unidos num único golpe e transformar em cinzas a cidade de Seul, na Coreia do Sul. Pouca gente leva a ameaça a sério: os mísseis são de mentirinha, chapas de ferro cilíndricas que sequer encaixam nos lançadores. Mais uma vez, essa maluquice não é novidade da Coreia do Norte. Em 1998, um relatório de um ex-engenheiro russo revelou que mísseis nucleares exibidos em Moscou, durante os enormes desfiles militares dos anos 60, eram pura cenografia. Ocos e inofensivos, serviam apenas para assustar os Estados Unidos. O líder soviético Nikita Kruschev chegou a dizer que a União Soviética fabricava mísseis como quem faz salsicha. Os americanos podem ter se assustado com a declaração, mas os russos devem ter entendido o contrário. Afinal, salsichas também eram um produto em falta na União Soviética.[25]

27.

Após a Segunda Guerra, o controle de Moscou sobre os países do leste europeu era tão intenso que motivou outra piada com papel higiênico:

— Por que, apesar de todo o racionamento, o papel higiênico da Alemanha Oriental tem duas camadas?

— Porque tudo o que os alemães fazem precisam mandar uma cópia para Moscou.

28.

Em 2004, o governo da Coreia do Norte lançou uma campanha de educação estética intitulada *Vamos cortar o cabelo de acordo com o estilo de vida socialista*. As autoridades estavam preocupadas com cortes não alinhados à ideologia. De acordo com uma série (hilária) de propagandas na TV, era preciso cortar sempre o cabelo pois "o comprimento excessivo tem efeitos negativos sobre a inteligência humana. Cabelo comprido consome nutrientes demais e, assim, pode roubar a energia do cérebro". A campanha pediu aos cidadãos que cortassem o cabelo a cada 15 dias e seguissem os 18 modelos de corte femininos ou os dez masculinos que haviam sido aprovados pelas **autoridades**.[26]

Assista ao vídeo da campanha de TV em: bit.ly/S9fTk.

29.

Enver Hoxha, ditador da Albânia, foi mais longe nas intromissões do governo na moda. Preocupado com as influências ocidentais e qualquer mostra de individualismo dos cidadãos, o ditador proibiu viagens ao exterior, máquinas de escrever, televisão em cores, cores berrantes, arte, a banana e todas as importações (criando um autoembargo que os socialistas tanto criticam).[27] Baniu até mesmo a esquerdíssima barba, pois a considerava uma atitude anti--higiênica de individualismo. Que pena que Hoxha não dirigiu uma faculdade de Ciências Sociais no Brasil.[28]

30.

A Coreia do Norte é um modelo de sensatez se comparado à psicopatia do Khmer Vermelho, que reinou no Camboja entre 1975 e 1979. Lá, não só o corte de cabelo, mas o uso de certas roupas e acessórios rendia condenação à morte. Em apenas quatro anos, o governo comunista do Camboja não só matou 21% da população como separou famílias e desalojou quase todos os habitantes. O líder Pol Pot acreditava que o país deveria voltar à vida rural na qual os camponeses viviam em igualdade, por isso teve uma ideia: proibir as cidades e quase tudo o que havia nelas. Com o objetivo de purificar a sociedade da classe dos burgueses urbanos, Pol Pot eliminou ou deportou a campos de trabalho forçado qualquer pessoa que parecesse urbana, rica ou educada. Phnom Penh, a capital, perdeu mais de 90% dos habitantes. Nessa perseguição, uma atitude dava pena de morte: usar óculos. Se uma pessoa usava óculos, é porque sabia ler, e quem sabia ler costumava pertencer à classe dos burgueses urbanos. Portanto, vala comum.[29]

31.

Outra constante dos países socialistas é o desespero dos cidadãos para fugir do regime e ingressar no território capitalista mais próximo. Foi assim da China para Hong Kong, do Camboja para a Tailândia, de Moçambique para a África do Sul, é assim de Cuba para a Flórida, da Coreia do Norte para a Coreia do Sul. Na Alemanha, após a Segunda Guerra, as autoridades comunistas enfrentavam um problema: era muito fácil fugir para o enclave capitalista. Com Berlim dividida entre o setor soviético, o britânico, o francês e o americano, bastava aos cidadãos atravessar a rua e pular alambrados. Até 1961, mais de 3 milhões de pessoas (ou quase 20% da população da Alemanha Oriental) tomaram essa decisão. Para conter a migração, o governo comunista teve uma ideia com a qual nós nos acostumamos, mas que nem por isso é menos absurda: construir um muro de 160 quilômetros. Muros ao redor de cidades ou entre países são comuns na história, mas servem como defesa, para evitar que indesejados entrem. Barreiras para evitar as pessoas de saírem eram usadas somente em prisões.

32.

O Muro de Berlim ficou pronto em 1961, mas nem assim os cidadãos deixaram de fugir para o capitalismo. Até 1989, mais de 4 mil pessoas o venceram, mas cerca de 250 foram mortas ao serem flagradas pelos guardas. O muro exigiu planos de fuga mais criativos. Em 1963, quando os guardas ainda estavam desavisados, uma família teve uma ideia simples e genial. Arranjaram um carro baixo, o conversível Austin-Healey Sprite, e arrancaram-lhe o para-brisa. A mãe escondeu-se no porta-malas. Na hora de entregar o passaporte no posto da fronteira, o motorista simplesmente acelerou e abaixou a cabeça, passando por baixo da cancela.

No mesmo ano, o acrobata Horst Klein percorreu, de mão em mão, um fio de alta tensão desativado que atravessava o muro. Vinte anos depois, dois amigos, um encanador e um eletricista, armariam uma espécie de tirolesa. Primeiro, dispararam um cabo de náilon entre os dois lados da cidade usando arco e flecha. Depois, passaram um cabo de aço pelo de náilon. Com um walkie-talkie, se comunicaram com um cúmplice no lado ocidental, que amarrou o cabo de aço num carro. No fim da madrugada os dois deslizaram, com roldanas, rumo à sensatez.[30]

A fuga mais famosa ocorreu em 1979: duas famílias construíram um balão de ar quente usando pedaços de lona e lençóis. Os dois casais, com quatro crianças, atingiram 2.400 metros de altura, conseguindo pousar tranquilamente no **lado capitalista**. Pelo menos não se pode acusar os governos comunistas de não desenvolverem a criatividade dos cidadãos: eles armaram os jeitos mais imaginativos para fugir do regime.

A fuga virou o filme *Dramática Travessia*, de 1982.

Apesar de todas essas histórias que ultrapassam de longe as estripulias da Coreia do Norte e as crueldades nazistas, o comunismo segue firme hoje em dia. Seus seguidores defendem a ideologia com brilho nos olhos. Formam grupos de estudo e de propaganda financiados por universidades públicas.[31] Propagam as ideias de Marx com vigor, são aplaudidos em palestras como fiéis defensores dos pobres e da liberdade. Nos países mais tristes, os comunistas ainda ocupam prefeituras, secretarias e ministérios.

NOTAS

1   Sergio Faraco, *Lágrimas na Chuva: Uma Aventura na URSS*, LP&M, 2002, página 167.

2   Millôr Fernandes, *Millôr Definitivo: A Bíblia do Caos*, L&PM, 2002, página 190.

3   Lisa Kirschenbaum, *Small Comrades: Revolutionizing Childhood in Soviet Russia, 1917-1932*, Nova York, 2001, página 48, em Orlando Figes, *Sussurros – A Vida Privada na Rússia de Stalin*, Record, 2010, página 43.

4   BBC News, "Stasi's radioactive hold over dissidents", 4 de janeiro de 2001, disponível em news.bbc.co.uk/2/hi/europe/1100317.stm.

5   Birgit Beumers, *Pop Culture Russia!: Media, Arts, and Lifestyle*, ABC--CLIO, 2005, página 201.

6   Anne Applebaum, *Iron Curtain: The Crushing of Eastern Europe 1944-56*, Doubleday, 2012, página 276.

7   Simon Sebag Montefiore, *Stalin, a Corte do Czar Vermelho*, Companhia das Letras, 2003, página 273.

8   Simon Sebag Montefiore, página 202.

9   Simon Sebag Montefiore, página 253.

10 Modern History Honours Option, The Soviet Union, 1917-1991, The Soviet Joke Book, disponível em www.st-andrews.ac.uk/~pv/courses/sovrus/jokes.html.

11 Simon Sebag Montefiore, página 337.

12 Aleksandr I. Solzhenitsyn, *The Gulag Archipelago 1918-1956: An Experiment in Literary Investigation*, Harper & Row, páginas 69 e 70, disponível em http://ia700304.us.archive.org/29/items/Gulag_Archipelago_I/Gulag_Archipelago.pdf.

13 Robert Gellately, página 94.

14 Simon Sebag Montefiore, página 288.

15 Ben Lewis, *Hammer and Tickle*, Phoenix, 2009, página 123.

16 Eduardo Teixeira, "Até que enfim serviram para algo. A falta crônica de papel higiênico fez com que os cubanos encontrassem uma utilidade sanitária para as publicações comunistas", revista *Veja*, 9 de setembro de 2009, disponível em http://veja.abril.com.br/090909/ate-que--enfim-serviram-para-algo-p-098.shtml.

17 Alexander Soljenítsin, *Arquipélago Gulag*, Círculo do Livro, 1976, páginas 203 a 205.

18 Fernando Morais, *Os Últimos Soldados da Guerra Fria*, Companhia das Letras, 2011, página 29.

19 Jon Halliday e Jung Chang, *Mao: A História Desconhecida*, Companhia das Letras, 2006, página 531.

20 Carlos Taquari, *Tiranos e Tiranetes: A Ascensão e Queda dos Ditadores Latino-Americanos e sua Vocação para o Ridículo e o Absurdo*, Civilização Brasileira, 2012, página 205.

21 Blaine Harden, *Fuga do Campo 14 – A Dramática Jornada de um Prisioneiro da Coreia do Norte Rumo à Liberdade*, Intrínseca, 2012, página 843.

22 Robert Gellately, *Lênin, Stalin, Hitler*, Record, 2007, página 101.

23 Jon Halliday e Jung Chang, *Mao: A História Desconhecida*, Companhia das Letras, página 536.

24 Stéphane Courtois entre outros, *The Black Book of Communism*, Harvard University Press, 1999, páginas 301 e 302.

25 *The Independent*, "Moscow paraded dummy missiles", 18 de novembro de 1998, disponível em www.independent.co.uk/news/moscow--paraded-dummy-missiles-1185682.html.

26 Justin McCurry, "Get a socialist haircut, North Korea tells men", *The Guardian*, 12 de janeiro de 2005, disponível em www.guardian.co.uk/media/2005/jan/12/broadcasting.koreanews.

27 Leo Paul Dana, *Economies of the Eastern Mediterranean Region: Economic Miracles in the Making*, World Scientific, 2000, página 49.

28 *The Economist*, "Taking it on the chin", 5 de agosto de 2010, disponível em www.economist.com/node/16743613.

29 Brendan January, *Genocide: Modern Crimes Against Humanity*, Twenty First Century Books, 2006, página 66.

30 *Popular Mechanics*, novembro de 1983, página 78.

31 Ricardo Setti, "Um espanto e um absurdo: há um Centro de Difusão do Comunismo em uma importante universidade federal – pago com nosso dinheiro. O currículo inclui até 'militância anticapitalista'", acervo digital da revista *Veja*, 4 de junho de 2013, disponível em veja.abril.com.br/blog/ricardo-setti/politica-cia/um-espanto-e-um-absurdo-ha--um-centro-de-difusao-do-comunismo-em-uma-importante-universidade-federal-pago-com-nosso-dinheiro-o-curriculo-inclui-ate-militancia--anticapitalista.

AGRADECIMENTOS

Fazendo revistas, me acostumei a escrever entre TVs ligadas, colegas ao telefone e pausas para um café. Por isso agradeço aos amigos que tornaram a vida solitária de escritor mais próxima da baderna das redações. Ao Fábio Marton, autor de frases de efeito que eu costumo copiar sem dar crédito, por ler e criticar os originais. À Simone Costa e sua precisão ao checar todas as informações do livro e corrigir muitos erros. A Fabio Florence, Marina Schnoor e Flavio Morgenstern, que me ajudaram na apuração de assuntos tão diferentes. Agradeço também aos amigos jornalistas que foram honestos ao avaliar trechos e capítulos: Alexandre Versignassi, Duda Teixeira, Guilherme Voitch e Jones Rossi. E aos comentários técnicos do filósofo Martim Vasques da Cunha, do cientista político Bruno Garschagen e dos historiadores Itamar Flávio Silveira e Rafael da Costa Campos. A mais saborosa polêmica deste livro (o capítulo "Fascistas") é fruto do trabalho de Felipe Melo, que coordenou as entrevistas com os deputados em Brasília — por isso devo a ele um agradecimento especial. Também sou muito grato ao Pascoal Soto e à Tainã Bispo, que desde 2009 apostam em mim. Ao Diego Rodrigues e à equipe da Carochinha Editorial, com quem tive a sorte de produzir três livros lindos. E à Gisela, que participou de todas as fases deste livro e não se cansou de ouvir o marido entusiasmado com a história do mundo.

Leandro Narloch

BIBLIOGRAFIA

LIVROS E DISSERTAÇÕES

ALY, Götz, *Hitler's Beneficiaries: Plunder, Racial War, and the Nazi Welfare State*, Holt, 2008.

ANDREW, Christopher, *The World Was Going Our Way: The KGB and the Battle for the Third World*, Basic Books, 2005.

APPLEBAUM, Anne, *Iron Curtain: The Crushing of Eastern Europe 1944-56*, Doubleday, 2012.

ARIÈS, Philippe, *História Social da Criança e da Família*, LTC, 1981.

AYITTEY, George B. N., *Africa Betrayed*, St Martin's Press, 1992.

AZZAM, Abdul Rahman, *Saladin*, Pearson Longman, 2009.

BARZUN, Jacques, *Da Alvorada à Decadência: A História da Cultura Ocidental de 1500 aos nossos dias*, Campus, 2002.

BESANÇON, Alain, *A Infelicidade do Século*, Bertrand Brasil, 2000.

BEUMERS, Birgit, *Pop Culture Russia!: Media, Arts, and Lifestyle*, ABC-CLIO, 2005.

BIANGIOLI, Mario, *Galileu, Cortesão: A Prática da Ciência na Cultura do Absolutismo*, Porto, 2003.

BLINKHORN, Martin, *Mussolini e a Itália Fascista*, Paz e Terra, 2010.

BOUREAU, Alain, *The Lord's First Night: The Myth of the Droit de Cuissage*, The University of Chicago Press, 1998.

BOXER, Charles Ralph, *The Christian Century in Japan: 1549-1650*, University of California Press, 1951.

BRACHER, Karl Dietrich, *The German Dictatorship: The Origins, Structure, and Consequences of National Socialism*, Penguin Books, 1991.

BROWN, Peter, *The Rise of Western Christendom: Triumph and Diversity, A.D. 200-1000*, Wiley-Blackwell, 2012.

BRUSTEIN, William, *Roots of Hate: Anti-Semitism in Europe before the Holocaust*, Cambridge University Press, 2003.

BUTTERWORTH, Alex; LAURENCE, Ray, *Pompeia: A Cidade Viva*, Record, 2007.

CANNADINE, David; QUINAULT, Roland (organizadores), *Winston Churchill in the Twenty First Century*, Royal Historical Society, 2004.

CHANG, Jung; HALLIDAY, Jon, *Mao: A História Desconhecida*, Companhia das Letras, 2006.

CHARLES, Daniel, *Master Mind*, HarperCollins, edição Kindle, 2005.

CHURCHILL, Winston, *My African Journey*, William Briggs, 1909.

COURTOIS, Stéphane et al., *The Black Book of Communism*, Harvard University Press, 1999.

CROCKER, Harry, *The Politically Incorrect Guide to The British Empire*, Regnery, edição Kindle, 2011.

DANA, Leo Paul, *Economies of the Eastern Mediterranean Region: Economic Miracles in the Making*, World Scientific, 2000.

DANDO-COLLINS, Stephen, *The Great Fire of Rome: The Fall of the Emperor Nero and His City*, Da Capo Press, 2010.

DIO, Cassius, "Epitome of Book LXII", *Roman History*, disponível em http://penelope.uchicago.edu/Thayer/E/Roman/Texts/Cassius_Dio/62*.html#16.

DITMORE, Melissa Hope, *Encyclopedia of Prostitution and Sex Work: A-N*, volume 1, Greenwood, 2006.

DRAKE, Stillman, *Galileo*, Oxford University Press, 2001.

ELIAS, Norbert, *O Processo Civilizador*, Zahar, 2011.

ENGELS, Friedrich, *A Situação da Classe Trabalhadora na Inglaterra*, Boitempo, 2010.

EVANS, Richard, *O Terceiro Reich no Poder*, Planeta, 2012.

_____, *The Third Reich in Power*, Penguin Books, edição Kindle, 2005.

FANTOLI, Annibale, *Galileu: Pelo Copernicanismo e pela Igreja*, Loyola, 2008.

FARACO, Sergio, *Lágrimas na Chuva: Uma Aventura na URSS*, LP&M, 2011.

FASS, Paula S., *Encyclopedia of Children and Childhood in History and Society*, Macmillan, 2004.

FEITOSA, Lourdes Conde, *Amor e Sexualidade: O Masculino e o Feminino em Grafites de Pompeia*, Annablume, 2005.

FERGUSON, Niall, *Civilização: Ocidente x Oriente*, Planeta, 2011.

_____, *Império*, Planeta, 2010.

FERNANDES, Millôr. *Millôr Definitivo: A Bíblia do Caos*, L&PM, 2002.

FERRY, Luc, *Aprender a Viver*, Objetiva, 2007.

FIGES, Orlando, *Sussurros – A Vida Privada na Rússia de Stalin*, Record, 2010.

FINOCCHIARO, Maurice (organizador), *The Essential Galileo*, Hackett, 2008.

FISHER, Gordon, *Marriage and Divorce of Astronomy and Astrology: A History of Astral Prediction from Antiquity to Newton*, Lulu.com, 2006.

FLOUD, Roderick; JOHNSON, Paul (organizadores), *The Cambridge Economic History of Modern Britain*, Cambridge University Press, 2004.

FRENCH, Rebecca Redwood, *The Golden Yoke: The Legal Cosmology of Buddhist Tibet*, Snow Lion, 2002.

FRIEDMAN, Thomas L., *The Lexus and the Olive Tree: Understanding Globalization*, Macmillan, 2000.

FYFE, W. Hamilton, *Tacitus – The Histories*, disponível em www.gutenberg.org/files/16927/16927-h/i.html#PREFACE.

GANDHI, Mohandas, *Hind Swaraj: Autogoverno da Índia*, Fundação Alexandre de Gusmão, 2010.

_____, *Mohandas: A True Story of a Man, His People, and an Empire*, Penguin, 2007.

_____, *Satyagraha in South-Africa*, Navajivan, 1928.

GELLATELY, Robert, *Lênin, Stalin, Hitler*, Record, 2007.

GENTILE, Giovanni; MUSSOLINI, Benito, *The Doctrine of Fascism*, 1932, disponível em www.upf.edu/materials/fhuma/nacionalismes/nacio/docs/mussdoctrine.pdf.

GIBBON, Edward, *Declínio e Queda do Império Romano*, Companhia das Letras, São Paulo, 2005.

GIMPEL, Jean, *A Revolução Industrial da Idade Média*, Zahar, 1977.

GOLDBERG, Jonah, *Fascismo de Esquerda*, Record, 2007.

GOLDSTEIN, Melvyn, *A History of Modern Tibet, 1913-1951: The Demise of the Lamaist State*, University of California Press, 2007.

GOLDSTEIN, Melvyn; SIEBENSCHUH, William; TASHI, Tsering, *The Struggle for Modern Tibet: The Autobiography of Tashi Tsering*, East Gate, 1999.

GRUNFELD, A. Tom, *The Making of Modern Tibet*, East Gate, 1996.

HARDEN, Blaine, *Fuga do Campo 14 – A Dramática Jornada de um Prisioneiro da Coreia do Norte Rumo à Liberdade*, Intrínseca, 2012.

HARRIS, Stephen; GRIGSBY, Bryon L. Grigsby, *Misconceptions about the Middle Ages*, Routhledge, 2010.

HARTWELL, Ronald Max, *The Industrial Revolution and Economic Growth*, Methuen, 1971.

HIMMELFARB, Gertrude, *Os Caminhos para a Modernidade*, É Realizações, 2012.

HITCHENS, Christopher, *The Missionary Position*, Twelve, 2012.

HITLER, Adolf, *Mein Kampf*, 1925, disponível em www.elivrosgratis.com/Down/347/pdfNerdLoad.html.

HOBSBAWM, Eric, *Era dos Extremos*, Companhia das Letras, 2008.

HUMPHRIES, Jane, *Childhood and Child Labour in British Industrial Revolution*, Cambridge University Press, 2010.

HUSSEY, Andrew, *A História Secreta de Paris*, Amarilys, 2011.

IKEGAMI, Eiko, *Bonds of Civility: Aesthetic Networks and the Political Origins of Japanese*, Cambridge University Press, 2005.

_____, *The Taming of the Samurai: Honorific Individualism and the Making of Modern Japan*, Harvard University Press, 1999.

JANUARY, Brendan, *Genocide: Modern Crimes Against Humanity*, Twenty First Century Books, 2006.

JOHNSON, Paul, *Tempos Modernos: O Mundo dos Anos 20 aos 80*, Instituto Liberal, 1990.

JUDT, Tony, *O Chalé da Memória*, Objetiva, 2012.

KARRAS, Ruth Mazo, *Sexuality in Medieval Europe: Doing Unto Others*, Taylor & Francis, 2012.

KERSHAW, Ian, *Hitler*, Companhia das Letras, 2011.

KIPLING, Rudyard, *The White Man's Burden*, 1899, disponível em www.fordham.edu/halsall/mod/kipling.asp.

KIRBY, Peter, *Child Labour in Britain, 1750-1870*, Palgrave Macmillan, 2003.

KOONZ, Claudia, *The Nazi Conscience*, Harvard University Press, 2005.

LACH, Donald Frederick, *Asia in the Making of Europe, Volume I: The Century of Discovery*, University of Chicago Press, 1965.

LAL, Deepak, *In Defense of Empires*, AEI Press, 2004.

LANGEWIESCHE, William, *The Atomic Bazaar*, Penguin, 2007.

LELYVELD, Joseph, *Great Soul*, Alfred A. Knopf, 2011.

_____, *Mahatma Gandhi e sua Luta com a Índia*, Companhia das Letras, 2012.

LEWIS, Ben, *Hammer and Tickle*, Phoenix, 2009.

LOCKE, John, *Locke: Political Essays*, editado por Mark Goldie, Cambridge University Press, 1997.

MADDISON, Angus, "Historical Statistics of The World Economy: 1-2008 AD", disponível em www.ggdc.net/maddison/Historical_Statistics/horizontal-file_02-2010.xls

MALTHUS, Thomas, *An Essay on the Principle of Population*, University of Cambridge, volume 1, 1856.

MARX, Karl, *O Capital*, Nova Cultural, 1996.

MASCHMANN, Melita, *Account Rendered: A Dossier on My Former Self*, Abelard-Schuman, 1965.

McCLOSKEY, Deirdre, *The Bourgeois Virtues: Ethics for an Age of Commerce*, The University of Chicago Press, 2006.

McMEEKIN, Sean, *O Expresso Berlim-Bagdá*, Globo, 2011.

MISHIMA, Yukio, *Hagakure: A Ética dos Samurais e o Japão Moderno*, Rocco, 1987.

MITCHELL, Sally, *Daily Life in Victorian England*, Greenwood, 1996.

MONTEFIORE, Simon Sebag, *Stalin, a Corte do Czar Vermelho*, Companhia das Letras, 2003.

MORAIS, Fernando, *Os Últimos Soldados da Guerra Fria*, Companhia das Letras, 2011.

MORRIS, Julian, *Sustainable Development: Promoting Progress or Perpetuating Poverty*, Profile Books, 2002.

NUMBERS, Ronald L. (organizador), *Galileo Goes to Jail and Other Myths about Science and Religion*, Harvard University Press, 2010.

OESTMANN, Günther; RUTKIN, H. Darrel; STUCKRAD, Kocku, *Horoscopes and Public Spheres: Essays on the History of Astrology*, Walter de Gruyter, 2005.

ORWELL, George, *The Complete Works of George Orwell*, Secker & Warburg, 1997.

PELINKA, Anton, *Democracy Indian Style: Subhas Chandra Bose and the Creation of India's Political Culture*, Transaction Publishers, 2003.

PÉREZ, Joseph, *The Spanish Inquisition*, Profile Books, 2006.

PINKER, Steven, *Os Anjos Bons da nossa Natureza*, Companhia das Letras, 2013.

RILEY-SMITH, Jonathan, *The Crusades, Christianity, and Islam*, Columbia University Press, 2011.

RODRIGUES, Nelson, *O Óbvio Ululante*, Companhia das Letras, 1993.

ROMITA, Arion Sayão, *O Fascismo no Direito do Trabalho Brasileiro*, LTr, 2001.

ROSSI, Paolo, *A Ciência e a Filosofia dos Modernos*, Editora da Unesp, 1992.

SCHAMA, Simon, *Cidadãos, uma Crônica da Revolução Francesa*, Companhia das Letras, 2009.

SHIRER, William, *Ascensão e Queda do Terceiro Reich*, Agir, 2008.

SOLJENÍTSIN, Alexander, *Arquipélago Gulag*, Círculo do Livro, 1976.

SOLZHENITSYN, Alexander, *The Gulag Archipelago 1918-1956: An Experiment in Literary Investigation*, Harper & Row, disponível em http://ia700304.us.archive.org/29/items/Gulag_Archipelago_I/Gulag_Archipelago.pdf.

STANDAGE, Tom, *Uma História Comestível da Humanidade*, Zahar, 2009.

SUETÔNIO, *A Vida dos Doze Césares*, Martin Claret, São Paulo, 2004.

TÁCITO, *Anais*, Jackson, 1970.

TAQUARI, Carlos, *Tiranos e Tiranetes: A Ascensão e Queda dos Ditadores Latino--Americanos e sua Vocação para o Ridículo e o Absurdo*, Civilização Brasileira, 2012.

TAYLOR, Simon, *Prelude to Genocide: Nazi Ideology and the Struggle for Power*, Duckworth, 1985.

THOMAS, Keith, *The Ends of Life, Roads to Fulfilment in Early Modern England*, Oxford University Press, 2010.

TOUVAL, Saadia, *The Boundary Politics of Independent Africa*, Harvard University Press, 1999.

VALENTINO, Benjamin, *Final Solutions: Mass Killing and Genocide in the 20th Century*, Cornell University Press, 2013.

WAISELFISZ, Julio Jacob, *Mapa da Violência 2012: Os Novos Padrões da Violência Homicida no Brasil*, Instituto Sangari, 2011, disponível em http://mapadaviolencia.org.br/pdf2012/mapa2012_web.pdf.

WARD-PERKINS, Bryan, *The Fall of Rome*, Oxford University Press, 2005.

WEIKART, Richard, *Hitler's Ethic*, Palgrave Macmillan, 2011.

WELLS, Herbert George, *The World Set Free*, Indo-European Publishing, 2011.

WHITE, Michael, *Isaac Newton, o Último Feiticeiro*, Record, 2010.

WICKHAM, Chris, *Framing the Early Middle Ages: Europe and the Mediterranean, 400-800*, Oxford University Press, 2005.

WILLIAMS, Walter, *Race & Economics: How Much Can We Blame Discrimination?*, Hoover Institution Press, 2011,

WOLIN, Richard, *The Wind from the East: French Intellectuals, the Cultural Revolution, and the Legacy of the 1960s*, Princeton University Press, edição Kindle, 2010.

WOODS JR, Thomas E., *Como a Igreja Católica Construiu a Civilização Ocidental*, Quadrante, 2011.

JORNAIS, REVISTAS E PUBLICAÇÕES CIENTÍFICAS

ADAMS, Jad, "Thrill of the chaste: the truth about Gandhi's sex life", *The Independent*, 7 de abril de 2010, disponível em www.independent. co.uk/arts-entertainment/books/features/thrill-of-the-chaste-the-truth-about-gandhis-sex-life-1937411.html.

ARCHER, Joshua, "Understanding samurai disloyalty", *New Voices*, volume 2, dezembro de 2008, disponível em http://newvoices.jpf-sydney.org/2/ chapter5.pdf.

ARON, Raymond, "Reflections after the psychodrama", revista *Encounter*, dezembro de 1968, disponível em www.unz.org/Pub/Encounter1968dec-00064.

BBC NEWS, "Stasi's radioactive hold over dissidents", 4 de janeiro de 2001, disponível em news.bbc.co.uk/2/hi/europe/1100317.stm.

BESSAC, Frank, "This was the perilous trek to tragedy", *Life Magazine*, 13 de novembro de 1950.

"CANCER FACTS & FIGURES 2012", disponível em www.cancer.org/acs/ groups/content/@epidemiologysurveilance/documents/document/ acspc-031941.pdf.

FOOD AND AGRICULTURE ORGANIZATION OF THE UNITED NATIONS, "Current world fertilizer trens and outlook to 2015", 2011, disponível em ftp://ftp.fao.org/ag/agp/docs/cwfto15.pdf.

DEVER, Vincent, "Aquinas on the practice of prostitution", *Essays in Medieval Studies*, volume 13, 1996.

DILOZENZO, Thomas, "O mercado, e não os sindicatos, nos propiciou o lazer e o descanso", disponível em www.mises.org.br/Article.aspx?id=1421.

DORNBERG, John, "Ride to freedom", *Popular Mechanics*, novembro de 1983.

THE ECONOMIST (revista), "Taking it on the chin", 7 de agosto de 2010, disponível em www.economist.com/node/16743613.

FALK, Pamela S., "Cuba in Africa", *Foreign Affairs*, verão, 1987, disponível em www.foreignaffairs.com/articles/42294/pamela-s-falk/cuba-in-africa.

FOLHA DA MANHÃ, "Durará cinco dias a visita do chefe do governo italiano à Alemanha", 5 de setembro de 1937.

_____, "Mussolini continua sendo alvo de significativas homenagens na Alemanha", 29 de setembro de 1937.

_____, "Mussolini inaugurou a Feira de Trípoli", 18 de março de 1937.

_____, anúncio "Rádio São Paulo", 31 de outubro de 1936.

GARTZKE, Erik, "The capitalist peace", *American Journal of Political Science*, volume 51, número 1, janeiro de 2007.

_____, "Security in an insecure world", disponível em www.catoun bound.org/2011/02/09/erik-gartzke/security-insecure-world.

HAZELL, Peter B. R., "The Asian Green Revolution", *IFPRI*, novembro de 2009, disponível em www.ifpri.org/sites/default/files/publications/ifpridp00911.pdf.

HITCHENS, Christopher, "The real Mahatma Gandhi", revista *The Atlantic*, julho/agosto de 2011.

THE INDEPENDENT (jornal), "Moscow paraded dummy missiles", 18 de novembro de 1998, disponível em www.independent.co.uk/news/moscow-paraded-dummy-missiles-1185682.html.

KEBEDE, Messay, "From marxism-leninism to ethnicity: the sideslips of Ethiopian elitism", *Northeast African Studies*, volume 10, número 2, 2003.

McCURRY, Justin, "Get a socialist haircut, North Korea tells men", *The Guardian*, 12 de janeiro de 2005, disponível em www.guardian.co.uk/media/2005/jan/12/broadcasting.koreanews.

NARDINELLI, Clark, "Child labor and the factory acts", *The Journal of Economic History*, volume 40, número 4, dezembro de 1980.

PRATT, Parker F.; CASTELLANOS, Javier Z., "Available nitrogen from animal manures", disponível em http://ucce.ucdavis.edu/files/repository files/ca3507p24-61767.pdf.

RAUCHHAUS, Robert, "Evaluating the nuclear peace hypothesis: a quantitative approach", *The Journal of Conflict Revolution*, volume 53, abril de 2009.

REED, Lawrence, "Child labor and the British Industrial Revolution", disponível em www.fee.org/the_freeman/detail/child-labor-and-the-british-industrial-revolution#axzz2EwcaMkr8.

RYDENFELT, Sven, "Lessons from socialist Tanzania", *The Freeman*, 15 de janeiro de 2013, disponível em www.fee.org/the_freeman/detail/lessons-from-socialist-tanzania/#axzz2I13GfEmH.

TEIXEIRA, Eduardo, "Até que enfim serviram para algo", revista *Veja*, 9 de setembro de 2009, disponível em http://veja.abril.com.br/090909/ate-que-enfim-serviram-para-algo-p-098.shtml.

WALTZ, Kenneth, "The spread of nuclear weapons: more may better", *Adelphi Papers*, International Institute for Strategic Studies, 1981.

WOODS, Alan, "A Revolução Francesa de maio de 1968", *In Defence of Marxism*, 8 de maio de 2008, disponível em www.marxist.com/revolucao-francesa-maio-1968.htm.

SITES

BLOG DO SAKAMOTO, disponível em http://blogdosakamoto.blogosfera.uol. com.br.

THE BRITISH LIBRARY, disponível em www.bl.uk.

THE BRITISH MUSEUM, disponível em www.britishmuseum.org.

CAMP BOIRO MEMORIAL, disponível em www.campboiro.org.

CARTA DEL LAVORO (1927) DELLO STATO CORPORATIVO E DELLA SUA OR-GANIZZAZIONE, disponível em www.upf.edu/materials/fhuma/hcu/docs/t5/art/art8.pdf.

COLUNA DO RICARDO SETTI, disponível em http://veja.abril.com.br/blog/ricardo-setti/.

FOOD AND AGRICULTURE ORGANIZATION OF THE UNITED NATIONS, disponível em www.fao.org.

GANDHISM, disponível em www.gandhism.net.

GEOGRAFIA PARA TODOS, disponível em www.geografiaparatodos.com.br.

IN DEFENCE OF MARXISM, disponível em www.marxist.com.

INSTITUTO LUDWIG VON MISES BRASIL, disponível em www.mises.org.br.

MODERN HISTORY HONOURS OPTIONS, THE SOVIET UNION, 1917-1991, The Soviet Joke Book, disponível em www.st-andrews.ac.uk/~pv/courses/sovrus/jokes.html.

PCdoB, disponível em www.pcdob.org.br.

PRESIDÊNCIA DA REPÚBLICA, CONSOLIDAÇÃO DAS LEIS DO TRABALHO (CLT), disponível em www.planalto.gov.br/ccivil_03/decreto-lei/del 5452.htm.

PROFESSOR.BIO.BR, disponível em http://professor.bio.br/historia/provas_vesti bular.asp?origem=Enem&curpage=4.

THE SAO/NASA ASTROPHYSICS DATA SYSTEM, disponível em http://articles. adsabs.harvard.edu.

SECRETARIA DO ESTADO DE SEGURANÇA PÚBLICA – GOVERNO DO ESTADO DE SÃO PAULO, disponível em www.ssp.sp.gov.br.

ÍNDICE

Este livro foi composto com as famílias tipográficas Apollo MT
e DIN para a Leya em fevereiro de 2014.